R 21106

1803

Sismondi, Jean-Charles-Léonar d Simonde de

De la Richesse commerciale, ou Principes d'Economie politique, appliqués à la législation du commerce

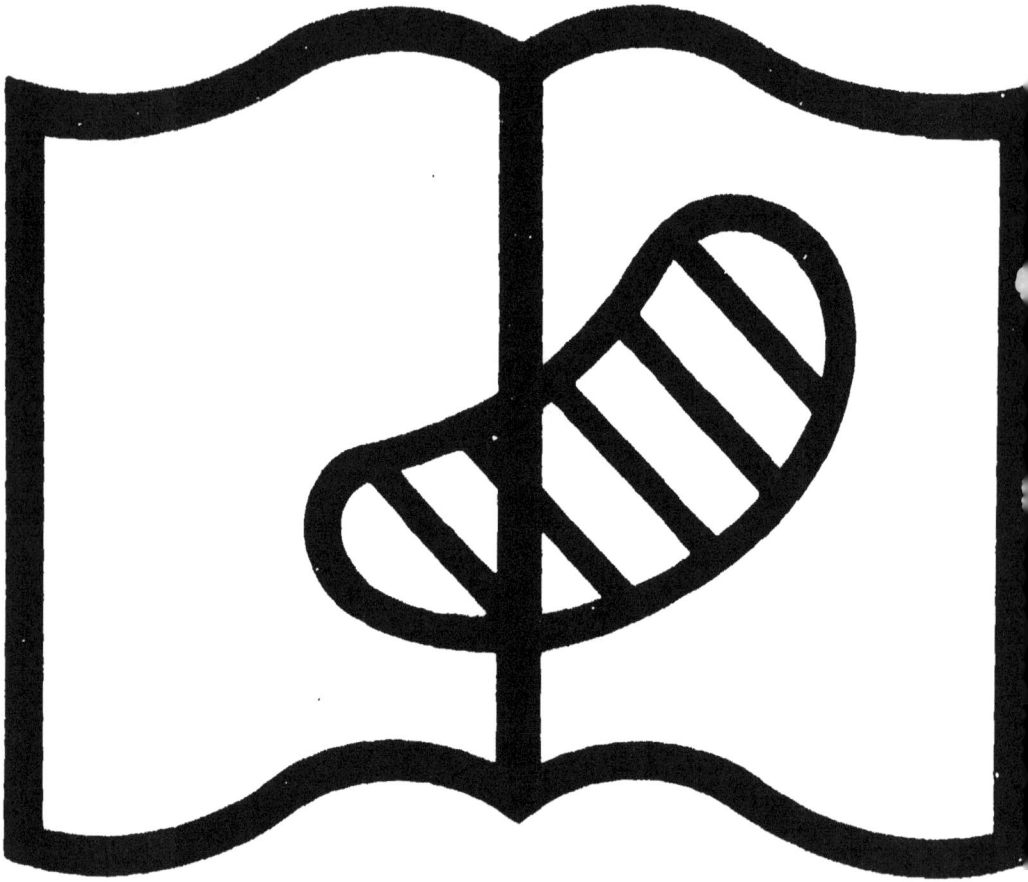

Symbole applicable
pour tout, ou partie
des documents microfilmés

Original illisible

NF Z 43-120-10

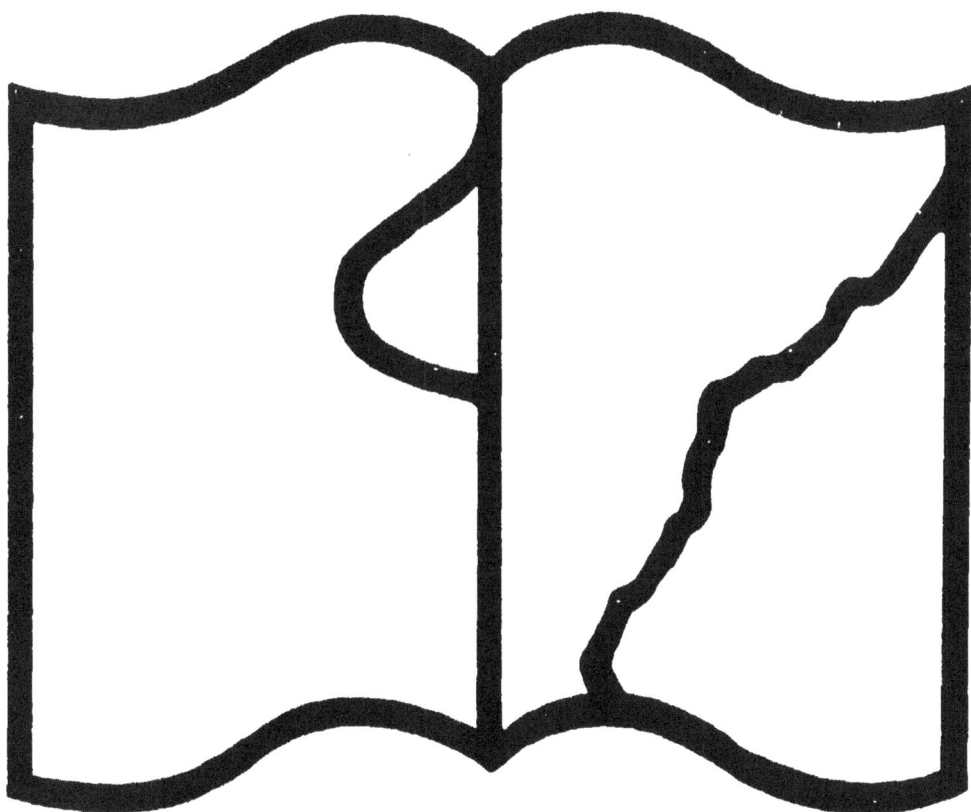

Symbole applicable
pour tout, ou partie
des documents microfilmés

Texte détérioré — reliure défectueuse

NF Z 43-120-11

R 2977
P.2

DE LA

RICHESSE COMMERCIALE,

OU

PRINCIPES

D'ÉCONOMIE POLITIQUE,

APPLIQUÉS

A la Législation du Commerce.

Par J. C. L. SIMONDE, Membre du Conseil de
Commerce, Arts et Agriculture du Léman, de
l'Académie Royale des Géorgofiles de Florence, et
de la Société d'Agriculture de Genève.

TOME SECOND.

" IT is the maxim of every prudent master of a family
never to attempt to make at home what it will cost him more
to make than to buy ..... what is prudence in the conduct
of every private family, can scarce be folly in that of a great
Kingdom ,,. Adam Smith Wealth of nations. Book IV.
Ch. II Vol. II. p. 182.

A GENÈVE,

Chez J. J. PASCHOUD, Libraire.

An XI. (1803.)

DE LA
RICHESSE COMMERCIALE,

OU

PRINCIPES

D'ÉCONOMIE POLITIQUE,

APPLIQUÉS

à la législation du Commerce.

SUITE DU LIVRE SECOND.

CHAPITRE IV.

Des impôts qui n'altèrent point les prix, mais se prélèvent sur la rente des immeubles.

Une des premières tâches imposées au Législateur, c'est sans doute celle de pourvoir aux finances nationales, et d'assurer au Gouvernement des revenus ; il ne peut,

le faire qu'en établissant des impôts, en
sorte qu'il est souvent appelé malgré lui
à altérer les prix par des règlemens de
finances, et à le faire au désavantage du
consommateur : il est important du moins
qu'il connoisse la conséquence de chacune
de ses opérations, et l'influence de chaque
espèce de contributions sur le revenu de la
nation. Cette connoissance est d'un intérêt
général pour un peuple libre; elle est liée
aux questions que nous venons de traiter,
et n'en est presque que le développement.
Nous consacrerons en conséquence ce chapi-
tre-ci et les trois suivans, à rechercher
quelle est l'influence de l'impôt sur les prix.
Nous profiterons pour cela des lumières d'un
écrivain, (M.' Canard) dont nous nous
préparons cependant à combattre l'opinion.
Il a apporté dans ses *Principes d'économie
politique*, un esprit de méthode très avantageux pour tous ceux qui marchent sur
ses traces ; c'est lui qui le premier a soumis
à une formule algébrique la manière dont
s'établit le prix relatif de toute propriété
qui passe d'une main à une autre, et c'est

à lui que nous devons l'avantage de pouvoir nous en former une idée nette, en reconnoissant qu'il se fixe entre l'acheteur et le vendeur, après une lutte dans laquelle les forces de l'acheteur sont le nombre et le besoin des vendeurs, et les forces du vendeur, sont le nombre et le besoin des acheteurs ; ou encore, dans laquelle les forces de chaque partie contractante sont en raison inverse de ses besoins et de son nombre.

On peut conclure de cette maxime, que nous serons appelés à établir et à mieux développer dans le chapitre suivant, que lorsque le prix intrinsèque d'une marchandise est augmenté par un impôt et ses conséquences, que nous avons comprises sous le nom d'accident, ce seront ou les acheteurs, ou les vendeurs, qui devront payer l'accident, selon que les uns ou les autres ne pourront à cause de lui diminuer rien, ni de leurs besoins ni de leur nombre. Car, tandis que les forces de ceux-là sont diminuées, celles de leur partie adverse restent précisément les mêmes.

En général, lorsque le prix intrinsèque

augmente, les producteurs, pour déterminer·
une augmentation égale du prix relatif, sont
libres de diminuer leur propre nombre, en
employant partie de leurs capitaux et de
leur travail à alimenter une autre industrie.
La menace seule de le faire, suffit pour
augmenter leurs forces, et élever le prix
relatif, en rétablissant l'équilibre ; mais nous
nous occuperons dans ce chapitre d'un cas
particulier, dans lequel les producteurs ne
peuvent abandonner l'industrie qui leur est
propre, et doivent par conséquent recevoir
toujours la loi.

Le propriétaire de terres exerce, ainsi que
nous l'avons vu, une espèce de monopole
contre ses concitoyens ; la rétribution qu'il
exige de celui à qui il afferme sa terre,
n'est point proportionnée à un travail qu'il
ait fait ou qu'il ait à faire, mais uniquement au besoin qu'on a de lui. Dans la lutte
qui s'établit entre le propriétaire et le fermier, et dont le résultat doit déterminer
l'évaluation des rentes foncières, le besoin
d'affermer des propriétaires est absolu, et
leur nombre est limité ; tandis que du côté

des fermiers, le besoin de prendre une ferme n'est point absolu, et que le nombre de ceux qui peuvent le faire est illimité; car tous les citoyens peuvent se présenter pour entrer en marché, s'ils croient y trouver quelque avantage (1). Les propriétaires profitent donc de ce que le nombre

---

(1) On pourroit se figurer que le besoin d'affermer des propriétaires n'est point absolu, parce qu'il leur reste toujours le parti de faire valoir leurs terres par eux-mêmes, ou d'être leurs propres fermiers; mais cela même confirme l'assertion suivante, que le nombre de ceux qui peuvent prendre une terre à ferme est illimité, puisque non-seulement tous les autres individus, mais tous les propriétaires de terre eux-mêmes, peuvent le faire. Ceux-ci cependant ne deviennent fermiers que par choix, et autant qu'ils y trouvent un avantage, tandis qu'ils sont par nécessité dans la classe des propriétaires. Ils doivent cultiver leurs terres ou les faire cultiver, quelque restreints que soient les avantages qu'on leur offre, sous peine de tout perdre s'il les laissent en friche. Ils ne choisissent ensuite entre le parti de les cultiver eux-mêmes, et celui de les donner à bail, qu'autant que comme tout autre individu, ils sont déterminés par les avantages dont jouissent ceux qui prennent des fermes.

des demandeurs est supérieur au leur , pour
élever leur rente, mais les fermiers qui sont
libres , et dont le besoin n'est que relatif,
ne se déterminent à se charger d'un fonds
de terre, que lorsqu'ils y trouvent un avantage ; plus cet avantage décroît , plus leur
nombre diminue , et plus leurs prétentions
augmentent ; tandis que les propriétaires
dont le nombre et les besoins restent inva-
riablement les mêmes, ne peuvent régler
leurs prétentions que sur les offres des
demandeurs.

Supposons à présent que le Gouvernement
décrète un impôt foncier, proportionné soit
à la rente, soit au produit brut; peu importe que le payeur immédiat soit le fermier ou le propriétaire , ce sera toujours
le dernier qui le payera réellement. En effet
que cet impôt soit payé par les propriétaires;
il n'aura diminué ni leur nombre qui est
invariable, ni leur besoin qui est absolu ,
il n'aura point augmenté d'autre part le
nombre et les besoins des fermiers , car
l'impôt n'a pas rendu la terre plus fertile,
ni accru sa propriété virtuelle de produire

lorsqu'elle sera convenablement appelée au travail, en sorte que les propriétaires ne peuvent pas obtenir des fermiers la moindre augmentation du prix de leur ferme, après qu'on les aura surchargés d'un impôt, à moins que cet impôt ne fût si onéreux qu'il leur enlevât la rente nette des terres, et les exposât même à y perdre, en sorte qu'il leur fît préférer de laisser leurs propriétés en friche, ou même de les abandonner, plutôt que de le payer ; car dans ce cas, les productions de la campagne diminuant en quantité, augmenteroient de prix, et la terre sans devenir plus fertile, deviendroit plus profitable pour les fermiers. Le prix nécessaire des productions de la terre, plus l'accident, étant supérieur au prix relatif, celui-ci augmenteroit de toute cette différence, et l'excédant de l'impôt sur la rente foncière, seroit payé par le consommateur.

Si c'est le fermier qui avance l'imposition foncière au fisc, il force le propriétaire à l'en dédommager ; car, lorsque le profit des fermiers est diminué par un impôt, leur nombre et leurs besoins doivent dimi-

nuer aussi, à moins qu'ils ne réussissent
à changer leur bail avec les propriétaires;
mais ceux-ci dont le nombre et le besoin
sont invariables, devront céder aussitôt que
le nombre et le besoin de leurs adversaires
seront diminués, ou même sur la seule
crainte d'une diminution qu'ils sont maîtres
d'opérer (2).

Pour que l'impôt foncier soit payé en
entier par les propriétaires, il faut qu'ils
n'aient point de moyen de l'éviter, car s'il

---

(2) L'effet ne suivra pas peut-être immédiatement
la cause, parce qu'il faut un tems assez long avant
qu'un nombre d'hommes qui ne font point corps ensemble, connoissent leurs propres forces et puissent
en faire usage : il en faut particulièrement sans doute
un peu plus aux fermiers qu'à toute autre classe in-
termédiaire entre le propriétaire et le consommateur,
parce qu'il leur est plus difficile de passer à d'autres
professions, qu'il ne l'est aux marchands de passer
d'un commerce à l'autre. Cependant leur empressement diminue immédiatement, et comme leur nombre diminue graduellement aussi, tandis que le degré
de force des propriétaires est inaltérable, les fermiers
parviennent toujours à la fin à se décharger absolument de l'impôt.

leur est possible de diminuer leurs productions sans perdre leur rente, ce ne sera plus eux, mais les consommateurs, qui payeront l'impôt.

Supposons en effet, qu'il y eût un impôt sur la culture de l'orge, et que chaque propriétaire dût le payer en raison des arpens consacrés chez lui à cette récolte ; certainement il inséreroit dans son bail une clause pour interdire à son fermier la culture de l'orge, à moins que ce dernier ne s'engageât à lui rembourser l'impôt levé sur tout celui qu'il sémeroit. Celui-ci n'en cultiveroit point en effet, jusqu'à ce que les besoins des consommateurs eussent élevé le prix relatif de cette denrée, et lui eussent donné les moyens de se revaloir sur eux de l'impôt. Car dès qu'il y a possibilité de diminuer la quantité de la production, comme il n'y a pas toujours moyen de diminuer la quantité de la consommation, le prix relatif augmente.

Dans de certains pays un impôt particulier sur les vignobles feroit renchérir le vin, et dans d'autres il diminueroit la rente des terres. Car il y a des pays où le terrain qu'on consacre à la vigne ne seroit propre à rien d'autre, ou du moins ne produiroit jamais, par une autre culture, une rente égale à celle qui reste après avoir payé l'impôt sur les vignes : dans de tels pays, on ne peut diminuer la production, sans perdre tout l'avantage de la propriété ; c'est alors que le propriétaire doit payer l'impôt. Dans d'autres provinces, une taxe sur les vignes détermineroit à les arracher toutes pour semer du blé ou du fourrage, comme rendant tout autant ; dans ce cas, si le consommateur veut avoir du vin, il faut qu'il paye l'impôt, pour qu'on conserve les vignes.

Un impôt sur le blé le feroit certainement renchérir, parce que les terres à blé pouvant tout aussi bien être destinées à la production de l'orge, de l'avoine, ou à d'autres cultures, il seroit beaucoup plus facile aux producteurs de diminuer leur blé, qu'aux consommateurs de diminuer leurs besoins. La dîme qui se prélevoit sur toutes les plantes céréales, et non sur les fourrages, ne paroissoit pas en général renchérir les grains, quoiqu'elle eût pu déterminer à convertir les champs en prairies; mais cette exception tenoit à l'état vicieux de notre agriculture; plus celle-ci se seroit perfectionnée, et plus la dîme auroit eu d'influence sur le prix du grain. En effet lorsque l'agriculture est mal entendue, que beaucoup de terres restent en friche, et que les pâturages naturels sont nombreux, on ne retire point des prairies, un profit proportionné à celui que l'on peut retirer des champs; en sorte que l'agriculteur qui, pour éviter la dîme, auroit converti ses champs en prairies, eût perdu par là le principal avantage de sa propriété. Mais à mesure que l'agriculture s'est perfectionnée, le besoin de bétail et d'engrais s'est accru, et avec lui l'avantage des prairies : celles-ci se trouvant de plus être affranchies de la dîme, on leur auroit à la fin consacré tant de terres, qu'il n'en seroit pas resté pour le blé, et que pour engager les fermiers à en produire, les consommateurs se seroient vus obligés d'augmenter leur prix. J'ai lieu de croire, qu'une des causes qui ont le plus contribué à exclure la culture du blé des petits Cantons Suisses, c'est que dans plusieurs d'entr'eux on payoit des dîmes, ce qui élevoit le prix intrinsèque des grains, au-dessus du prix relatif, que leur donnoit le commerce. Elles se lèvent encore dans le Canton d'Ury, mais comme on n'y récolte aucune plante céréale, il n'y a absolument que les pommiers, les poiriers, et les noyers, qui y soient assujettis.

Dans un système perfectionné d'agriculture, la dîme en multipliant les prairies, auroit fait d'abord un bien général; car avec plus d'engrais, chaque champ produisant plus de grain, on n'auroit pas souffert de long-tems de la conversion des champs en prairies; mais si ses effets allant en augmentant, elle avoit si fort diminué les champs, qu'elle eût réduit sensiblement le produit en blé, et forcé une augmentation de son prix, elle auroit eu alors un effet très pernicieux; la dîme seroit devenue un impôt sur un objet de première nécessité, et auroit eu toutes les suites désastreuses

que nous verrons être attachées à ce genre
d'impôts (3).

Lorsque l'on veut être assuré que l'impôt
sera payé en entier par le propriétaire, il
faut donc, ou frapper d'une contribution
égale toutes les productions de la terre,
prélever la dîme, par exemple, sur toutes
également, ou ce qui est beaucoup plus simple, plus facile, et sujet à moins d'abus,
proportionner l'impôt à la rente foncière, et
non pas au produit brut, en sorte que la loi
ne change rien à l'intérêt que doit avoir le
fermier dans la culture de ses terres.

Si le Législateur n'établissoit que l'impôt
foncier, il commettroit une fort grande in-

---

(3) L'on sent que si nous n'avons point parlé des
inconvéniens de la dîme, comme se proportionnant
au produit brut, non au revenu, c'est que nous ne
la considérons ici que sous un seul point de vue,
celui d'un impôt sur un genre particulier de culture,
ce qui rentre dans le plan de cet ouvrage, les prix
et le commerce. Les avantages et les inconvéniens
des impôts en nature, appartiennent à l'application de
l'économie politique au perfectionnement de l'agriculture, et non à cet ouvrage-ci.

justice, car il feroit supporter à une seule
classe de citoyens toutes les charges de
l'État. Or cette classe, quelqu'avantageux
que lui soit l'ordre social, n'en retire pas cependant un plus grand bénéfice, que tous
ceux qui dans les trois autres, possèdent un
revenu ; l'injustice que l'on commettroit envers elle, seroit d'autant plus criante, que les
charges de l'Etat seroient plus pesantes : car
quoique le droit des premiers propriétaires
de terre n'ait été peut-être dans l'origine
qu'une usurpation, puisqu'il n'étoit point
fondé sur un travail accumulé, nous sommes aujourd'hui si loin d'eux, et les campagnes ont passé par tant de mains différentes, que leur propriété est bien aussi légitime, et bien aussi fondée sur l'échange
d'un travail accumulé, que celle d'aucun autre contribuable.

Le Docteur Quesnay, suivi de la secte
des économistes, avoit fondé son système
sur l'assertion que le seul travail appliqué
à la culture de la terre produisoit un résultat
net, et que tout autre travail n'ajoutoit rien
à la valeur des choses sur lesquelles il

s'exerçoit, mais réalisoit seulement en elles la subsistance que les ouvriers avoient reçue en échange; d'où les économistes concluoient, que les propriétaires recueilloient toutes les richesses, et que les non - propriétaires ne pouvoient consommer que ce qu'ils tenoient directement ou indirectement des premiers : si ces principes eussent été vrais, les économistes auroient été très fondés à vouloir que les propriétaires fussent seuls taxés ; mais quoique plusieurs auteurs les aient confondus avec la doctrine d'Adam Smith, ils lui sont pleinement contradictoires, et cette dernière ne peut être démontrée, sans que les autres ne soient nécessairement erronés : aussi ne puis - je comprendre comment M.ʳ Garnier, tout en admirant Adam Smith qu'il a traduit, dit cependant des assertions des économistes, qu'elles sont presque toutes d'une évidence incontestable, et susceptibles d'une démonstration rigoureuse (4).

_____

(4) Préface de sa traduction, p. 4.e M. Garnier, dans sa note XXIX, cherche à faire voir que le sys-

Le travail de tout ouvrier productif
donne comme nous l'avons vu un excédant

---

tème des économistes peut être vrai, en même temś
que celui de Smith; par cette note, il n'a point jus-
tifié son ancienne école, mais seulement il a replongé
dans l'obscurité toutes les idées fondamentales de
l'auteur qu'il a traduit. En général, il ne lui a opposé que les dogmes de sa secte, voici la seule chose
qui ressemble à un argument. *Lorsque cent livres de
blé*, dit-il , *sont une fois produites et séparées de
la terre, toute leur valeur intrinsèque consiste dans
la propriété qu'elles ont, moyennant la manipulation nécessaire, de nourrir un homme pendant environ quarante jours* : d'où il conclut que leur valeur
est la même au moment de la moisson, et comme
l'on lie les gerbes, qu'au moment où le pain est retiré du four, et servi sur la table. Mais il prend la
plus haute valeur à laquelle le blé puisse parvenir
pour sa valeur constante; car la plus haute valeur de
cent livres de blé, c'est de nourrir pendant quarante
jours un homme dans le lieu où il trouve les plus
grandes jouissances, c'est-à-dire, dans l'endroit où il
préfère demeurer, encore que les vivres y reviennent
plus cher. Le quintal de blé peut arriver à cette va-
leur-là, par le travail successif des hommes, mais il
n'y est point parvenu comme il sort de terre, pas
plus qu'un œuf n'égale en valeur une poule, quoique

au

au delà du salaire nécessaire qui l'a mis
en mouvement; cet excédant existe dès le

---

la poule ait été contenue dans l'œuf. Le pain produit
par cent livres de blé nourrira un homme pendant
quarante jours, sans qu'il lui en coûte aucun nouveau
sacrifice; mais le blé en nature ne le nourrira pas
si long-tems; car l'homme aura besoin d'un jour pour
le moudre et d'un autre pour le cuire; il ne lui en
restera donc que trente-huit de francs; si le blé est
produit dans un lieu éloigné, il lui faudra un autre
jour pour aller le chercher, il en fallut peut-être deux
pour le battre et le cribler; en sorte que le quintal
sur la place où il a été produit, ne valoit réellement
que trente-cinq jours de nourriture, puisque l'homme
qui l'y possédoit, n'avoit pas sa subsistance assurée pour
quarante jours, et l'emploi libre de ce tems, afin de
produire autre chose; et puisque cinq de ces jours
ont été employés à rendre son blé mangeable.

Bien plus, si l'on fait le compte exactement, on
doit supputer le tems qu'auroit mis le consommateur pour suppléer au moulin et au four qu'il emploie; le travail que lui épargnent tous les instrumens dont il fait usage, jusqu'au sac dans lequel il
porte son blé, et jusqu'aux ponts et chaussées sur
lesquelles il passe. On ne demande pas qu'ils fasse
toutes ces choses telles qu'elles sont, pour réduire
en pain son quintal de blé, mais seulement qu'il

Tome II. B

moment où l'homme commençant à faire
des échanges s'est livré tout entier au tra-

---

fasse le travail qui lui auroit été nécessaire pour se
servir lui seul, à supposer qu'il n'eût pas fait usage du
travail accumulé par les autres hommes : cependant
les cent livres de blé que l'habitant de Paris tireroit
de la Normandie, lui reviendroient à ce compte, à plusieurs années de travail. Pour le consommateur Pari-
sien, un quintal de blé existant à Rouen à sa disposition, seroit d'une valeur fort inférieure à zéro.
D'autre part, pour le producteur, tout le blé superflu
à sa consommation seroit sans valeur, c'est donc le
travail du transport et de la manipulation qui crée
la valeur de ce blé, et l'on voit bien distinctement
ce que nous avons dit plus haut, que la plus grande
partie des fruits de ce travail, tourne au bénéfice du
consommateur, lequel ne paye pas, et ne pourroit jamais payer, six cents journées de travail, pour une
quantité de blé qui ne doit le faire vivre que quarante
jours. L'on peut aussi remarquer à cette occasion,
que sans le travail précédemment accumulé, le pain
seroit une nourriture trop dispendieuse, que des sauvages qui ne sont point comme nous assistés d'instrumens, ne sauroient en faire usage, qu'il leur coû-
teroit moins de travail pour vivre de gibier que de
grain, lors même que celui-ci croîtroit naturellement
chez eux, et qu'enfin ce grain, produit de la nature,

vail, il s'accroît lorsque la division des métiers permet à l'ouvrier de perfectionner sa
pratique et ses outils ; il s'accroît encore
lorsqu'un travail fixé sur la terre l'appelle
à aider les ouvriers dans les âges à venir,
il s'accroît de nouveau, lorsque des machines
construites par l'homme, aident le travail
des autres hommes, et suppléent à leur

---

tient toute sa valeur du travail de l'homme, et n'en
a par lui-même aucune.

Ce n'est point ainsi que raisonnent les économistes,
faisons abstraction, disent-ils, des lieux et des tems,
faisons abstraction de la convenance des consommateurs, de leurs moyens pour vivre, du travail qui
leur reste à faire; des dangers à courir, et des ava-
ries : fort bien, à force d'abstractions vous conclurez
que la cargaison en blé d'un vaisseau échoué sur une
côte déserte, où elle sera condamnée a la pourriture,
à la même valeur qu'un poids égal en blé sur le
marché de Paris, et qu'elle contribue tout autant à
la richesse nationale. Il n'y a que les figures mathé-
matiques qu'on puisse considérer d'une manière si
abstraite, ce qui se rapporte aux hommes doit être
vu avec tout l'enchaînement de circonstances qui lui
appartient, autrement on s'écartera constamment de
la vérité.

force , et à leur dextérité ; il s'accroît enfin lorsque le commerce fournit à l'ouvrier, avec plus de facilité et en plus grande abondance, ses matières premières et sa nourriture, en multipliant ses moyens et son capital circulant. Pour nous former une idée de l'augmentation prodigieuse de cet excédant du travail de l'ouvrier par de-là son salaire nécessaire , il faut comparer les choses que nous destinons à nos usages , avec le travail qu'il nous faudroit pour les créer , si replacés dans l'état sauvage , nous étions privés de tous les secours que notre civilisation donne à l'industrie. Sur cet excédant, de beaucoup la plus grande partie va à l'avantage du consommateur, qui obtient les choses dont il a besoin, en échange de bien moins de travail qu'il ne lui en faudroit pour les faire ; une partie que nous avons nommée salaire superflu , reste à l'ouvrier, et forme son revenu ; une autre reste à l'entrepreneur qui a mis l'ouvrier en mouvement , et forme son profit; souvent il la partage avec quelqu'un qui lui a avancé son capital , et auquel il paye un intérêt;

une partie passe au propriétaire des bâtimens , des usines , des machines , des outils,
et paye le salaire de ces ouvriers inanimés
quoiqu'agissans; nous l'avons appelée *rente
des capitaux fixes* ; enfin une dernière parvient au propriétaire des terres, en payement
du travail de la nature , et c'est la rente
foncière: cette rente n'est donc point le seul
résultat net que produise le travail , elle
n'en est pas même la principale partie ;
en sorte que la distinction entre les ouvriers
qui travaillent à la terre , et tous les autres
ouvriers productifs , qui réalisent sur une
matière susceptible d'être échangée la valeur
de leur travail , n'est pas seulement inutile,
elle est complétement fausse , puisqu'il doit
résulter d'une libre concurrence entre les
ouvriers, que la supériorité de cette valeur
échangeable sur le travail , se retrouve dans
toutes les professions , en proportion du
travail précédemment accumulé 'qui leur
donne de l'activité. Les propriétaires fonciers
ne possèdent donc point seuls les revenus
nationaux , ils ne stipendient point tous les
autres citoyens , mais ils ne font que lever

leur part dans ce surplus de la production sur le travail, qui forme le revenu de toute la nation.

Tous ceux qui possèdent un revenu dans l'ordre social, et à qui ce revenu est conservé par le maintien du Gouvernement, doivent contribuer aux dépenses de l'État. La justice prononce cette décision, en réprouvant une taxe qui ne porteroit que sur les seuls propriétaires de terre. Mais nous ne sommes plus au tems où le Peuple d'Athènes se contentoit de savoir d'Aristide, si l'objet en délibération étoit honnête ou non; on veut aussi savoir s'il est utile, et cet examen est d'autant plus important pour l'impôt foncier, que les argumens des économistes seroient employés à masquer son inégalité, si l'on le croyoit profitable sous d'autres rapports. Il est donc nécessaire d'examiner avec soin et ses avantages et ses inconvéniens.

Il y a des principes invariables pour juger du mérite de toute espèce d'impôt; ces principes ont été développés de la manière la plus claire par l'immortel Adam Smith

(Liv. V. Chap. 11. Part. 11.). Il est convenable je pense de les exposer ici , pour que nous puissions y avoir recours dans l'examen des diverses contributions qui forment le revenu du Gouvernement.

1°. Tout impôt doit être distribué également , c'est-à-dire, que tous les citoyens d'un État doivent contribuer au maintien du Gouvernement, en proportion du revenu dont ils jouissent sous sa protection.

2.° La quotepart de chaque individu doit être certaine, et nullement arbitraire; l'époque du payement, la manière et la somme , doivent être parfaitement connus du contribuable, comme de toute autre personne, afin de le rendre absolument indépendant du percepteur et du directeur des contributions , en sorte qu'il n'ait point , à l'occasion de ses impôts, à redouter la haine, où à courtiser la faveur de personne.

5.° La taxe doit être levée au moment où le contribuable a le plus de commodité pour la payer.

4.° La taxe doit faire dépenser au contribuable le moins qu'il sera possible au

delà de ce qu'elle fait entrer dans le
trésor public. Or il y a quatre manières
dont une taxe peut être beaucoup plus
onéreuse au peuple qu'avantageuse au Gouvernement : si elle demande un grand nombre d'employés, dont les salaires d'une part,
et les profits illicites de l'autre, augmentent
la dépense du contribuable : si elle obstrue
l'industrie nationale, et lui ferme quelque
commerce avantageux, en sorte que le Peuple perde, non-seulement la somme qu'il
paye, mais encore le revenu qu'il pourroit se faire : si en excitant, puis punis-
sant la contrebande, elle encourage l'emploi
d'un capital considérable à ce commerce
dangereux, et le dissipe ensuite par une
confiscation, qui fait perdre à la nation,
non-seulement le capital même, mais tout
le revenu qu'il auroit donné par la suite :
enfin si elle soumet les citoyens aux visites et aux vexations des employés, vexations et inquiétudes, que l'on peut évaluer
à la somme que payeroit volontiers chaque
contribuable pour s'en racheter.

Si nous appliquons ces principes à l'im-

pôt territorial, nous trouverons qu'en général, et pourvu qu'il ne soit ni excessif,
ni le seul qu'on lève, il doit être placé
parmi les impôts les plus convenables. Son
unique vice est de ne peser que sur une
seule classe de personnes, ce qui le rendroit fort inégal, si d'autres impôts n'at-
teignoient en même tems les autres propriétaires de revenus.

Dans les pays où presque toutes les
terres sont mises à ferme, l'on peut assurer
l'égalité de la répartition de la contribution
foncière entre les propriétaires, et la mettre
en même tems à l'abri du pouvoir arbitraire,
en la proportionnant à la rente que paye
le fermier, et en obligeant les parties contractantes à insérer tous leurs baux dans
des registres publics. Cette manière de lever la contribution foncière, qui étoit pra-
tiquée à Venise, et qu'Adam Smith re-
commande à l'Angleterre, ne peut être
adoptée en France, où la plupart des cultivateurs sont des métayers et non des fermiers. L'impôt foncier, tel qu'il se lève
à présent en France, pèse avec assez d'éga-

lité sur tous les propriétaires, et c'est de toutes les contributions celle qui cause le moins de faux-frais à la nation, mais elle est entachée de deux vices dont on pourroit la libérer. La somme que doit payer le contribuable n'est point fixe, et l'époque à laquelle il doit la payer, n'est point commode.

Les variations annuelles dans la répartition de cet impôt, tiennent peut-être principalement aux tâtonnemens par lesquels on cherche un juste milieu dans un nouvel ordre de choses ; mais il est important de faire sentir, qu'on ne doit point les regarder comme un système à adopter. L'inquiétude avec laquelle le contribuable attend la fixation de son sort, à chaque nouvelle répartition, équivaut pour lui à une imposition d'autant plus onéreuse, qu'elle ne profite point au Gouvernement ; les réclamations que ce contribuable adresse aux Préfets, lui font faire des frais inutiles, et sacrifier un tems précieux ; enfin le besoin continuel de protection qu'il éprouve, lui fait sentir durement une dépendance, qui devroit être dans tout pays étrangère au propriétaire, mais surtout dans un État Républicain.

Cette variation continuelle a un autre inconvénient très grave ; elle dégoûte le propriétaire de faire des améliorations sur ses fonds, parce qu'elle appelle le Souverain qui n'a point fourni sa part de ses avances, à en partager les fruits. Le propriétaire se dit peut-être souvent, au moment où il entreprend un défrichement ou une plantation nouvelle, qu'il ne travaille point pour lui, mais pour le fisc, lequel va profiter de ses sueurs ou de ses épargnes, en augmentant sa cotte de contribution.

Le mode de payement des contributions mois par mois, s'il dispense le contribuable d'avancer à la fois de grosses sommes, lui fait racheter chèrement cet avantage ; il ne lui laisse pas oublier un moment les relations pénibles qu'il doit avoir avec le percepteur ; douze fois par année il l'expose à la visite des garnissaires, et comme le payeur le plus régulier court risque de se trouver en retard au moins une fois sur

ces douze, il le tient dans une dépendance
constante de la faveur ou de l'humeur d'un
homme dont le métier est toujours vu de
mauvais œil.

Dans les pays où les terres sont à ferme,
le fermier s'acquitte ordinairement par se-
mestre, et c'est l'époque de ces payemens,
qui en général est la même pour tous,
qu'on doit choisir pour exiger l'impôt. Dans
ceux où les propriétaires les administrent
par métayers ou par domestiques, il convient de prendre le mois qui vient après les
récoltes, et de le donner tout entier aux
contribuables pour s'acquitter. Le mois
d'Août qui suit la moisson, et le mois de
Novembre qui suit la vendange et la récolte
des petites graines, paroissent pour le climat de la France, les deux termes auxquels
le contribuable peut solder sa cotte avec le
plus d'aisance. Dans les Provinces du midi,
où l'on récolte de l'huile, il conviendroit
d'ajouter comme troisième terme, le mois
de Février.

La manière plus ou moins rigoureuse dont
on poursuit le recouvrement des contribu-

tions directes, les rend aussi plus ou moins onéreuses au peuple ; celle usitée en France est toute militaire, et c'est un grand défaut ; le Gouvernement Toscan en emploie une qui est un modèle de douceur, et qui mérite par conséquent d'être indiquée.

Les contributions foncières qui sont fixées en Toscane au sol pour livre de la valeur présumée des domaines, d'après une estimation invariable, se payent en trois portions, au mois d'Août, au mois de Novembre, et au mois de Février ; celui qui paye la contribution de l'année dès le mois de Mars, époque où elle est arrêtée, obtient un escompte de cinq pour cent. Celui au contraire qui ne paye point à l'échéance, ne peut être inquiété qu'après l'année révolue ; mais dès que le jour fatal de chaque terme, savoir le dernier du mois, est passé pour lui, sa dette est accrue de dix pour cent sur le terme qu'il a négligé de payer. A la fin de l'année seulement les poursuites judiciaires commencent, et le propriétaire est forcé au payement, ainsi que dans toute autre cause civile, par la levée de biens ; comme il sait

cependant de quoi il est menacé, il n'attend
point qu'on en vienne à cette extrémité.
Les percepteurs n'envoient jamais ni huis-
siers ni contraintes ; ils affichent tout sim-
plement un avis général, et les trois derniers jours des époques de payement, la foule
assiège leurs portes, chacun redoutant de
ne pas être à tems, et d'encourir l'amende
du dix pour cent, portée contre les débiteurs
en retard. Chaque contribuable sait toujours,
non-seulement quand et combien il devra
payer, mais il sait aussi au juste, quelle sera
la peine de sa négligence, qui est égale pour
tous, et inévitable. Le Gouvernement n'entre point dans tous ces détails, et perçoit
la somme toute entière ; ou, s'il reçoit
des anticipations du percepteur, c'est à lui
qu'il alloue l'escompte, et celui-ci fait au
Gouvernement les avances de son propre
fonds, tout comme il profite seul de l'intérêt
double que payent les débiteurs arriérés.
Jamais la perception de cet impôt, ni même
de cette amende, ne donne lieu à la plus
légère contestation ; jamais aussi perception
n'occasionna moins de frais.

Lorsque la contribution foncière s'élève au delà de ses justes bornes, elle accable l'agriculture, et porte le découragement dans le cœur de tous les propriétaires. Nous avons vu qu'il étoit bien difficile de séparer la vraie rente foncière, qui tient au monopole, et qui est indépendante de tout travail fait par le propriétaire ou ses prédécesseurs, d'avec la rente du premier capital fixe employé sur la terre, pour l'enclore, la défricher, et multiplier ses pouvoirs productifs. Le fermier paye à son maître ces deux revenus sans les distinguer, et le Législateur assied l'imposition foncière sur l'un et sur l'autre. Cependant aucune contribution n'est plus mauvaise que celle qui est payée par la rente du capital fixe ; le propriétaire ne pouvant point le retirer de son emploi sans en perdre la valeur, est obligé de continuer à produire, quoiqu'il ne trouve point le même bénéfice dans la production ; mais d'autre part, il ne peut avoir aucun intérêt à entretenir un capital dont le Gouvernement usurpe les fruits, il le laisse donc se détériorer, et finalement se détruire, plutôt que de faire de nouvelles avances ; en sorte qu'un impôt qui porte sur le capital fixe, tend en dernière analyse à détruire les pouvoirs productifs du travail, ou à faire à la nation le plus grand de tous les maux. Aussi doit-on considérer la contribution foncière comme excessive, toutes les fois qu'elle peut suffire pour décourager le propriétaire de fixer de nouveaux capitaux sur son terrain ; c'est d'après ce principe qu'elle doit toujours être jugée.

CHAPITRE

CHAPITRE V.

Des impôts qui altèrent le prix des mar-
chandises, et qui sont payés par le
consommateur.

L'AUTEUR ingénieux d'un mémoire couronné par l'Institut National, M.ʳ Canard
que nous avons cité déjà plusieurs fois, a
cherché dans ses principes d'économie politique (Chap. viii.), à détruire la distinction
qui avoit été admise de tout tems, entre les
impôts sur la consommation, et ceux sur les
biens-fonds, et à persuader que ni les uns
ni les autres, n'étoient payés exclusivement
par ceux qu'on croyoit en être chargés; mais
qu'ils se répartissoient également sur tous
les citoyens. Quand on part de principes
différens, il est tout simple qu'on puisse se
disputer long-tems sans s'entendre, mais

Tome II. C

lorsqu'on part des mêmes principes, et que ceux-ci exprimés dans le langage mathématique, tels que nous les présente très habilement M.ʳ Canard, semblent dépouillés de toute équivoque, il est fort extraordinaire qu'on puisse en tirer des conclusions diamétralement opposées.

M.ʳ Canard a exposé dans son Chap. ɪɪɪ intitulé *de la détermination du prix des choses*, la manière dont la concurrence entre les vendeurs et les acheteurs amenoit entr'eux la conclusion du marché. Son principe fondamental, qui est aussi le nôtre, c'est que le prix se fixe après une lutte, dans laquelle les forces de l'acheteur sont le nombre et les besoins des vendeurs, et les forces du vendeur sont le nombre et les besoins des acheteurs. Après avoir le premier exposé d'une manière aussi claire ce principe ingénieux, il ne paroît pas avoir apporté le même soin, à évaluer les causes qui peuvent influer, tant sur le nombre que sur le besoin des contractans; il a toujours supposé ce nombre et ces besoins comme étant en quelque sorte invariables, et c'est de là qu'il a tiré la conclusion aussi nouvelle qu'extraordinaire, qu'un impôt se partageroit toujours par égales portions entre tous les acheteurs et tous les vendeurs.

Depuis le moment où un fruit est demandé à la terre, jusqu'à celui où il parvient à son dernier consommateur, soit en nature, soit altéré par l'ouvrage des hommes, il passe souvent par les mains de dix ou de vingt contractans. Parmi ceux-ci, il est important de remarquer qu'il y en a deux, dont les besoins peuvent être, ou devenir absolus, et dont le nombre peut être invariable, ou du moins indépendant de la lutte qui s'établit entr'eux; ce sont les premiers et les derniers, les propriétaires de la terre, et les consommateurs; tandis que tous les intermédiaires, que tous ceux qui n'achètent ou ne produisent que pour vendre, n'ont point un besoin absolu de le faire, mais seulement un besoin relatif, autant qu'ils y trouvent du profit, et un profit égal à celui qu'ils pourroient faire de toute autre manière avec leur capital. Il résulte de leur liberté,

que leur nombre et leurs besoins ne dépen-
dent que de leur propre choix. Ainsi d'après
la formule trouvée par Canard , leurs forces
étant en raison inverse de leurs besoins
et de leur nombre , ils sont maîtres de
les augmenter autant qu'ils veulent, et ils les
augmenteront en effet de telle sorte, que le
motif qui les détermine à produire demeure
toujours de même importance. Par conséquent, ils ne peuvent jamais être forcés à
supporter aucune partie de l'impôt, puisque celui-ci, s'il pesoit sur eux, diminueroit
l'importance des motifs qui les ont déterminés à produire.

Nous avons vu dans le chapitre précédent,
que le nombre des propriétaires de terre
étoit limité, qu'ils ne pouvoient ni accroître ni diminuer l'étendue de terres cul-
tivables qui existoient dans un pays. Nous
avons vu encore, que leur besoin de mettre
leurs terres en valeur étoit absolu, dès
qu'ils y trouvoient un avantage quelconque;
que ce besoin ne dépendoit pas de la grandeur de cet avantage , mais qu'il s'agissoit
pour eux d'en avoir un , ou de n'en point

avoir. Nous avons vu d'autre part, que le nombre et le besoin des fermiers dépendoient uniquement de la valeur des profits qu'ils pouvoient obtenir, et que lorsqu'ils les voyoient s'accroître ou diminuer, ils se hâtoient d'accroître ou de diminuer leurs forces : c'est ici le cas d'appliquer la formule de Canard, et de conclure en contradiction avec lui, que toute imposition foncière diminuant la valeur de l'avantage qui devoit se partager entre ces deux parties contractantes, sera uniquement payée par le propriétaire.

Il nous reste à prouver dans ce chapitre, que toutes les fois que tant le producteur, que le consommateur, peuvent diminuer leur nombre, c'est toujours le consommateur qui paye l'accident ; parce qu'il arrive un terme au delà du quel il ne peut plus diminuer, ni son nombre, ni ses besoins ; à moins que la marchandise ne soit complétement superflue, et que sa production ne tombe absolument.

A la réserve du propriétaire foncier, tout autre producteur est un propriétaire de

capital, qui n'a pas un besoin absolu de
produire, mais un besoin relatif, lequel
n'existe, qu'autant qu'il y trouve un avantage,
et que cet avantage est égal à celui qu'il
trouveroit ailleurs. Dès que cet avantage
diminue dans une branche de commerce,
il en retire son capital pour l'employer
à d'autres ; s'il diminue dans toutes celles
d'un pays, il est également maître de le retirer
de toutes, et de l'employer dans l'étranger.
Il le fera dès qu'un impôt ou une mesure
violente, altérera la proportion qui s'établit
naturellement, entre le profit domestique et
le profit extérieur.

Mais nous avons vu que les capitaux
sont de deux natures, les uns circulans,
les autres fixes : les premiers peuvent se
retirer d'un commerce au moment même
où il devient désavantageux, les seconds ne
le peuvent qu'à la longue, et d'une manière
ruineuse pour le pays. S'il y a quelque
perte à essuyer, les seconds la supportent
donc seuls ; car comme il arrive souvent,
que le propriétaire du capital fixe n'est pas
le même que le propriétaire du capital

circulant, il se fait un contrat entr'eux deux, toujours d'après le principe des forces inverses au nombre. L'entrepreneur est toujours maître de ses forces, puisqu'il peut diminuer à volonté son nombre et ses besoins ; les forces du propriétaire d'usines, d'outils, d'une instruction supérieure et dispendieuse dans certain art, sont presque invariables ; il doit donc supporter à lui seul toute la perte que cause l'impôt, jusqu'à ce qu'il soit parvenu à diminuer son nombre et ses besoins, et alors c'est le consommateur qui la supportera.

Le capital fixe, ainsi que nous l'avons vu Liv. I. Chap. II. ressort graduellement des objets sur lesquels il a été fixé, en sorte qu'il est besoin de le réparer continuellement pour le conserver, en fixant à sa place de nouveaux capitaux ; or, si ceux-ci ne donnent plus une rente proportionnée à celle qu'ils donneroient, moyennant tout autre emploi, on n'entretiendra plus les capitaux fixes ; les outils seront bientôt usés si l'on n'en fait pas de nouveaux ; d'entre les ouvriers instruits, les uns mourront, les autres apprendront d'autres métiers ; enfin quant aux bâtimens construits pour l'usage de la manufacture, on n'attendra pas qu'ils tombent de vétusté pour les consacrer à d'autres usages : il faut donc que les besoins des consommateurs diminuent bien rapidement, pour devancer la diminution des capitaux fixes, et pour forcer les propriétaires de ceux-ci à supporter la perte qu'occasionne l'accident.

Parmi les marchandises qui parviennent au consommateur, les unes sont d'une nécessité absolue pour sa subsistance, les autres en plus grand nombre sont destinées à ses jouissances. Le consommateur éprouve à l'égard de ces dernières, plutôt un désir qu'un besoin de les acheter, tandis que quant aux premières, son besoin est absolu; d'où vient que le nombre des acheteurs de celles-ci est invariable ; aussi ne peuvent-ils accroître leurs forces, pour résister aux vendeurs, dont les forces s'acroissent ou se diminuent en raison inverse de leurs profits: ils doivent donc supporter à eux seuls tout l'accident, ou tout l'accroissement de prix que cause l'impôt , encore que la production n'éprouve point de diminution , par le seul sentiment de la faculté qu'ont les vendeurs d'accroître leurs forces à volonté : c'est ainsi qu'un fort petit Etat cède à un fort grand , sans essayer de soutenir une guerre , dont il sait qu'il ne pourroit attendre aucun avantage.

Quant aux marchandises qui ne sont pour le consommateur que l'objet d'un désir, il y a pourtant un point auquel ce désir lui paroît être un besoin. Avoir un carosse n'en est certainement un pour personne : cependant dans telle grande ville, il y aura mille individus par exemple, qui croiront sentir ce besoin, et qui dans le cours ordinaire des choses, le satisferont. Que le Gouvernement mette un impôt sur les propriétaires de carosse , une centaine d'entr'eux peut-être , dont les revenus suffisoient tout juste à leur procurer cette jouissance, s'appercevront que leur besoin étoit factice , et renonceront à leur équipage. Les neuf cents autres n'en persisteront pas moins à croire, qu'ils ont besoin d'un carosse , et à payer

l'accident tout aussi bien que le prix intrinsèque. Ils le payeront tout entier, car les
carossiers n'ont pas plus besoin de faire
neuf cents carosses que d'en faire mille;
ils abandonneront le métier, et n'en feront
pas un seul, s'ils n'y trouvent autant d'avantages que dans une autre profession. Parmi
les ouvriers qu'ils employoient, les uns
reflueront sur le métier de charron, d'autres
sur celui de vernisseur, etc. etc. les
moins habiles entreront dans la classe des
manouvriers ordinaires; une partie du capital fixe qui avoit été employée à leur
instruction, sera perdue; mais le prix commun du salaire ne baissera pas par leur
concurrence, parce que les cent individus
qui auront renoncé à tenir un carosse,
destineront à se procurer quelqu'autre jouissance, la partie de revenu qu'ils consa-
croient à celle-là, et formeront en conséquence une nouvelle demande de travail.

Il y a donc une limite au delà de la
quelle le consommateur ne réduit point sa
consommation, tandis que le capitaliste peut
réduire sa production d'une manière illi-

mitée ; le second est maître de ses forces, le premier ne l'est pas ; c'est donc ce premier qui doit supporter tout le désavantage d'une nouvelle lutte.

Mais s'il s'agit d'une marchandise à laquelle on en puisse substituer une autre, l'impôt peut être si onéreux proportionnellement à l'avantage comparé de ces deux marchandises , que le consommateur ne voudra plus de celle qui est taxée, et réduira sa consommation à néant. Le producteur ne cédera pas non plus ; il ne consentira jamais à supporter partie de l'accident, ni l'acheteur à en payer la totalité; l'accident ne sera donc point payé, et la manufacture cessera ses travaux. Nous avons vu dans le chapitre premier de ce livre, que c'est ce qui arrivoit, toutes les fois que le prix intrinsèque ou l'accidentel , surpassoient le prix relatif.

Le consommateur ne doit pas payer seulement l'impôt, mais encore dédommager le marchand qui en a fait les avances. Ces dédommagemens montent à une somme considérable, lorsque la marchandise taxée

a dû passer par plusieurs mains avant de
parvenir au consommateur. Prenons pour
exemple la colle de poisson qu'emploient
les faiseurs de rubans, et d'autres fabricans
en soie, pour lustrer leurs étoffes. Cette marchandise qui vient de Russie, étoit soumise par le tarif de 1664, à un droit de
5 livres par quintal ; ce droit est à présent
de 20 francs pour le même poids. Le marchand qui importe deux cents quintaux de
cette colle, et qui paye par conséquent
4000 francs d'imposition, renonceroit immédiatement à son commerce, s'il n'étoit
pas sûr que les 4000 francs qu'il avance
pour payer l'impôt, lui rapporteront le
même profit, que s'il les employoit à l'achat
d'une marchandise. Si le profit moyen du
commerce est à cette époque de 10 pour
cent, il perdroit, s'il n'ajoutoit au prix de
sa colle, en remboursement de l'impôt, non
pas 4000, mais 4400 francs. Les divers
marchands qui l'acheteront pour la distri-
buer dans les lieux de fabrique et de teinture, exigeront le même remboursement,
en sorte que l'impôt coûtera déjà au teintu-

rier 4840 fr. Celui-ci dont le métier est du nombre de ceux où le profit doit être plus considérable, en compensation de l'odeur, de la saleté, et des autres désagrémens attachés à sa profession, ajoutera à la même somme un profit de 15 pour cent. Le fabricant de soie paye donc au teinturier 5566 liv., pour rembourser les 4000 liv. originairement payées au fisc : il ajoute lui-même son profit, savoir 556 fr. 60 c., et la somme s'élève alors à 6122 fr. 60 c. Enfin le marchand en détail qui traite avec le consommateur, ne lui cède la marchandise dans le prix de laquelle se trouve compris celui de la colle de poisson, et le montant de l'impôt, qu'autant qu'il a prélevé pour le dernier, liv. 6734, 86 centim. Un impôt de 4000 francs payé au Gouvernement sur une matière première, peut donc coûter au consommateur 6734 liv. 86 centimes sans compter les frais de perception, pour une marchandise, que nous ne supposons avoir passé que par cinq mains différentes, et en calculant le profit mercantile à son taux le plus bas; que seroit-ce, si nous avions pris pour exemple une marchandise qui passe par dix mains différentes, et calculé le profit mercantile à 20 ou 25 pour cent, ce qui est peut-être son taux actuel. Cette somme réunie de l'impôt, et de toutes les avances d'argent qu'il a occasionnées, est ce que nous avons nommé l'accident.

Mais quand une marchandise consommable est chargée d'un impôt, ce n'est pas au fisc seul que le consommateur le paye. Le prix relatif de la marchandise doit se régler d'après son prix accidentel; or, pour évaluer celui-ci, ce n'est pas toujours l'impôt qu'il faut ajouter au prix intrinsèque, c'est souvent aussi uniquement l'assurance du contrebandier; car toute la marchandise taxée qui se vend n'a pas payé l'impôt; soit qu'elle ait été produite ou seulement introduite en fraude, ce n'est pas le fisc mais le contrebandier qui perçoit l'accident, tandis que c'est toujours le consommateur qui le paye. Le tarif des douanes est bien aussi favorable au contrebandier qu'au trésor public, et il lève en faveur du premier un impôt souvent décuple de celui qui est

payé au dernier. L'expérience devroit avoir
appris depuis long-tems aux Gouvernemens,
qu'aucune loi quelque rigoureuse qu'elle
soit, ne pourra jamais empêcher la contrebande, lorsque celle-ci sera profitable, c'est-
à-dire, lorsque la différence entre le prix
intrinsèque d'une marchandise entrée en
fraude, et le prix accidentel de la même
marchandise qui aura payé les droits,
sera plus que suffisante pour couvrir tous
les frais qu'occasionne la fraude, et le
risque des saisies, selon le taux ordinaire
des assurances, ou d'après un calcul de
probabilités, en laissant encore un profit
au négociant. Celui - ci ne fait point par
lui-même la contrebande, il s'adresse à un
assureur, qui par un contrat d'achat simulé
se charge de la marchandise en dehors
des frontières, la fait entrer à ses frais,
et la rend à son propriétaire à titre de
vente, avec un accroissement de prix proportionné à sa valeur, qui est ordinairement de 10 pour cent.

Lorsque le prix de l'assurance est beaucoup moindre que l'impôt, le prix intrin-

sèque de la marchandise augmenté de l'accident frauduleux, est beaucoup moindre
que son prix augmenté de l'accident fiscal;
et comme c'est toujours sur le plus bas
d'entre les prix intrinsèques que se règle
le prix relatif, il doit nécessairement en
résulter, que le consommateur se refusera
à rembourser au marchand la valeur de
l'impôt, et que ce dernier n'aura que le
choix, ou de vendre uniquement des marchandises entrées en fraude, ou de fermer
son magasin. Le profit de la contrebande
n'est pas tout pour le contrebandier, ou le
négociant; le consommateur le partage;
mais le profit de celui-ci est complétement
illusoire, car s'il achète les marchandises
à meilleur compte, que si elles avoient
payé l'impôt, il les paye d'autre part beaucoup plus cher, que si leur entrée avoit été
libre; elles sont en effet augmentées pour
lui, premièrement de toute la somme payée
aux assureurs, ensuite de tous les profits
que les différens vendeurs, qui intervien-
nent entre l'introducteur et lui, prélèvent
selon l'usage du commerce sur cette partie

de

de la valeur des marchandises confondue dans leur prix total. La perte du consommateur, qui est aussi la perte de la nation, est donc composée de l'assurance et de l'avance d'argent, lorsqu'il y a contrebande, de la taxe et de l'avance d'argent, lorsqu'il n'y a pas contrebande. Cette perte nationale est égale à la différence entre le prix accidentel, ou le prix relatif forcé de la marchandise, et son prix relatif libre.

Le consommateur national paye souvent encore l'impôt de la douane à un troisième ordre de personnes, sans aucun profit pour le fisc; savoir, aux fabricans nationaux qui produisent des marchandises, propres à faire concurrence à celles des étrangers. Nous verrons même dans le troisième livre, que c'est principalement pour favoriser cette classe de fabricans, que les douanes sont maintenues. Les forces des vendeurs, ainsi que celles des acheteurs, se composent, comme nous l'avons vu, en raison inverse de leurs besoins et de leur nombre; en prohibant ou taxant fortement l'entrée d'une marchandise étrangère, des étoffes de coton par exemple, on diminue le nombre des étoffes de coton à vendre, on augmente par conséquent les besoins des acheteurs ; cette altération dans le marché doit élever le prix relatif, non-seulement pour les marchandises étrangères dont le vendeur doit faire rembourser un prix accidentel, mais encore pour les nationales, dont il doit se faire rembourser seulement un prix intrinsèque.

Si les producteurs nationaux des étoffes de coton, ne pouvoient avant l'impôt se faire rembourser de leur prix intrinsèque, qui étoit plus élevé que le prix intrinsèque des étrangers, ils le pourront désormais, et cette manufacture s'ouvrira dans un pays où elle ne se seroit pas ouverte. Elle attirera donc à elle une partie du capital national employé utilement ailleurs ; ce sera autant de soustrait à la masse de richesses que mettoient en œuvre les autres professions, et cette soustraction augmentera d'autant les forces des vendeurs dans toutes ces professions ; ils en tireront parti pour accroître les profits du commerce, et

les pertes des consommateurs ; chaque nouvelle manufacture qui s'ouvre avant le tems,
opère donc sur tout le commerce national, de
manière à augmenter le profit mercantile,
aux dépens de la masse des citoyens.

Supposons une petite nation, dont le fonds
capital ne soit que de dix millions de francs,
et qui ait comme les grandes la prétention
d'assurer le monopole de son propre marché
à ses propres fabricans ; que le taux commun du profit soit chez elle de dix pour
cent, ce qui produira un million à répartir
entre tous ses commerçans ; que par la prohibition des importations d'étoffes, elle fasse
établir dans son sein une manufacture qui
n'y existoit pas auparavant, et dont le fonds
capital soit d'un million : il n'en restera
plus que neuf pour faire face à tous les
autres besoins des consommateurs ; cependant leur nombre ni leurs besoins n'auront
pas diminué ; les propriétaires des neuf millions auront donc contre eux précisément les
mêmes forces qu'ils avoient avec dix, et
leur profit mercantile devra comme auparavant s'élever à un million par année ; la

manufacture nouvelle devra désormais gagner dans la même proportion que les anciennes, autrement elle ne conserveroit pas les capitaux qu'elle a attirés à elle; son profit sera donc de 111,111 livres, et ce sera précisément de cette somme que le profit mercantile se sera accru dans la nation.

La marchandise étrangère qui a été exclue du marché national par un impôt, se vendoit à meilleur compte que la marchandise nationale, de toute la différence entre son prix intrinsèque, et le prix relatif de cette dernière, lequel est limité par le prix accidentel auquel reviendroit la marchandise étrangère introduite en fraude. Le consommateur national) ne la payoit donc qu'un million, tandis qu'il la paye aujourd'hui à ses compatriotes 1,111,111 francs. Le consommateur national fait donc double perte; d'une part il abandonne un million de bénéfice aux marchands, sur la partie de son approvisonnement, sur laquelle avant l'impôt, il ne leur abandonnoit que 900,000 francs; et c'est pour sa nation une perte absolue, que rien ne compense ; d'autre part il perd 111,111 francs sur la marchandise qu'on le force désormais à acheter de ses compatriotes, et non plus des étrangers ; cette dernière perte est compensée pour sa nation, par un bénéfice égal que font les marchands, de plus qu'auparavant ; mais quoique le bilan général n'en soit pas altéré, la loi n'en commet pas moins une grande injustice, en dépouillant tous les citoyens pour en enrichir quelques-uns.

La nation éprouve encore un autre inconvénient de cette contrainte à laquelle son industrie a été soumise, c'est que ses manufactures se dégradent ; neuf millions doivent désormais leur suffire pour produire les mêmes choses qu'elles produisoient auparavant avec dix ; comme il faut cependant que malgré la diminution du capital, le consommateur trouve tout ce qui lui est nécessaire, les fabricans le servent désormais en qualité inférieure, et pour travailler meilleur marché, ils travaillent plus mal.

Il se trouve donc que l'impôt sur la consommation peut être prélevé par trois

classes de personnes outre le fisc ; savoir :
le marchand qui en fait l'avance aux frontières , le contrebandier , et le fabricant
national qui profite de l'exclusion des
étrangers.

L'on a souvent objecté que ces trois dépenses du consommateur ne sont point perdues pour la nation, puisque tout ce qui
sort de la bourse du premier, au delà de ce
que perçoit le fisc , entre dans celles du
marchand, du contrebandier, et du fabricant ;
mais c'est qu'on méconnoît le principe que
j'ai cherché à établir dès le commencement
de cet ouvrage , savoir que le profit ordinaire ou moyen du commerce , qui fait partie du prix intrinsèque le plus bas possible,
n'est une perte pour personne : c'est une
participation au superflu du travail productif, à la mieux value d'un ouvrage fait,
sur ce qu'il en a coûté pour le faire ; il
résulte de ce que le capital accumulé augmente réellement les pouvoirs productifs du
travail. Tout capital qui est employé, soit
directement à augmenter ces pouvoirs productifs , soit indirectement à remplacer ceux

qui les augmentent, peut être payé de son activité sur cette augmentation, sans qu'il y ait de perte pour personne ; mais au contraire, avec profit pour le consommateur, lequel obtient meilleur marché la marchandise, moyennant cette activité des capitaux quoique payés, qu'il ne l'auroit obtenue s'ils étoient restés dans l'inertie.

Tout capital, si l'impôt ne le détournoit pas, seroit employé à donner de l'activité à l'industrie, et par conséquent augmenteroit la valeur réelle de ses produits, ou leur degré d'utilité, comparée à l'utilité des choses que l'on donne en échange ; tout capital produiroit donc un profit national qui ne seroit une perte pour personne ; tandis qu'un accroissement de profit qui n'est pas légitimé par un accroissement d'activité dans l'industrie, est une perte réelle pour le consommateur. Il se trouve donc que la nation ne fait qu'un seul profit, et qu'elle en perd deux ; elle perd en effet, celui que le capital auroit fait naturellement, dans un emploi où il auroit accru les pouvoirs de l'industrie, et celui que le consomma-

D 4

teur rembourse sans équivalent au marchand, au contrebandier, au fabricant, qui
ont retiré leurs fonds de leur ornière naturelle, pour les employer sur une route où
ils n'augmentent pas le degré d'utilité de
leurs marchandises, comparées avec celles
qu'on leur donne en échange. Le profit,
étant donc comme un, et la perte comme
deux, la nation perd pour solde une somme
égale à l'augmentation du profit mercantile
occasionnée par le déplacement des capitaux.

Voilà quels sont les inconvéniens des
impôts sur la consommation lorsqu'ils sont
mal établis ; ils peuvent alors coûter huit
ou dix fois plus à la nation, qu'ils ne rendent au fisc ; mais leurs vices ne sont point
nécessairement inhérens à leur nature ; car
en taxant la marchandise le plus près possible du consommateur, on ne le force à
rembourser qu'une seule avance d'argent ;
en se rappelant de ne jamais si fort élever
l'impôt, qu'il y ait plus de profit à payer le
contrebandier que la douane, on réduit la
fraude presque à néant ; enfin en ne faisant

jamais de la douane un monopole, qui favorise les marchands nationaux aux dépens des étrangers, on n'occasionne le déplacement d'aucun capital, ni l'élévation d'aucun profit mercantile. Il n'en reste pas moins vrai, que ces impôts-là demandent un plus grand nombre d'employés à leur perception qu'aucun autre, proportionnellement aux sommes qui entrent au trésor national ; mais cet inconvénient, quelque grave qu'il soit, ne suffit pas pour compenser les grands avantages qui leur sont attachés.

La taxe sur les consommations est parfaitement égale, ou plutôt la seule inégalité dont on puisse l'accuser est fondée sur la justice. Chaque citoyen doit contribuer au maintien de l'ordre social en raison des avantages qu'il dérive de cet ordre ; au lieu de prendre ses revenus, qui sont toujours très difficiles à atteindre, pour établir cette proportion, on prend dans ce cas-ci ses dépenses, que l'on peut à bon droit regarder comme leur étant égales. S'il est des citoyens qui dépensent plus qu'ils n'ont de revenu, il est juste et convenable de leur faire payer

plus que leur quotepart, pour les punir
d'une dissipation si contraire aux intérêts
nationaux, et qui tend à détruire le capital
lequel seul communique de l'activité à l'industrie ; s'il y a d'autre part des individus qui
dépensent moins que leur revenu, il est
également juste et convenable de les encourager à une économie, qui tend bien
plus à l'avantage de la nation qu'au leur
propre, qui crèe un fonds lequel donnera
du travail aux pauvres, lorsqu'eux-mêmes
n'existeront plus pour jouir de ses fruits ;
on peut donc les affranchir de l'impôt sur
la partie de leur revenu qu'ils accumulent
au lieu de la dissiper. Une taxe proportionnée aux dépenses, est donc plus juste
et plus politique encore, qu'une taxe proportionnée aux revenus.

Or une taxe sur les consommations,
pourvu qu'elle n'affecte pas celles de nécessité première, peut se proportionner assez
exactement aux dépenses de chaque individu ;
elle le fait, lors même qu'un petit nombre
seulement de ses dépenses sont imposées,
pourvu qu'elle porte sur ceux des besoins

artificiels qui sont communs à tous les
hommes, mais que chaque individu satis-
fait en raison de son aisance; l'inégalité de
chacune en particulier, peut être compensée
assez équitablement, par l'inégalité d'une
autre. Une taxe sur les boissons, par
exemple, atteint tous ceux qui ont un revenu, mais proportionnellement plus le
pauvre que le riche; une taxe sur le sucre,
le café, et les épiceries, seroit à peine
payée par le pauvre, mais elle atteindroit
surtout ceux qui vivent dans une étroite
médiocrité ; la taxe sur certaines étoffes,
celle sur les carosses, etc. atteignent toujours un moindre nombre de personnes, et
compensent, en frappant de nouveau sur le
riche, l'inégalité qu'on auroit reprochée à
une taxe sur les boissons, si elle avoit existé
seule; inégalité qui est compensée encore,
par les impositions foncières, mobiliaires,
du timbre, des patentes, etc. lesquelles atteignent directement le revenu. En choisissant
donc sept ou huit objets seulement pour les
taxer, on peut avec facilité lever une contribution très considérable, et très équita-

blement proportionnée aux revenus de chaque ordre de la société.

La taxe sur les consommations expose
quelquefois à quelques vexations celui qui
en fait l'avance, mais jamais celui qui la
paye (1) ; et c'est déjà un avantage que
d'avoir divisé ainsi les inconvéniens attachés
à toute espèce de contribution. Ici le contribuable, loin de dépendre du percepteur,
n'a pas même besoin de le connoître, et
confond tellement l'impôt avec la valeur
des choses qu'il emploie à son usage, qu'il
croit souvent, au moment même où il le
paye, ne faire qu'acheter une jouissance ;
d'autant plus qu'il lui est de toute impossibilité de faire le compte de ce qu'un pareil
impôt lui coûte, et qu'il n'a jamais, à son

---

(1) Ceci ne peut cependant s'appliquer à la gabelle
du sel, car comme pour éviter la contrebande on exigeoit que chaque individu consommât une quantité
déterminée de sel, en avoit apporté à la perception
de cet impôt encore plus de dureté et de roideur
envers les contribuables, qu'on n'en reprocha jamais
à la perception des contributions directes.

occasion, à redouter la haine ou à courtiser la faveur de personne. Le commerçant qui fait l'avance de l'impôt, n'est pas à la vérité si absolument indépendant du douanier ; cependant il seroit possible de le mettre à l'abri de toute influence arbitraire.

Le plus grand avantage des impôts sur la consommation, c'est qu'ils sont perçus au moment où il est le plus commode au contribuable de les payer. Jamais en effet on ne les lui demande, il les vient offrir de lui-même lorsqu'il a de l'argent ; il proportionne sa dépense et ses moyens pour chaque sou qu'il débourse, et quoique sa contribution ait été le plus souvent décrétée sans son consentement, ce n'est jamais que volontairement qu'il la paye ; c'est de son plein gré qu'il achète du tabac et du vin, et qu'il rembourse l'avance de l'impôt qui a été faite par le marchand sur ces deux articles ; c'est de plus maille par maille qu'il l'acquitte ; deux ou trois impôts peuvent être compris, avec la valeur primitive de la chose, dans une marchandise qu'on lui vend pour un sou, et tel artisan paye

quelquefois en une année d'une manière in-
directe, quarante ou cinquante livres d'impôt sur ses consommations, qu'il n'auroit
jamais pu rassembler pour les remettre au
collecteur sans se voir réduit à la misère.
C'est d'après ces considérations qu'il faut
s'étudier à corriger, mais non pas à détruire de pareils impôts.

CHAPITRE VI.

Des impôts sur les objets de première nécessité.

Les impôts sur la consommation peuvent se diviser en deux classes, selon qu'ils affectent le prix des objets destinés à nos jouissances, ou celui des objets de première nécessité. Nous rangeons dans cette seconde classe les dépenses requises pour le maintien de la vie animale, ou pour se conformer aux règles de décence établies même parmi les derniers ordres de la société; et dans la première, tout ce qui est au delà.

Si dans la lutte entre les consommateurs et les producteurs, pour la détermination du prix des objets de luxe, ce sont les consommateurs qui doivent toujours céder, et payer tout l'accident; ce résultat sera bien plus certain encore, lorsqu'il s'agira d'objets d'une nécessité absolue ; car quant aux premiers, le consommateur peut jusqu'à un certain point augmenter ses forces, en diminuant ses besoins ; mais il ne peut le faire quant aux seconds, ni hésiter à supporter seul toute l'augmentation de prix que l'impôt occasionne.

Cependant tout consommateur la supporte-t-il en dernière analyse ? ou bien les ouvriers productifs peuvent-ils se rembourser de cette avance par une augmentation proportionnée de leurs salaires et du prix de leurs produits? Je hasarderai une réponse à cette question quelque peu différente de celle de l'immortel Adam Smith.

Il est important de se rappeler les principes que nous avons posés précédemment sur le salaire nécessaire et le salaire superflu : le premier assimilé aux semences, est confié annuellement aux manouvriers, il doit produire pour moisson le revenu national, et il est toujours payé définitivement en objets de première nécessité ; c'est à la quantité de ceux-ci, et non point à leur valeur numérique, qu'est proportionnée la

quantité

quantité du produit annuel; sur ce produit doit se prélever une valeur égale à celle du salaire nécessaire avancé , qui ne fait point partie du revenu.

Toute variation dans l'expression numérique du salaire nécessaire , est indifférente à ceux qui le reçoivent, pourvu que sa somme réduite en objets de première nécessité soit toujours la même ; cependant lorsque le prix de ces objets s'élève, si la valeur du produit brut reste la même, après qu'on en a soustrait le salaire , il reste moins de revenu à la société; si au contraire la valeur du produit brut s'élève avec celle du salaire qui lui donne naissance, les consommateurs qui achètent ce produit font une dépense plus considérable. Dans l'un ou l'autre cas les propriétaires de revenu se ressentent seuls de l'augmentation de prix des objets qui forment le salaire nécessaire, soit que cette augmentation diminue leurs revenus, ou qu'elle accroisse leurs dépenses.

Il y a une assez grande différence entre ces deux effets que l'on pourroit confondre au premier coup d'œil ; diminuer le revenu

c'est ce que tout impôt doit nécessairement
faire, et s'il ne diminue le revenu national
que d'une somme égale à celle dont il augmente le revenu du Gouvernement, il est
à cet égard le meilleur qu'il puisse être ;
mais si un impôt payé par l'ouvrier consommateur, doit se retrouver sur le prix
de la marchandise qu'il produit, et augmenter la dépense de celui qui la consomme,
il l'augmente d'une somme bien supérieure
à celle levée par l'impôt ; car le chef de
manufacture qui aura fourni à l'artisan de
quoi faire l'avance de cet impôt en augmentant son salaire, ajoutera le profit mercantile sur cette partie de son capital, à la
somme qu'il aura avancée; tous les divers
marchands entre les mains de qui passera
la chose produite, en feront de même, et le
dernier consommateur payera peut-être une
valeur double de celle qu'aura payé le premier. Cependant un impôt sur un objet
de première nécessité, sur le pain, par
exemple, seroit déjà extrêmement accru par
des avances d'argent précédentes à la consommation de la chose taxée ; en sorte que

de tous les impôts le plus dispendieux seroit celui qui portant sur des objets de première nécessité, ne seroit remboursé en dernière analyse que par celui qui consommeroit les objets de luxe, produits par l'artisan qui auroit employé les objets taxés de première nécessité. Le prix originaire de la taxe se retrouveroit souvent plus que quadruplé dans le prix de la dernière marchandise.

Toutes les fois que dans un pays, la classe ouvrière ne retire de son travail rien au delà de son salaire nécessaire, il est évident qu'elle ne peut continuer à travailler, qu'autant qu'elle fait supporter au consommateur l'augmentation du prix numérique de ce salaire. L'ouvrier ne peut la supporter, car il ne peut se réduire au-dessous du nécessaire ; le capitaliste ne la supportera pas non plus, car la proportion entre ses capitaux, et le mouvement qu'ils doivent imprimer, étant plutôt diminuée qu'augmentée, il n'y a aucune raison pour qu'il rabatte rien de son profit. Il n'est point sûr cependant que le consommateur veuille supporter une pareille différence ; car il n'est

point sûr que le prix relatif des marchandises augmente comme leur prix accidentel;
d'autant plus que celui-ci doit augmenter
d'une somme fort supérieure à celle de
l'impôt ; il est très probable que le prix
relatif ne croîtra pas du tout si le consommateur est étranger, parce qu'il se pour-
voira ailleurs. S'il est national, des loix
aussi injustes que la fixation d'un tel impôt
seroit absurde, pourront à la vérité le forcer
à augmenter son prix relatif, en interdisant
les marchandises étrangères; mais la contrebande les éludera, et le prix accidentel
n'étant remboursé par personne, les capitalistes cesseront d'avancer aux artisans le
montant de la taxe sur les objets de première nécessité; ceux-ci ne trouvant plus
de quoi subsister, mourront de misère, et
le Législateur aura sappé de toutes les manières les fondemens de la richesse nationale, en diminuant la population, en ta-
rissant les sources de revenu, et en augmentant les dépenses. Lors donc qu'une
nation n'est pas assurée que ses ouvriers
perçoivent outre leur salaire nécessaire un

salaire superflu, elle ne peut se porter à elle-même un coup plus imprudent et même plus coupable, qu'en augmentant la valeur numérique du premier, par une taxe sur les objets de première nécessité.

En arrivera-t-il autant, si la classe ouvrière perçoit habituellement un salaire superflu ? c'est ici que je me permettrai de différer d'Adam Smith : cet auteur n'a pas distingué les deux espèces de salaires ; mais il a cru que dans tous les cas les impôts sur les objets de première nécessité seroient payés sur le prix des produits du travail, tandis que ceux sur les objets du luxe des pauvres, seroient prélevés sur leur salaire même, sans augmenter le prix des marchandises produites par leur travail. Il me semble que cette distinction, qui n'est pas suffisamment motivée, ne s'accorde point avec l'expérience.

Supposons que le salaire d'un manouvrier, dans un Département donné, soit d'un franc par jour de travail, et que sur ce franc il y ait soixante centimes pour son salaire nécessaire, ou la dépense en alimens, vê-

temens et logement, dont il ne peut se
passer sans que ses forces diminuent et que
sa santé s'altère ; vingt centimes qu'il met
en réserve pour les jours de repos, soit
imposés par la loi ou le culte , soit forcés
par les intempéries de la saison , les in-
dispositions auxquelles il doit s'attendre, et
les suspensions momentanées d'ouvrage; enfin vingt centimes de salaire superflu , qu'il
destine à se procurer quelques jouissances.
Il y a donc quatre-vingts centimes de ce salaire destinés à acheter des objets de première nécessité; si l'ouvrier ne recevoit rien
au delà, il faudroit qu'il obtînt une augmentation toutes les fois que ces objets croî-
troient de prix , ou qu'il périt de misère;
mais comme il a de plus encore vingt centimes, il peut parer à cette augmentation
avec une partie de ce superflu.

Supposons qu'un impôt sur la consommation ôte à cet ouvrier cinq centimes par
jour, il me semble qu'il est assez indifférent pour lui que cet impôt se lève sur les
objets de nécessité ou sur ceux de luxe.
Dans le premier cas ses denrées lui coût-

teront 85 centimes, et il ne lui en restera
que quinze à consacrer à ses jouissances;
dans le second, elles continueront à lui coûter
80 centimes, et ses jouissances 20, mais
celles-ci ne seront pas plus grandes que celles qu'il obtenoit auparavant avec quinze.
Soit que son pain lui coûte un sou de plus,
ou que ce soit son vin, il me semble que
ce sera toujours sa consommation de vin
qu'il diminuera, parce qu'elle fait pour lui
partie du superflu, et celle de pain partie
du nécessaire ; il n'y aura pas plus de raison
ce me semble, dans un cas que dans l'autre,
pour qu'il obtienne une augmentation de
salaire. L'accroissement du salaire nécessaire occasionné par l'impôt aura donc diminué le revenu national, mais cette
diminution portera sur le revenu de la
classe ouvrière, pour toute la portion de
denrées taxées qu'elle consomme.

Il y a cependant dans ce cas-ci même
de très fortes raisons pour taxer la consommation de luxe de l'ouvrier de préférence
à sa consommation nécessaire ; 1.° La première taxe fait pour lui l'effet d'une loi

E 4

somptuaire ; si elle diminue sa consommation de liqueurs fermentées par exemple,
elle est également avantageuse à son moral
et à son physique , elle épargne tout ensemble son tems et sa santé : 2.° La taxe
n'est égale qu'autant qu'elle est proportionnée au revenu des contribuables , or le revenu des ouvriers c'est leur salaire superflu,
et non pas leur nécessaire. Dans la même
ville tel ouvrier aura un franc de salaire ,
et tel autre quatre ; cependant le nécessaire du dernier, n'est point supérieur dans
cette proportion à celui du premier ; s'il
est taxé dans son luxe, il payera beaucoup plus , comme juste , s'il est taxé dans
son nécessaire, il payera également. 3.° Non.
seulement dans un grand État il y a des
provinces où l'ouvrier obtient aisément un
salaire superflu , tandis que dans d'autres
il est réduit au plus étroit nécessaire ,
mais encore dans les premières il y a des
ouvriers , qui faute d'habileté ou de forces ,
ne peuvent parvenir au salaire moyen , et
travaillent pour le nécessaire ; tous ceux
qui n'ont ni superflu, ni revenu, ne peuvent

et ne doivent pas être taxés ; ils le sont cependant par un impôt sur le sel ou sur la
farine ; un tel impôt équivaut pour eux à
une condamnation à la mendicité ou à la
famine.

Comme il y a incomparablement plus de
pauvres que de riches dans un État , il se
trouve que les pauvres possèdent une plus
grande part du revenu national que les
riches , et qu'un impôt procure fort peu
d'argent , s'il n'affecte pas leur revenu aussi
bien que celui des premiers. Autant que cet
impôt ne porte que sur leurs revenus , ou
sur le salaire superflu , et non pas sur leur
subsistance , il n'est ni injuste ni immoral.
Ce revenu leur est assuré par la protection
de l'État , ils doivent donc contribuer
comme tous les autres citoyens au maintien
de l'ordre social , par le sacrifice d'une
partie proportionnée de leurs jouissances.
Atteindre le revenu des pauvres est une
chose assez difficile , souvent on croit le
faire , lorsqu'en effet l'on frappe à coups
redoublés sur les autres classes de la société;
souvent aussi on les accable , lorsqu'on

n'avoit pas l'intention de leur rien demander. Les pauvres par les loix de la République Française sont très sévérement taxés,
mais le fisc ne profite que d'une fort petite
partie des sommes qu'ils payent.

Quoique l'emploi d'une étoffe plutôt que
d'une autre dans les habillemens soit en
général pour l'ouvrier une affaire de luxe
et de fantaisie, la législation des douanes
en enveloppant sans exception toutes les
étoffes étrangères dans sa proscription, a
éloigné du pauvre toutes celles qui venoient auparavant du dehors pour son usage,
et lui fait payer plus chèrement celles qui
sont nécessaires à sa consommation, soit
qu'il emploie pour ses habits les étoffes
taxées et renchéries par l'accident fiscal ou
par la contrebande, soit qu'il leur substitue les étoffes nationales, qui lui coûtent
plus que celles que sans la douane, on auroit tirées pour lui de l'étranger. Il paye en
outre par une suite des mêmes loix un second impôt plus onéreux encore, c'est l'élévation du profit mercantile, qui se prélève
souvent quatre ou cinq fois sur la même

marchandise, et qui a plus que doublé depuis que la législation des dòuanes a détourné les capitaux nationaux de leur marche naturelle, et a repoussé les capitaux étrangers, qui seroient venus en abondance animer notre industrie. C'est un fait bien reconnu je crois pour toute la France, que nos manufactures travaillent plus chèrement aujourd'hui qu'avant la révolution, et qu'elles ont plus de peine qu'autrefois à soutenir la concurrence des étrangers. Il en est résulté partout le renchérissement des produits des arts. Comme il doit cependant y avoir à cet égard de grandes différences selon les Départemens, je ne parlerai que de celui où j'ai pu faire des observations exactes. Dans le Léman un journalier de campagne dépense à présent chaque année 63 francs en habillemens, et 19 fr. 75 cent. en outils nécessaires à son état. Total liv. 82. 75 centimes (1). Cette dépense est pour

_____

(1) Quoique ce calcul ne soit pas essentiel à notre sujet, j'ai cru que le lecteur seroit bien aise de connoitre les faits qui lui servent de base; voici donc le

lui de rigueur. S'il veut vivre et travailler,
il ne peut se dispenser de la faire, autre-

---

compte des dépenses nécessaires en habillement et
outils d'un manouvrier de campagne du Département
du Léman.

Veste grossière de ratine. L. 18.
Veste de dessous. . . . 12.
Culottes. . . . . 15.

L. 45.

Il employoit autrefois des ratines d'Allemagne, aujourd'hui il est forcé de se servir de celles du Dau-
phiné, qui lui reviennent beaucoup plus cher, mais
qui sont à la vérité meilleures. Ce fonds d'habits lui
sert pour deux ans, au bout desquels il les renou-
velle, employant ensuite les vieux pour les jours de
plus grande fatigue ou de plus mauvais tems : il ne faut
donc compter que la moitié de la somme ci-dessus
par année. L. 22. 50.

Une paire de guêtres de laine. L. 4.
Une paire dites de toile. . . 1.
Deux paires de souliers. . . 12.
Deux paires de sabots à em-
peigne de cuir. . . . . 3. 50.
Un chapeau. . . . . . . 6.
Deux bonnets. . . . . . 2.
Quatre chemises. . . . . . 10.

ment on le considéreroit comme un mendiant et un vagabond, ses guenilles excite-

---

Une paire de bas pour les
  jours de fête. . . . . . . 2.
La plupart de ces effets durent plus
d'une année, mais le journalier en
achète tous les ans pour la somme
ci-dessus qu'il faut donc passer toute
entière. . . . . L. 40. 50.

Dépense en habits. L. 63.

Les diverses marchandises employées à l'habillement du journalier ont augmenté de prix depuis la révolution dans une proportion fort inégale, et de vingt jusqu'à cinquante pour cent. Il y faisoit entrer autrefois des étoffes communes de laine d'Angleterre et d'Allemagne, qu'il ne peut plus acheter aujourd'hui : l'habillement des paysannes étoit ci-devant presque uniquement composé d'étoffes étrangères, savoir de Londrins écarlates, de camelots, de serges, et de flanelles rayées ou brochées, qui venoient à Genève du fond de l'Allemagne : la consommation de ces étoffes a fort diminué; elles sont remplacées par des étoffes françoises qui coûtent plus cher; cependant d'autres entrent encore en contrebande, et la paysanne trouve son compte à rembourser l'assurance du contrebandier, plutôt qu'à acheter les produits de nos manufactures.

-roient la défiance, et il ne seroit point employé; or cette dépense est accrue d'environ 25 pour cent depuis la révolution, par le renchérissement qu'occasionnent les douanes sur tous les objets manufacturés. Ce

---

L'ouvrier de campagne est obligé de posséder pour son travail :

Un fossoir à deux cornes, coûtant. . . . . . . L.	2.	50.
Une bêche.	5.	50.
Un provignoir.	3.	25.
Une serpette.	1.	
Une serpe.	2.	
Une pioche.	2.	
Un fléau.	1.	
Une faux.	2.	50.

F. 19. 75

Transport de ci-derrière, dépense en habits. . . . . 63.

Dépense totale par année. F. 82. 75

On peut passer les frais d'entretien que demandent les outils en compensation du prix de ceux qui durent plus d'une année; ces outils ont renchéri depuis la révolution aussi bien que les habits, mais pas tout-à-fait autant. Avant la guerre, et lorsque le commerce de Genève et de la Savoie étoit libre, l'ouvrier de campagne pouvoit aisément avec 62 fr. 13 c. se pourvoir d'habits et d'outils de qualité au moins égale.

soñt donc 20 francs 68 centimes ; que la
égislation des douanes et le maintien du
système mercantile coûtent au journalier, ce
qui fait environ 5 cent. $\frac{2}{3}$ par jour, le 25°. de
son salaire, le quart peut-être de son revenu.
Cependant sur cette somme il n'y a pas
probablement cinquante centimes qui soient
en remboursement d'impôts, pour quelques
teintures et quelques outils apportés du dehors, à l'usage de ceux qui ont préparé ses
vêtemens et ses instrumens. De ces 5o centimes la moitié au moins reste aux marchands, en indemnité de leurs avances d'argent, répétées six ou sept fois depuis celui
qui a importé l'indigo, jusqu'au détailleur
qui a vendu la veste bleue que porte l'ouvrier. Il y a donc eu 25 centimes payées à
la douane, (sauf le cas de contrebande),
et comme les frais d'administration des
douanes sont avec leur produit brut, dans
le rapport de 12 à 27, il sera entré à grand'-
peine 14 centimes dans le trésor national,
lesquelles auront coûté 20 francs, 68 centimes à celui qui les paye.

L'impôt qui coûte le plus au pauvre ;

quoiqu'il le paye sans le savoir , est probablement celui des douanes, à cause de
la perte qu'il occasionne sans profit pour personne (2); il en paye cependant bien d'autres
encore. La barrière et les octrois renchéris-
sent un grand nombre de denrées qui lui
sont nécessaires ; l'impôt des fenêtres et celui des patentes portent aussi le plus souvent
sur son salaire , la seule source de son

---

(2) Le renchérissement occasionné par les douanes
ne se répartit pas uniquement entre le fisc, les contrebandiers , et les marchands monopoleurs. Il faut
compter encore beaucoup de faux frais occasionnés
par des transports inutiles. Les marchandises qui souvent n'auroient qu'un trajet de cinquante lieues pour
arriver à portée du consommateur, font quelquefois
un circuit de deux cents lieues autour des frontières
de France, pour se présenter à celle où la contrebande est plus aisée à faire. D'autre part, le manouvrier du Léman paye des faux frais semblables faits
dans l'intérieur de l'Etat; parce que la douane l'oblige
à tirer ses fers travaillés de la Haute-Saône , ou d'autres Départemens éloignés , tandis qu'il pouvoit les
trouver à sa porte, à Vallorbe en Suisse. Les frais
de port et le travail inutile des voituriers sont perdus
sans compensation pour la nation.

revenu

revenu ; d'autres contributions enfin pèsent occasionnellement sur lui , comme nous le verrons au chapitre suivant, en sorte que si le salaire que lui paye l'entrepreneur d'un ouvrage comprend un superflu , l'on peut douter qu'il en puisse appliquer aucune partie à se procurer des jouissances ; lorsqu'il s'en donne quelqu'une, c'est souvent aux dépens du fonds qu'il devoit réserver pour les jours de repos , et qu'on ne peut considérer que comme faisant partie de son salaire nécessaire.

L'on parle cependant de rétablir un impôt sur un objet de première nécessité , *le sel*, sans s'inquiéter d'examiner si le pauvre aura un superflu avec lequel il puisse le payer , ou s'il se trouvera par là réduit à la mendicité : certainement , si en rétablissant la gabelle du sel on rendoit la liberté au commerce, le Peuple gagneroit au change ; car la gabelle n'est point à beaucoup près si désastreuse que la douane telle que celle-ci est aujourd'hui. Le sel est la production d'un petit nombre de marais salans , il est renchéri par des impôts chez presque tous nos voisins , de manière qu'on pourroit empêcher la contrebande avec un très petit nombre d'employés, pourvu qu'on le taxât au même prix qu'eux. Rien ne peut être substitué au sel, en sorte qu'en le taxant on ne feroit monter le prix relatif d'aucune marchandise, excepté de celles qu'il sert à préparer. Quand la Gabelle est en régie, il n'y a point d'avance d'argent à rembourser, et tout ce que paye le consommateur, entre dans le trésor national. Sous divers rapports, c'est donc un bon impôt, mais il n'est admissible, je le répète, qu'autant qu'en rendant la liberté au commerce, et en abolissant des douanes ruineuses, on aura donné au pauvre artisan les moyens de le payer, et qu'on ne lui fera plus sacrifier le quart de son revenu au maintien d'un système absurde, qui n'est avantageux qu'aux contrebandiers; autrement on court risque ou de le réduire à la mendicité, ou de forcer l'augmentation des salaires, et par là de ruiner toujours plus nos manufactures.

Il reste cependant à la France d'autres moyens de lever de nouveaux impôts, sans frapper des objets de première nécessité. Le

tabac qui ne produit plus aujourd'hui que
1,300,000 f. pourroit être ramené sans inconvénient à rendre dans toute la République, ce
qu'il rendoit autrefois sur une partie seulement de son territoire, c'est-à-dire, près de
trente millions (3). L'on pourroit également
établir une taxe sur les distilleries, qui auroit
le double avantage d'agir comme loi somptuaire, en rendant l'usage des liqueurs plus
rare, et de donner un bon revenu. Dans
le livre troisième nous aurons occasion de
voir quelles sont les marchandises venant
de l'étranger sur lesquelles on peut lever

---

(3) Adm. des Fin. T. II. Ch. II. Les provinces
exemptées de l'impôt du tabac étoient la Flandre,
l'Artois, le Hainault, le Cambresis, la Franche-
Comté, l'Alsace, le pays de Gex, la ville et le territoire de Baïonne, et quelques lieux particuliers dans
la généralité de Metz. Si l'on y ajoute les conquêtes
de la France, on verra que le nombre des contribuables est augmenté au moins d'un quart. Le tabac est
un excellent objet d'imposition, qui a tous les avantages du sel, et aucun de ses inconvéniens. Il faudroit
cependant prendre des arrangemens pour ne pas gêner
la culture du tabac dans les Départemens où elle est
en vigueur.

un impôt sans trop augmenter leur prix. Il ne faut point oublier que les impôts sur la consommation sont ceux de tous qui peuvent donner le plus grand revenu, en occasionnant le moins de murmures (4).

------

(4) Les divers impôts sur la consommation produisirent ensemble en Angleterre pour l'année 1792 L. 15,514,540. 19 s. 6 d. sterling, et pour l'année 1793, L. 14,138,492 sterling. Whitehal Evening post. No. 7050.

CHAPITRE VII.

De l'influence des autres impôts sur la richesse nationale.

L'ON a cru pendant long-tems que les impôts sur la consommation étoient payés par les marchands et prélevés sur les profits du commerce ; cette opinion est tout aussi fausse que celle qui les fait envisager aujourd'hui comme servant à protéger et à animer ce même commerce ; du moins n'est-elle pas si extraordinaire. C'est d'après cette persuasion, que dans presque tous les pays de l'Europe, ceux qui ont créé de nouvelles taxes, ne trouvant pas juste que les marchands fussent seuls à les payer, se sont efforcés d'atteindre les autres classes de la société. Il leur a été très facile d'appesantir la main sur les propriétaires de terres, mais ils auroient voulu atteindre également le capital liste d'une part, et l'artisan de l'autre, or ces deux classes de personnes qui payoient souvent une grande partie de l'impôt qu'on croyoit lever sur les marchands, échappoient au contraire à celui qu'on pensoit lever sur elles, et en faisoient supporter à d'autres le fardeau.

On s'est apperçu à la fin cependant que toutes les classes de la société payent les impôts sur la consommation en proportion de leurs dépenses, mais l'on n'en a pas moins persisté à chercher dans d'autres impôts de nouvelles sources de revenu, soit parce que le système mercantile gagnant tous les jours faveur, tarissoit successivement toutes celles qui naissoient de la consommation, en sacrifiant l'intérêt des finances à celui du monopole, soit parce que les besoins de l'Etat allant sans cesse en croissant, forçoient d'avoir recours à des ressources de tout genre. C'est lorsque l'esprit des financiers s'aiguisoit pour trouver de nouveaux prétextes de pressurer le Peuple, que la révolution est survenue ; elle a tout changé en finance, et n'a pas corrigé grand'chose.

Quand un État se trouve dans une situation qui nécessite de très grandes dépenses, il est presque toujours entraîné dans un système d'impositions très vicieux. Aussi long-tems que ses taxes remplissent leur but principal, celui de lui fournir un revenu à peu près proportionné à la perte qu'elles occasionnement aux citoyens, il est peut-être inutile de se plaindre ; à moins qu'on ne puisse présenter en même tems des moyens sûrs et faciles, d'obtenir en foulant moins le peuple, un revenu égal ou supérieur.

Le système de finance de la France n'a été bon dans aucun tems ; il étoit oppressif et vexatoire sous les Rois ; aujourd'hui ses principaux défauts sont de mettre le contribuable dans une lutte continuelle avec le Gouvernement, et de coûter beaucoup plus au premier qu'il ne rend au dernier. Nous avons vu combien à cet égard la douane étoit vicieuse ; on pourroit en la corrigeant soulager le peuple, affranchir le commerce, et tirer cependant de ce seul impôt un revenu si considérable, qu'il donneroit toutes sortes de moyens au Législateur pour réformer ceux d'entre les autres contre lesquels on élève de justes réclamations ; il ne sera peut-être pas inutile de passer en revue tous ceux de la République , pour voir dans quel cas et de quelle manière ils affectent les prix, et pèsent par conséquent sur tous les citoyens , dans quel autre ils sont supportés par une seule classe de propriétaires de revenus.

Trois impôts paroissent avoir été destinés par leurs inventeurs à faire partager au Gouvernement les profits du commerce ; savoir, les patentes., et pour la partie qu'en payent les négocians, le timbre et les fenêtres.

Tout homme qui achète pour vendre , a été soumis à payer une patente par la loi du 1.er Brumaire an vii ; mais comme il y a des nuances sans nombre, depuis le plus pauvre revendeur, jusqu'au négociant millionnaire dont les vaisseaux sillonnent toutes les mers ; pour que la contribution fût égale, il a fallu que la loi entrât dans des détails infinis , leur application donne lieu à des discussions sans cesse renaissantes , et la fixation des patentes reste toujours un

peu arbitraire, ce qui est un grand défaut
en fait de contributions. Il semble d'a-
bord que cet impôt doit peser tout entier
sur ceux qui le payent ; ce n'est pourtant
pas en général ce qui arrive ; les profits du
commerce, ainsi que nous l'avons vu, sont
réglés par la lutte du capitaliste, soit avec
les ouvriers productifs qu'il met en mouvement, soit avec les consommateurs qu'il
approvisionne. Lorsque les forces du commerçant sont soutenues dans cette lutte par
un monopole, comme il arrive en France,
où les marchandises étrangères sont pros-
crites, le négociant ne trouve pas ordinairement une grande difficulté à se revaloir de
la patente, ou sur l'ouvrier, ou sur le consommateur ; mais si la patente est levée
sur une branche de commerce qui soit en
décadence, et d'où le commerçant ne puisse
point retirer assez promptement ses capitaux, parce qu'il en a plusieurs de fixes,
alors il se trouve dans une situation vraiment fâcheuse, c'est bien lui qui paye la
patente, mais il la paye sur des profits
qu'il a cessé de faire ; aussi cette contribu-

tion, quoique en général peu onéreuse, a-t-elle excité beaucoup de réclamations dans quelques villes, dont le commerce particulier étoit sur son déclin.

L'impôt gradué du timbre des lettres de change et des autres papiers mercantiles, établi par la loi du 13 Brumaire an VII, n'est point proportionné au profit de chaque branche de commerce, aussi ne reste t-il pas où on le met. Le banquier a cent fois plus de lettres de change à faire timbrer que le marchand en gros, quoique souvent celui-ci soit tout aussi riche, mais comme les profits s'égalisent dans le commerce, le banquier doit augmenter les siens pour parer à ce nouvel impôt, autrement il renonceroit à sa branche particulière d'industrie ; cet impôt, bien qu'avancé par un seul négociant, se répartit donc de soi-même avec assez d'égalité entre tous ; c'est peut-être le seul pour lequel la théorie de Canard soit vraie, et où l'équilibre se rétablisse naturellement, parce que les forces étoient égales avant son institution, qu'il les altère, et qu'elles ne

redeviennent égales que lorsque l'impôt s'est
partagé également (1).

L'impôt sur les portes et les fenêtres des
ateliers et des manufactures, renchérit d'autant le prix des marchandises qui se travaillent dans ces ateliers. Il n'y a point de
raison pour qu'un ouvrage qui demande
beaucoup d'air et de lumière, rapporte moins
de bénéfice que celui qui n'en demande pas :
l'impôt qu'a payé le fabricant pour le produire, transforme donc le prix intrinsèque
en prix accidentel, et doit être payé par le
consommateur : mais il en est de celui - ci
comme de celui des patentes ; l'impôt

_____

(1) Le timbre sur les cartes à jouer, et celui sur
les journaux, sont des droits sur la consommation ;
on peut les ranger parmi les plus sages et les plus
justes. Le timbre à raison de la dimension du papier,
paroit aussi à la première vue, un droit sur la consommation ; mais la consommation forcée d'un certain
papier pour certaines transactions, n'étant nullement
l'indice, ni des revenus, ni des dépenses du consommateur, ce droit pèse sur les citoyens de la manière
la plus inégale ; il est très onéreux pour ceux dont
la fortune est litigieuse, il est à peine senti par tous
les autres.

qui ne fait aucun tort à un commerce croissant et dans un état prospère, est au contraire excessivement onéreux à ce même
commerce, dès qu'il se trouve sur son déclin; et comme il pèse plus particulièrement
sur les capitaux fixes, qui ne peuvent pas
se mettre en équilibre si facilement que les
autres, lorsque le commerce éprouve quelque crise, il doit arriver fréquemment que
cet impôt aggrave les pertes d'un négociant
qui se ruine déjà.

Il n'y a qu'une fort petite portion de l'impôt sur les fenêtres qui soit payée par l'industrie, et qui puisse influer sur les prix. On
pourroit probablement affranchir tous les
ateliers de cet impôt, sans occasionner une
grande perte aux finances, et l'on étendroit
ainsi le marché où les producteurs nationaux pourroient vendre. Quant à l'impôt
sur les portes et fenêtres des habitations, il
est assis sur le revenu présumé, sa perception n'est pas coûteuse, et il n'est pas sujet
à l'arbitraire, mais il s'en faut bien qu'il
soit égal. On peut en général calculer avec
assez d'exactitude le revenu d'un homme

d'après le loyer qu'il paye pour son habitation , en sorte que cette base de taxation
est assez équitable , pourvu cependant encore qu'on la modifie selon les villes et les
provinces : mais l'on n'arrive pas directement au prix du loyer d'après le nombre des
fenêtres : telle maison dans le plus vilain
quartier d'une grande ville , peut en avoir
autant que le plus beau palais , quoique son
loyer n'arrive pas au dixième de celui de
l'autre : le revenu du pauvre est donc beaucoup plus taxé que celui du riche. Or quand
un impôt est fort inégal , il faut pour qu'il
soit supportable , qu'il soit aussi fort modéré. En effet , l'impôt des fenêtres ne rend
au trésor public que 16,500,000 , et ne coûte
au contribuable que cinq pour cent au plus
de son loyer, souvent que deux pour cent
et même moins. Il semble qu'un impôt proportionné à chaque loyer pourroit rendre
beaucoup plus à l'Etat , et être distribué
bien plus également sur tous les contribuables, sans que sa perception fût plus difficile, plus coûteuse , ou plus sujette à contestation. Soit les appartemens vides , soit

les ateliers et magasins, devroient être exempts d'impôts ; les premiers, loin d'être une source de revenu sont une perte, les seconds n'indiquent point l'aisance de ceux qui les occupent, ils font partie de son capital fixe, en sorte que s'ils sont chargés d'un impôt, celui qui le paye s'en dédommage sur le prix de ses marchandises. Les maisons que les propriétaires occupent eux-mêmes devroient être taxées avec modération, pour que la contribution fût proportionnée au revenu, parce que celui qui habite sa propre maison est toujours mieux logé, pour son état, que celui qui occupe celle d'un autre. En partant de ces principes, il seroit, je crois, très facile de lever soixante à quatre-vingts millions par un impôt sur les loyers, que l'on substitueroit à celui sur les fenêtres, sans exciter aucune réclamation.

Il y a quelques impôts qui sont liés avec des institutions si utiles, que loin d'être une charge pour la nation, ils semblent plutôt lui apporter un bénéfice ; tels sont ceux de la poste aux lettres, du droit sur les voitu-

res publiques , et celui de garantie des monnoies. Les deux premiers de ces impôts ont
produit en l'an ix :

Poste aux lettres.   L.   8,000,000.
Voitures publiques.   410,000.
                      ————————
                           8,410,000.

(D. V. Ramel , Finances de la République en l'an ix , partie troisième).

Avant la révolution, dans un tems où la
France étoit resserrée dans des limites bien
plus étroites , où d'anciens abus dimi-
nuoient encore les recettes , et où tant les
ports de lettres que le tarif des messageries étoient bien moins coûteux , ces deux
impôts rendoient :

Poste aux lettres.   L.   9,620,000.
Messageries. . . .   1,500,000.
                      ————————
                          11,120,000.

(Necker , Compte rendu (2).

---

(2) Je ne sais d'où vient qu'il y a sur cette recette
une différence entre le compte rendu et l'Administration des Finances de Mr. Necker. Dans le dernier
ouvrage il l'établit comme suit:

Poste.   . . 10,300,000. }
Messagerie. 1,100,000, } 11,400,000. T. I. Ch. I.

Une diminution de 2,710,000 fr, lorsqu'on devoit attendre une augmentation de revenu, ne peut être expliquée que par l'effrayante dégradation des chemins. Quand ils seront rétablis tels qu'ils doivent être dans un État aussi puissant que la France, il est probable que cette branche de revenu s'accroîtra. Ce n'est pas, au reste, en augmentant encore le tarif qu'il faut songer à accroître cette branche de revenu ; il est déjà trop élevé, dès l'instant où l'on sent davantage la charge qui en résulte pour le commerce, que le bénéfice que celui-ci retire de cet établissement.

La garantie des monnoies n'a produit en l'an IX qu'un revenu de 100,000 fr., elle en rendoit 500,000 avant la révolution, déduction faite des charges assignées sur la caisse des monnoies. Pourquoi en ralentissant si fort la fabrication du numéraire, le trésor national a-t-il laissé échapper cette branche de revenu ?

Parmi les impôts que les contribuables payent sans jamais murmurer, il faut compter la loterie, impôt volontaire, auquel personne

sonne ne se soumet que de son propre mouvement. Mais si c'est le moins onéreux des
impôts, c'est aussi le plus immoral, puisque le Gouvernement excite un vice ruineux,
pour profiter d'une légère partie des maux
qu'il cause. La loterie rendoit autrefois sept
millions, aujourd'hui elle en produit neuf;
cette augmentation proportionnée à celle de
l'étendue de la France, peut fort bien ne
point indiquer que la passion de ce jeu funeste
ait fait des progrès parmi le Peuple.

L'impôt de l'enregistrement produit une
recette fort considérable, mais c'est un de
ceux qui excitent le plus de réclamations;
du moins quant aux droits proportionnels
qui se perçoivent sur les successions, les
donations et les ventes d'immeubles, suivant le § LXIX de la loi du 22 Frimaire
an VII. Le droit proportionnel est d'entre
tous les impôts que perçoit l'Etat, le
seul qui se lève sur les capitaux et non sur
les revenus, en sorte qu'il tend directement
à appauvrir la nation, et à fermer les ateliers que ces capitaux auroient mis en mouvement. C'est comme si on prélevoit une

dîme, non pas sur la récolte, mais sur la semence, au moment où l'agriculteur est sur le point de la confier à la terre (3). Les

---

(3) J. Bentham dans ses traités de Législation civile et pénale, publiés par E. Dumont. T. II. p. 146 propose de supprimer les successions collatérales, et d'appliquer au fisc les biens de tous ceux qui n'auront ni enfans, ni père et mère, ni descendans de leurs père et mère, et qui n'auront pas disposé de leur fortune par testament. *Il ne sauroit, dit-il, découvrir aucune objection solide contre cette ressource fiscale.* C'est cependant un mal, et du premier ordre, que celui de pourvoir aux dépenses publiques, au moyen des capitaux et non des revenus nationaux ; de détruire ainsi la proportion qui doit s'établir naturellement entre les ressources de la nation et ses dépenses, et de faire dissiper dans le courant d'une année, un fonds qui, s'il étoit resté entre les mains des particuliers, auroit équivalu à une fondation perpétuelle pour l'entretien du travail : il y a au reste contre cette disposition une autre objection que j'emprunterai de cet auteur lui-même. Lorsqu'un Gouvernement participe aux revenus des citoyens, il fait ce que chacun sent qu'il doit faire, il ne cause aucune alarme, il n'ébranle point le principe de la propriété ; mais dès qu'il commence à étendre la main sur les capitaux, à se substituer aux droits des individus, il menace également toutes les fortunes. " De petites atteintes au

soixante-trois millions que cet impôt rapporte chaque année, sont une semence vraiment arrachée à l'industrie, au moment où elle alloit la féconder ; et la perte qu'occasionne cette distraction de capitaux, est égale

---

» principe de propriété, nous dit Bentham lui-même,
» en préparent de plus grandes, les Peuples et les
» Gouvernemens ne sont à cet égard que des lions
» apprivoisés : mais s'ils viennent à goûter du sang,
» leur férocité naturelle se rallume ».

Si torrida parvus
Venit in ora cruor, redeunt rabiesque furorque ;
Admonitæque tument gustato sanguine fauces ;
Fervet et a trepido vix abstinet ora Magistro.

LUCAN. 10.

Bentham. T. II. p. 89.

Que les quinze articles sur les successions proposés par Bentham, fussent admis dans la Législation, on verroit les tribunaux sous l'influence fiscale, vexer d'une manière cruelle l'aïeul et l'aïeule, en s'emparant de la succession de leurs petits enfans, la mettant en vente, et les chassant peut-être ainsi de chez eux ; on les verroit restreindre de mille manières le droit de tester, chercher enfin et multiplier les causes de nullité pour anéantir les testamens ; il est bien plus sage et bien plus sûr de ne point admettre le fisc au partage des héritages.

G 2

non point à leur valeur, mais à celle des produits qu'ils auroient donnés. Que l'on ne croie pas qu'il soit indifférent que les revenus de l'État soient formés de ceux des particuliers ou de leurs capitaux. La contribution foncière par exemple, quoique quatre fois plus forte, n'occasionne point une diminution de capital ; celui qui la paye s'apperçoit que ses rentes sont réduites, et modère sa dépense en conséquence : mais celui qui paye le denier vingt d'un héritage , n'a pas même la pensée de prendre sur son revenu une somme souvent plus forte que ce revenu , ou de réparer cette perte par son économie ; elle est alors prélevée sur une succession, sur laquelle le contribuable comptoit fort peu, elle lui en paroît d'autant plus supportable , mais c'est souvent ce qui la rend le plus ruineuse pour la nation.

L'enregistrement est de tous les impôts le plus inégal ; il pèse d'une manière fort différente sur les propriétaires de meubles et sur ceux d'immeubles ; il affecte les derniers fort inégalement , selon que le hasard rend rapide ou lente la circulation de leurs biens ; enfin entre ceux qui le payent en même tems et sur les mêmes bases, il est encore fort inégal, selon que l'immeuble est chargé de dettes ou ne l'est pas; car dans le premier cas, le contribuable peut payer quelquefois la moitié de sa fortune , lorsque le Législateur n'a prétendu l'imposer qu'au vingtième.

L'impôt sur les successions collatérales est perçu au moment où il est le plus facile de le payer ; celui sur les successions directes est perçu au contraire dans un moment d'affliction et souvent de besoin : telle famille d'ouvriers, en perdant son père , perd fréquemment son gagnepain , et son unique revenu ; la maladie du chef de la maison , si elle a été longue , peut l'avoir obligé à manger toutes ses petites épargnes , et lorsque le fisc choisit ce moment pour fondre sur des malheureux , on est bien disposé à l'accuser de barbarie.

L'on ne peut douter que le Gouvernement ne profite de l'aisance que lui a rendu la paix , pour supprimer un impôt qui excite des réclamations si générales , et pourvoir de quelqu'autre manière aux dépenses de l'Etat.

Deux impôts nous restent encore à examiner, l'un est l'octroi accordé aux grandes communes, pour subvenir à leurs dépenses particulières ; l'autre est le droit de barrière levé pour l'entretien des routes.

L'octroi semble être un indice du tâtonement par lequel on cherche à se rapprocher d'un impôt sur la production des objets de consommation, ou d'une *Excise* ; l'impôt de tous qui produit le plus grand revenu, en excitant le moins de murmures. L'octroi cependant est assez dispendieux à lever, il gêne le commerce en multipliant les bureaux, et soumettant les marchandises à des visites, lorsqu'elles circulent dans l'intérieur de la République ; enfin il renchérit le prix des objets de consommation, souvent même de ceux de première nécessité : néanmoins il n'excite que de très légères réclamations, et toutes les villes s'empressent d'en demander un. Cette facilité laisse entrevoir tout le fruit que l'on pourroit attendre de l'*Excise*, si le Gouvernement se déterminoit à emprunter des Anglois , ceux de ses règlemens qui sont applicables à la France.

Quant aux barrières, Adam Smith avoit prédit (Liv. V. Chap. i. Part. iii. a i.) que si le pouvoir exécutif s'approprioit jamais la levée et l'emploi des péages perçus pour l'entretien des routes , ces routes seroient absolument négligées , et les péages accrus sans aucune proportion avec les besoins du commerce ; la France n'a pas tardé à vérifier cette prédiction (4).

Il paroîtroit qu'en conséquence de la dégradation des grands chemins , et de la diminution du commerce intérieur, le Gouvernement auroit dû se charger , avant toute chose , du soin de r'ouvrir les grandes routes : il pourroit ensuite destiner les barrières , non pas à leur construction, mais à leur entretien, et devroit le faire comme en Angleterre , en donnant la tâche de réparer les chemins à ceux même qui perçoivent le péage. Les administrations Départementales ou communales, devroient

_____

(4) Elle s'est aussi vérifiée en Angleterre durant les dernières années.

avoir inspection sur le marché qu'on feroit avec eux, et fixer elles-mêmes le tarif des barrières proportionnellement aux frais qu'exigent les routes. L'impôt des barrières est fort juste et fort égal lorsqu'il ne fait payer à la marchandise qui passe sur un grand chemin, qu'un droit proportionné au dommage qu'elle lui occasionne par son charroi: il paroît cependant d'après les réclamations universelles des Départemens, que la France n'est pas encore mûre pour un pareil impôt, et qu'il y a si peu de mouvement sur les grandes routes de la République, à cause de la langueur de son commerce intérieur, que le droit que payent les passans, quelqu'énorme qu'il soit, loin de suffire à l'entretien des routes, ne suffit souvent pas même à couvrir les frais de perception. L'on sait qu'une des choses qui frappoient le plus Arthur Young dans son *tour en France*, c'étoit le peu de mouvement qu'il observoit sur les grands chemins.

Pour ramener cet impôt à une égalité de répartition qui ne lui est point essentielle, on en a fixé le tarif par distances d'une barrière à une autre, de telle sorte que lorsqu'elles sont fort éloignées, le passage de la barrière seule, ne dût-on aller qu'à cent pas au delà, devient fort coûteux; on a donc occasionné une très grande inégalité réelle, pour n'obtenir qu'une égalité apparente. L'on auroit dû plutôt établir, d'une part qu'au passage d'aucune barrière on n'exigeroit du roulier au delà d'une certaine somme, sans égard à la distance des autres barrières; de l'autre que toutes celles qui, réduites à ce tarif uniforme, ne rendroient pas au quadruple les frais de perception, seroient supprimées. Quant aux chemins sur lesquels il n'y a point assez de roulage pour y entretenir des barrières, ce n'est pas le moyen de le multiplier que de le rendre plus dispendieux. Il faut attendre à leur égard l'effet du tems et de l'accroissement de la richesse nationale, et bien se rappeler que rien ne peut justifier la levée d'un impôt, qui coûte à percevoir la moitié, ou même le tiers de ce qu'il rend au fisc.

Cet examen des divers impôts de la France, nous a fait voir bien des abus à

corriger dans son système de finances ; heureusement qu'il existe dans les Gouvernemens des peuples libres un principe régé-
nérateur, qui les ramène presque toujours
au bien quelque éloigné qu'il paroisse. Mais
ce principe y ramenera la République lentement et sans convulsions, puisqu'elle a
appris par une dure expérience, que ce n'est
pas une révolution qui corrige, et qu'il faut
pour parvenir à ce but, les efforts patiens
et soutenus de la sagesse et de la vertu.

CHAPITRE VIII.

Des loix portées à dessein d'élever les prix.

Après avoir vu ce qu'étoit le prix des choses, et quel étoit l'intérêt national dans sa fixation, nous avons examiné de quelle manière le Législateur avoit été forcé de l'altérer pour procurer un revenu au Gouvernement ; il nous reste à considérer les cas où il l'a fait de son propre gré, croyant par là procurer l'avantage public.

Comme le Gouvernement est plus souvent acheteur que vendeur, on auroit pu redouter, que l'ignorance des vrais intérêts nationaux ne lui fît confondre les siens avec ceux du commerce, et qu'il n'employât tous les moyens en son pouvoir, pour forcer la baisse des prix, et procurer dans les marchés tout l'avantage à l'acheteur ; mais quoique l'on ait eu à reprocher à plusieurs

Gouvernemens, et pendant un tems à celui
de la République, une semblable violence;
cependant en général ils ont senti de bonne
heure, que l'intérêt bien entendu de l'acheteur, n'étoit pas d'obtenir une marchandise
au-dessous de sa valeur, puisqu'alors on
cesseroit de la produire; mais seulement
de l'avoir au plus bas de tous les prix intrinsèques, en sorte que le consommateur
et le vendeur gagnassent tous deux à traiter
ensemble. C'étoit là qu'il falloit s'arrêter,
mais par une bizarrerie qu'on a toujours
peine à comprendre, presque tous les Gouvernemens de l'Europe ont passé à l'autre
extrême, et réuni tous leurs efforts pour
élever les prix, et forcer les consommateurs
à payer ce dont ils auroient besoin, au taux
que les vendeurs y voudroient mettre; ce
qu'il y a de vraiment étrange, c'est que c'est
en la forçant à acheter tout chèrement, qu'on
a voulu enrichir la nation.

Ce système dont l'exposition seule paroît
démontrer l'absurdité, s'est élevé sur la con-
fusion de toutes les idées d'économie politique, et surtout sur l'obscurité dont s'enve-

loppoit le profit mercantile. Il s'agissoit d'en-richir la nation, on a cherché quels étoient dans son sein les individus qui s'enrichis-soient le plus vite, et l'on a supposé qu'une nation feroit des pas d'autant plus rapides vers la prospérité, qu'elle compteroit un plus grand nombre de ces nouveaux enrichis.

Aucun travail, aucune industrie n'enri-chit si promptement que le commerce, on lui voit en peu d'années, quelquefois en peu de mois, élever des fortunes colossales; d'où l'on a conclu que favoriser l'accroissement de ces fortunes colossales, c'étoit travailler à la prospérité de toute la nation : on ne pouvoit pas tirer une conclusion plus hasar-dée; car enfin, il falloit avant tout, s'assu-rer si tout profit mercantile étoit une acces-sion à la richesse nationale, ou si une grande partie de ce profit, ne faisoit que passer d'une bourse dans une autre, sans que la nation y trouvât aucun avantage. On pouvoit s'éclairer par des comparaisons : on avoit vu les mignons d'une cour élever des fortunes tout aussi rapides sur la ruine de leurs prédécesseurs ; l'on avoit vu les maltotiers arriver par un chemin tout aussi court à une opulence effrayante, fondée sur les larmes et le sang du Peuple; l'on avoit vu enfin les joueurs acquérir plus prompte-ment encore leurs richesses : et je ne crois pas qu'on ait jamais dit que les largesses d'une cour dissipatrice, les extorsions des financiers, et les fureurs du jeu, aient enri-chi aucune nation. Il pouvoit en être de même des négocians, si leurs profits étoient le résultat d'une perte égale de la part des acheteurs.

Je crois avoir suffisamment éclairci dans le cours de cet ouvrage, la nature du profit mercantile, avoir fait voir qu'il est partie nécessaire du prix intrinsèque, et que lors-que celui-ci se trouve réduit à son taux le plus bas, ce profit existe sans occasionner de perte à personne, puisqu'il n'est alors autre chose qu'une participation à la mieux value d'un travail productif, secouru par un capital, sur un travail productif qui n'est pas assisté par des capitaux. Je crois avoir démontré aussi que ce profit n'étoit légitime, qu'autant que le négociant pouvoit le trouver en vendant sa marchandise au prix relatif, puisque celui-ci se régloit toujours sur le prix intrinsèque le plus avantageux au consommateur ; enfin , j'ai fait voir que toutes les fois que le vendeur au prix intrinsèque forçoit l'augmentation du prix relatif ; il y avoit deux pertes dans la nation pour un bénéfice , savoir, la perte que faisoit le marchand, du profit légitime qu'il auroit pu trouver dans tout autre commerce , perte égale au profit injuste qu'il faisoit , et la perte que ce profit injuste causoit au consommateur ; en sorte qu'il seroit réellement plus facile que les extorsions et les voleries des maltotiers, qui ne causent d'autre mal que celui dont ils profitent, enrichissent une nation, que de la voir enrichie par un commerce dont le désavantage est toujours double du profit.

Les profits légitimes du commerce contribuent puissamment à enrichir une nation puisqu'ils forment une des trois grandes sources de son revenu ; ils ne forment cependant que l'une des trois , et de plus , ce n'est pas proportionnellement à son revenu

qu'une nation s'enrichit, mais proportionnellement aux épargnes qu'elle fait sur lui.
Tel homme avec vingt mille francs de rente
ne s'enrichira point, s'il les dépense chaque
année ; tel autre dont le revenu est de moitié moindre, s'il met chaque année cinq
mille francs en réserve, s'enrichira rapidement. Une nation fait de même des progrès
plus ou moins accélérés vers l'opulence,
selon que son revenu se trouve placé entre
les mains de gens plus ou moins disposés à
l'économie : or la facilité à dépenser son bien,
est toujours proportionnée à la facilité qu'on
a trouvée à le gagner ; aussi, quoique les
négocians, comme je l'ai remarqué dans un
autre ouvrage, forment de toutes les classes
de la société, celle qui économise le plus sur
ses revenus, parce que c'est celle qui les
regarde le plus comme incertains ; d'autre
part, ils économisent d'autant plus, leur
vie est d'autant plus frugale, et leur maison
d'autant plus modeste, que leurs profits
sont moindres proportionnellement au capital qu'ils emploient. Lors donc que l'on
augmente la proportion de ces profits, l'on

corrompt

corrompt la simplicité de ceux qui les font; l'on encourage leur dissipation, et l'on diminue l'espoir que la nation pouvoit fonder sur l'accumulation de leurs richesses. C'est pour n'avoir point considéré le profit mercantile sous tous ses rapports, que la plupart des Gouvernemens Européens en voulant l'accroître l'ont dénaturé, et n'en ont fait qu'une extorsion dirigée contre les consommateurs.

Les divers moyens d'augmenter le profit mercantile se réduisent en dernière analyse à un seul, celui de rendre le marchand maître du prix relatif, ou de lui donner le monopole du marché. Lorsque le marchand est vendeur, il profite de ce monopole pour élever le prix relatif et vendre chèrement; lorsqu'il est acheteur, il en profite pour l'abaisser, et acheter bon marché. Dans le premier cas son profit est une perte pour le consommateur, dans le second il est une perte pour le producteur, soit propriétaire foncier, soit ouvrier.

La concurrence la plus libre est la base du prix relatif; toutes les fois que cette concurrence est gênée, il existe un principe de monopole. Si la loi éloigne seulement les marchands et les capitaux étrangers, elle donne aux marchands et aux capitaux nationaux un premier monopole contre les consommateurs, elle le fait par les règlemens des douanes. Si elle rend l'entrée du commerce difficile pour ceux qui ne sont pas encore commerçans, en écartant la concurrence d'une partie des citoyens industrieux, elle donne à ceux qui exercent déjà cet état un plus grand empire sur le marché ; c'est un second monopole qu'elle crée contre le consommateur, au moyen des statuts d'apprentissage. Si elle hérisse de nouvelles difficultés le passage d'un genre de négoce à un autre, elle donne à chaque branche du commerce national, un monopole non-seulement contre les consommateurs, mais aussi contre les commerçans des autres branches ; c'est le troisième qu'elle crée par l'institution des jurandes et corps de métiers. Si elle réunit ce commerce en un seul corps ou une seule compagnie à qui elle accorde un droit exclusif pour l'exercer, elle crée par là un quatrième et dernier monopole intérieur, le plus puissant et le plus ruineux de tous. Elle peut enfin chercher à étendre le monopole national sur l'étranger, soit qu'elle fonde des colonies pour avoir des nations sujettes à ses loix, soit qu'elle cherche à lier ses rivales par des traités de commerce. Nous examinerons séparément dans le livre suivant ces divers monopoles ; dans celui - ci nous devons nous borner à rendre compte de leur théorie générale, ainsi que de leur effet, soit immédiat sur les prix, soit médiat sur la richesse nationale.

Les forces des vendeurs dans la lutte qui doit fixer le prix relatif sont en raison inverse de leur nombre et de leurs besoins. Les besoins des capitalistes, comme nous l'avons vu, ne sont jamais absolus, mais seulement relatifs ; tout dépend donc de leur nombre ; plus on diminue celui-ci et plus on augmente la force qu'ils peuvent opposer aux acheteurs : mais quoique nous ayons adopté de Canard l'expression purement mathématique de ces forces, leur augmentation morale est réellement plus rapide que la diminution des nombres. Si deux mille négocians disséminés sur un grand État se trouvent réduits à quinze cents, comme ils s'efforceront chacun pour soi de vendre aussi cher qu'ils pourront, ils tendront bien à profiter de cette augmentation de forces, mais ce ne sera qu'en tâtonnant, et d'une manière douteuse ; tandis que si la loi les réunit et en forme des corporations, ils connoîtront immédiatement toutes leurs forces, et au lieu de lutter les uns contre les autres pour s'enlever mutuellement des pratiques, ils réuniront leurs efforts, pour les opposer en commun aux acheteurs ; aussi toutes les fois qu'on facilite une combinaison entre les marchands, on arrache au consommateur sa dernière sauvegarde, et on le livre à la merci de ses adversaires.

Je ne sais comment quelques personnes ont pu croire que le monopole du vendeur n'élevoit pas les prix, ou qu'après les avoir élevés pendant quelque tems, il tendoit à les rabaisser par la suite. C'est le métier du négociant de vendre aussi cher qu'il peut ;

lorsqu'on lui donne tout pouvoir pour cela , il faudroit qu'il eût une générosité bien extraordinaire, s'il n'en faisoit pas usage. Au moment où ses forces augmentent, il faudroit qu'il fût autre qu'un homme pour diminuer ses prétentions ; aussi toutes les fois qu'il a existé un monopole, a-t-on vu ceux en faveur de qui il étoit établi , solliciter toute la rigueur des loix contre ceux qui violoient leurs priviléges , ou qui cédoient leurs marchandises au plus bas prix intrinsèque possible, au prix qui seul donne un profit au négociant sans causer de perte à personne. Les monopolistes avoient donc élevé le leur au-dessus de ce prix seul légitime , autrement ils n'auroient rien eu à redouter de la concurrence de ceux qui trafiquoient en contravention de leurs priviléges.

L'on pourroit dire en faveur de quelques monopoles , qu'ils ne causent pas à la nation deux pertes pour un profit, si avant leur établissement le prix intrinsèque des marchandises ne surpassoit pas leur prix relatif, et si par conséquent ce prix intrinsèque étant le plus bas que le consommateur pût obtenir, quelque liberté qu'on eût laissée à ses approvisionnemens, il ne lui occasionnoit point de dommage. Le monopole ne causeroit alors au consommateur d'autre perte que celle du surplus de profit que feroit le monopoliste, en sorte que pour la nation il y auroit compensation entre l'avantage du vendeur et le désavantage de l'acheteur : mais premièrement il est douteux qu'il ait jamais existé de monopole qui appartînt à cette classe. En effet toutes les fois que les marchands ont demandé au Législateur d'en établir un, ils se sont fondés sur ce que sans ce secours la branche particulière de commerce pour laquelle ils le sollicitoient, ne pourroit se soutenir, c'est à-dire, ne feroit point un profit égal à celui de toute autre branche ; ou encore, sur ce que le consommateur trouveroit à se pourvoir ailleurs, à un prix moins élevé que leur prix intrinsèque, des choses qu'ils vouloient lui fournir.

De plus, lorsque le monopole n'occasionneroit d'autre mal que celui de prendre aux uns pour donner aux autres, il feroit toujours une chose fort injuste et fort impoliti

que : fort injuste, car les loix protectrices
de la propriété doivent être égales pour tous;
une acception de personnes est plus odieuse
dans celles-là que dans aucune autre ; fort
impolitique , en ce qu'on ne peut favoriser
de grands profits , sans occasionner une
grande dissipation , sans créer à côté de la
richesse née d'un jour, le luxe qui la dévore
en peu d'heures , et sans induire les favoris
de cette loi inégale, à faire du revenu qu'on
leur donne, un usage moins profitable que
n'en auroient fait ceux à qui on l'a arraché.

CHAPITRE IX.

Des loix portées à dessein d'abaisser les prix.

IL seroit sans doute superflu de répéter que le prix relatif d'une marchandise, lorsque le commerce est libre, étant fondé sur le plus bas de tous les prix intrinsèques, on ne pourroit forcer le vendeur à donner sa marchandise au-dessous, sans occasionner une perte, qui seroit supportée, ou par le revenu, ou par le capital des classes productives de la nation ; perte qui arrêteroit bientôt la production ; il ne nous reste donc qu'à examiner les différentes manières dont le Législateur a pu forcer cette réduction des prix, et à calculer l'étendue des pertes occasionnées par ces loix désastreuses.

On a vu à une époque d'horreurs et de violences, qui n'a pas sa pareille dans les

fastes de la tyrannie, un Gouvernement
fixer le prix de toutes les choses qui pouvoient être un objet de commerce entre les
hommes, et substituer partout la force, à la
plus libre de toutes les transactions, la circulation de la richesse mobiliaire. L'établissement du maximum est un des événemens
les plus dignes de remarque de la révolution ; sans cette épreuve extraordinaire, on
n'auroit jamais pu croire qu'on pût rencontrer tant de démence dans un Gouvernement,
ni tant de soumission chez un grand Peuple:
on n'auroit pu croire non plus que la société
humaine fût liée et maintenue par un principe de vie assez actif, pour qu'un régime
si extravagant ne la détruisît pas. En voyant
substituer une force étrangère aux loix de
la nature, il me semble voir un opérateur
substituer une pompe foulante à l'action du
cœur, pour forcer la circulation dans les
artères et les veines d'un corps vivant.

Rendre le travail une perte, donner au
laboureur, à l'artisan, la crainte de produire,
au commerçant celle de vendre, c'étoit conjurer contre les capitaux nationaux, aussi

bien que contre les revenus : jamais la consommation et la dissipation de toutes les richesses ne pouvoient être portées plus loin que dans le tems où leur acquisition ne coûtoit presque rien au consommateur , et où le producteur aimoit mieux les perdre lui-même que de les céder à un autre sans rétribution : aussi la ruine de toutes les manufactures nationales , la perte de tous les capitaux qui mettoient l'industrie en mouvement, datent-elles de cette époque de désolation.

C'est la différence entre la somme du salaire nécessaire , et la valeur des fruits du travail qu'il a mis en mouvement, qui forme tout le revenu national ; or , telle avoit été l'absurdité de ceux qui avoient fait le tarif du maximum, qu'ils ne donnoient pas même à ces fruits du travail une valeur égale à celle du salaire nécessaire qui les avoit produits. Il n'y eut donc pendant toute la durée du maximum aucun revenu national , ceux qui croyoient en avoir un , et qui en possédoient le signe , soit en numéraire , soit en papier, n'avoient en mains qu'une hypothèque sur

une valeur négative et non pas positive ;
en sorte que la nation toute entière mangeoit
son capital pour produire, et vivoit sur son
capital lorsqu'elle dépensoit. Si l'on réunit
toutes les causes de dilapidation qui se com-
binèrent en même tems, la dépense d'une
nation qui pendant quinze mois (1) a vécu
sur son capital ; la consommation quadruplée
chez ceux qui possédoient des marchandises
et qui ne vouloient pas les vendre ; la perte
de tems de plusieurs centaines de milliers
d'ouvriers productifs, qui depuis la révolution ont quitté l'atelier, soit pour suivre les
attrouppemens du Peuple, soit pour marcher aux armées ; enfin la dépense effroyable
d'un Gouvernement qui a dissipé quarante-
huit millards d'assignats, dont la valeur
réelle a été payée toute entière aux étrangers, par l'exportation de notre richesse

---

(1) Depuis le 29 Septembre 1793, époque du décret de la Convention qui fixa le maximum du prix
des denrées, au 4 Nivôse an III, que fut rendu le
décret relatif à la suppression de toutes les loix portant fixation d'un maximum sur les denrées et marchandises.

mobiliaire (2), on se fera une idée de ce
qu'étoit le capital de la France, et de ce

---

(2) Bien des gens ne se font point encore une idée
précise du tripot par lequel le Gouvernement se pro-
curoit de l'argent, au moyen des assignats. C'étoit cependant une opération aussi simple que ruineuse et
immorale ; il vendoit aux étrangers des assignats
contre argent. Les assignats n'avoient d'autre valeur
dans l'étranger que celle qu'ils dérivoient de leur valeur en France, aussi y perdoient-ils toujours plus
que dans l'intérieur des frontières de la République.
Les négocians qui les avoient achetés n'avoient donc
plus grande hâte que de les renvoyer en France, afin
de les y échanger contre quelque chose dont la valeur
fût plus réelle. Le Gouvernement, pour les déterminer à les acheter, les leur avoit cédés à assez bas prix,
pour qu'ils pussent sans perte payer avec ce papier
dans l'intérieur de la France, soit l'argent, soit les
marchandises, beaucoup plus cher qu'aucun François:
tous les assignats qui étoient vendus au dehors devoient donc être immédiatement renvoyés en France,
pour y être convertis, soit en argent, soit en marchandises qu'on exportoit aussitôt. Plus leur sortie
étoit rendue difficile, et plus il falloit que le Gouvernement perdit sur son papier s'il vouloit le vendre
aux étrangers, pour leur donner les moyens de payer
une contrebande plus coûteuse. C'étoit toujours le
Gouvernement qui donnoit le signal de la baisse des

à quoi il a dû être réduit ; on comprendra ce que je n'ai cessé de répéter, que notre capital n'est plus proportionné à notre ancien commerce, et que vouloir le faire couler dans les canaux qu'il a laissés à sec, c'est en dessécher d'autres plus importans pour la prospérité nationale.

Ne nous arrêtons point trop long-tems sur l'amer souvenir de ces tems désastreux, et passons plutôt à examiner quelques efforts qu'on a vu faire à des Gouvernemens

---

assignats dont il accusoit les agioteurs, on pouvoit les acheter de lui à meilleur marché que d'aucun autre : c'étoit lui qui vendoit aux étrangers, soit le numéraire, soit les marchandises en circulation dans la République en en vendant le signe : et comme il vendoit une chose qui n'étoit point à lui, il ne redoutoit pas de faire dessus un rabais assez considérable, pour que les marchands eussent un grand avantage à traiter avec lui, encore qu'il les obligeât à payer très chèrement la contrebande qu'il les forçoit à faire. De toutes les maniéres de se procurer la disposition du capital national, cet infâme agiotage sur le papier-monnoie étoit la plus ruineuse pour la nation, mais aussi la plus expéditive pour le Gouvernement.

moins tyranniques, pour abaisser le prix de quelques marchandises. C'est ainsi par exemple que les uns ont entrepris de régler par des loix le prix du pain, les autres d'abaisser celui des matières premières, en défendant leur exportation.

Fixer par une loi le prix du pain au taux où il se seroit arrêté de lui-même, varier ensuite cette loi d'après tous les incidens qui peuvent influer sur ce prix, c'est de toutes les opérations la plus inutile, c'est ordonner ce qu'on ne peut empêcher; telle est cependant l'*assise* du pain, que le conseil commun ou des Aldermen fixe à Londres chaque semaine d'après le prix du blé et de la farine (3). Faire monter le prix du pain pour donner un plus grand profit au boulanger, seroit faire une opération toute

---

(3) L'assise du pain date dans la Législation Angloise, tout au moins du règne d'Henri III. Voyez an. 51. Hen. III. st. 6. Le même sujet a été depuis fréquemment soumis aux délibérations du Parlement. Voyez entr'autres st. 31. Geo. II. c. 29. st. 3. Geo. III. c. 11. et 13 Geo. III. c. 62, cependant cette assise du pain n'est qu'une vaine formalité.

semblable à celle de rehausser le prix du drap pour donner un plus grand profit au fabricant; cependant aucun Gouvernement n'a encore à se reprocher cette absurdité. Enfin le fixer plus bas que son prix relatif, c'est appliquer à un seul commerce la loi du maximum avec toutes ses funestes conséquences. En fixant au rabais le prix du pain, on fait perdre au producteur une partie ou de son capital ou de son revenu; mais on ne peut le forcer à la perdre longtems; car, ou le fermier destinera ses champs à une autre production qu'à celle du blé, ou s'il n'en peut trouver aucune autre qui le dédommage de ses peines et de ses avances, il laissera en friche tous ceux de ses champs dont la culture étant le plus dispendieuse, ne lui donne plus de profit depuis la fixation du prix du pain. En l'avilissant dans le moment présent, on le force donc à renchérir par la suite; sans compter que s'il s'agit d'un petit Etat, ou des frontières d'un grand, on détermine l'exportation du blé, qui va chercher sous un autre Souverain un marché plus avantageux.

Sans fixer par une loi le prix du pain, on peut le forcer au rabais, en prohibant l'exportation du blé, quoique le pays en produise plus qu'il n'en peut consommer. Tout le surplus qu'on empêche de chercher d'autres acheteurs au dehors, chôme d'une manière ruineuse entre les mains de celui qui l'a produit : il se détermine, plutôt que de prolonger cette perte, à le céder au-dessous de son prix ; sa concurrence fait baisser le cours du marché ; une partie de la perte se répartit entre tous les producteurs, ceux qui ne réussissent point à se défaire de leur blé supportent le reste ; les uns et les autres se dégoûtent de produire, lorsque leur travail et leurs avances deviennent pour eux une source de pertes et non de revenus ; et la terre n'étant plus fertilisée, retourne bientôt à son état sauvage. C'est ainsi que les premiers Grands Ducs de la famille de Médicis complétèrent la ruine de la maremme Toscane, en défendant l'exportation des blés hors de cette province aussi fertile que malsaine, et qui avant leur règne en produisoit

quatre

quatre fois plus qu'il n'en falloit pour nourrir ses habitans.

La législation du commerce des grains est
une matière si importante ; elle est liée à
tant de considérations politiques , qu'il faut
ou la traiter à fond, ou la passer sous silence. Peut-être reviendrai-je sur ce sujet, si
en donnant une suite à cet ouvrage, je parle
un jour des loix qui peuvent favoriser l'agriculture : aujourd'hui je me contenterai d'é-
noncer mon opinion en faveur de la liberté
du commerce des grains ; elle est fondée
sur les mêmes principes que nous allons
développer concernant l'exportation des matières premières , et elle est appuyée par
l'exemple des succès que P. Léopold a ob-
tenus en Toscane , lorsqu'il y a proclamé
cette liberté.

Les Législateurs étant une fois persuadés
que la nation ne pouvoit s'enrichir que par
les profits du commerce , ont cherché à procurer aux négocians les profits les plus considérables ; rien ne leur a paru plus naturel
pour y réussir que de les aider soit à vendre cher , soit à acheter bon marché. En

leur donnant les moyens de faire avec le plus grand avantage l'une et l'autre de ces opérations, il n'est pas douteux qu'ils n'aient augmenté le gain des négocians ; mais nous avons vu au Chapitre précédent que celui que ceux-ci faisoient en vendant plus cher que le prix relatif libre, n'étoit d'aucun avantage pour la nation ; il nous reste à montrer qu'il n'y a pas plus d'avantage à les faire acheter au-dessous du prix relatif libre.

Trois expédiens ont été employés par la Législature, principalement en Angleterre, pour diminuer aux marchands et fabricans le prix d'achat de leurs marchandises. 1.° Accorder une prime, (*bounty*) à ceux qui importeroient des matières premières ; 2.° défendre ou surcharger d'impôts onéreux l'exportation de ces mêmes matières premières ; 3.° rabaisser le salaire des ouvriers, soit en les empêchant de sortir de leur pays, soit en réprimant tous les efforts qu'ils pourroient faire pour augmenter leurs gages.

Tel est le goût des hommes pour tout ce qui est extraordinaire, que rien n'a plus contribué à mettre en faveur les primes que leur singularité, je dirois presque leur absurdité. Voilà, a-t-on dit, un Gouvernement qui paye les étrangers pour vendre à bas prix les matières premières à ses marchands, et qui paye ensuite ses marchands pour vendre à bas prix les matières ouvrées aux étrangers : la nation ainsi gouvernée s'enrichit ; il faut que sa politique soit bien profonde, car elle réussit quoique contraire au bon sens. La conclusion seroit beaucoup plus juste si l'on avoit dit, il faut qu'elle ait assez d'industrie et d'activité pour s'enrichir en dépit de sa politique absurde. Une prime, par exemple, a été accordée en Angleterre pour l'importation du chanvre et du lin de l'Amérique septentrionale, par le statut 4 Geo. III. Ch. xxvi. et pour celle du chanvre d'Irlande, par le statut 19 Geo. III. Ch. xxxvii. Cette prime qui pendant les sept premières années a été de 8 liv. sterl. par tonne, en décroissant ensuite, permettoit au vendeur Irlandois ou Américain de donner pour 36 ou 38 liv. sterl., ce qu'il n'auroit pu donner sans elle que pour 44

ou 46; pourvu qu'entre ce qu'il recevoit
du marchand et ce qu'il recevoit de la
douane à titre de prime, il fût payé de tout
son prix intrinsèque, il étoit content; la
nation achetoit toujours de lui son chanvre
pour 44 ou 46 liv. st. la tonne, quoiqu'il y
eût deux payeurs, le marchand qui profitoit
de ces 8 liv. de différence, et le Gouvernement qui payoit sans acheter rien. Mais
les 8 liv. que donnoit la douane, étoient
prises tout aussi bien que les 36 du marchand sur le bien de la nation, avec cette
différence que 8 liv. st. n'arrivent jamais
jusqu'aux payeurs nationaux sans en avoir
coûté 9 ou 10 au contribuable. La nation
payoit donc près de 48 liv. st. la tonne de
chanvre, quoique le marchand n'en débour-
sât que 38, et comme sans la prime elle
auroit eu pour 40 liv. st. le chanvre de Pétersbourg; la perte faite sur chaque marché
étoit double du profit que faisoit le marchand; en sorte qu'après avoir compensé l'un
par l'autre, il restoit de perte nette pour
la nation 8 liv. sterl. par tonne de chanvre

importée d'Amérique ou d'Irlande (4).
Comme malgré bien d'autres dépenses incon-
sidérées, la prospérité de l'Angleterre a toujours été en croissant, ainsi que celle de
l'Irlande et de l'Amérique septentrionale
qu'elle alimentoit de ses capitaux, le moment est sans doute déjà venu où l'augmentation de sa richesse aura permis de vendre
sans prime le chanvre d'Irlande et d'Amérique, aussi bon marché que le chanvre de
Russie; mais ce moment est venu plus tard
à cause de la prime, puisque celle - ci en
diminuant les revenus nationaux, a diminué
le seul fonds sur lequel il fut possible de
faire des épargnes.

Les Anglois ont sévèrement défendu la
sortie de toutes les matières premières,
tandis qu'ils ont permis leur entrée franche
de tous droits. La laine est la marchandise
contre laquelle ils ont le plus redoublé

_____

(4) Tandis que la prime tendoit à abaisser la valeur
du chanvre national, un droit d'entrée de L. 3. 13 s. 4 d.
sterling, élevoit celle du chanvre de Russie. L'importation du lin de Russie n'est chargée d'aucun droit.

de sévérité, aussi les marchands qui sont toujours en moindre nombre que les producteurs, et à qui il convient beaucoup plus de s'entendre que d'enchérir les uns sur les autres, ont-ils profité avec tant d'âpreté du monopole que la loi leur accordoit, qu'ils ont fait considérablement baisser le prix des laines ; en sorte qu'elles sont beaucoup meilleur marché en Angleterre que dans aucun pays environnant, et que malgré les peines sévères et souvent atroces (5) dont sont menacés les exportateurs, malgré toute la vigilance de la police, qui doit renchérir très

---

(5) Le statut 8. Eliz. ch. 3. condamne ceux qui transportent au delà des mers des bêtes à laine vivantes, ou qui les embarquent sur un vaisseau, à la confiscation de leurs biens, à un an de prison, et à avoir au sortir de la prison leur main gauche coupée dans un marché public, et clouée sur la place. La récidive est considérée comme félonie. Voyez aussi Blackstone Comm. on the laws of Eng. B. IV. Ch. XII. Ces statuts ont été étendus à l'exportation de la laine et de la terre à foulon par d'autres subséquens, comme 12. Ch. II. c. 32. 7 et 8. Will. III. c. 28. 4 Geo. I. c. II. 12 Geo. II. c. 21. et 19. Geo. II. c. 34.

fort les assurances, il s'en faisoit chaque année une contrebande très considérable. L'avilissement du prix des laines n'avoit pas jusqu'à ces dernières années dégoûté d'élever des moutons, parce que le fermier vendoit la viande au boucher d'autant plus cher qu'il perdoit plus sur la toison. Il semble cependant d'après l'enquête qu'a fait le Parlement l'année passée sur la rareté des laines, que le nombre des brebis diminue aujourd'hui dans la Grande Bretagne, et il n'est pas besoin de chercher d'autre explication de cette diminution que le monopole des marchands. L'avilissement du prix des laines a eu au reste un autre effet tout aussi fâcheux sur la production, c'est de détourner absolument le fermier du soin de perfectionner cette matière première, pour porter son attention toute entière sur la forme du mouton et sur sa facilité à prendre de la graisse. On peut voir dans la Bibliothèque Britannique, année 1801, de nombreuses preuves de cette négligence; on y verra aussi les regrets du Chevalier Banks, en observant combien la laine des *mérinos* élevés en France , est supérieure en finesse à celle des mérinos élevés en Angleterre.

Qu'on ne cite donc point l'exemple de l'Angleterre pour écraser notre industrie par de nouveaux monopoles , qu'on ne prive point l'agriculteur et le propriétaire d'une partie du revenu qu'ils tirent de la production des matières premières; on feroit le double mal d'ôter aux uns pour donner aux autres , et de détourner le capital national d'un canal où il est vraiment profitable ; pour le porter dans un autre où le profit qu'il procure est une perte pour une autre classe de la nation (6).

Un exemple servira à rendre cette vérité plus palpable encore. On a remarqué que les peaux des chèvres qui vivent dans les Hautes-Alpes, et surtout dans les Dépar-

---

(6) Arthur Young regarde les droits établis en Angleterre sur l'exportation des laines et des cuirs cruds, droits qui équivalent à une prohibition, comme répondant à une taxe de 2 s. par livre sur le revenu des terres. Arithmét. Pol. Ch. II. trad. de Freville. p. 26.

temens du Mont-Blanc et du Léman, sont plus propres que d'autres aux travaux du mégisseur et du faiseur de maroquins. L'Anglois chez qui cette branche d'industrie fleurit aujourd'hui, tire de là toutes les peaux qu'il emploie pour les portefeuilles, et d'autres ouvrages délicats de ce genre. Un François qu'aveugloit son zèle, a désiré rendre à sa patrie cette branche de manufactures, et il a fait déjà quelques démarches auprès du Gouvernement pour l'engager à empêcher la sortie de ces peaux de chèvre par un redoublement de vigilance, et forcer ainsi le propriétaire François, qui n'auroit plus d'autres chalands, à vendre ces peaux au frabricant François à plus bas prix qu'il ne fait aujourd'hui. Celui-ci privé de capitaux, et n'ayant qu'une industrie languissante, ne peut, si les matières premières ne baissent de prix, les manufacturer encore qu'elles soient à sa portée, au même prix que les Anglois. La différence est même bien considérable, car les fabricans Anglois qui vendent à Paris des maroquins supérieurs pour la qualité, ou inférieurs pour le prix, aux

maroquins François, ont à payer de plus
qu'eux, le port des peaux de chèvre de France
en Angleterre, l'assurance du contrebandier
pour les sortir en fraude, le port des maroquins d'Angleterre en France, et l'assurance des contrebandiers pour les y introduire. Dans l'état actuel de notre industrie, la
fabrique des maroquins seroit donc une
manufacture perdante, puisque si le commerce étoit libre, le prix intrinsèque de ceux
fabriqués en France seroit supérieur de cinquante pour cent à leur prix relatif. Lorsque le commerce est soumis au monopole,
ce n'est plus le fabricant, mais le consommateur d'une part, le fermier de l'autre,
qui perdent ces cinquante pour cent. Dans
l'un et l'autre cas c'est toujours la nation.
On ne peut donc sans extrême imprudence
encourager une manufacture qui, loin de
donner un revenu, ne peut être soutenue
qu'aux dépens des revenus que produisent
les autres travaux nationaux.

Toute innovation dans les loix sur la
sortie des peaux de chèvre, qui tendroit à
redoubler le monopole des marchands mé-

gisseurs contre les fermiers et propriétaires
de chèvres, auroit l'effet de faire baisser
le prix de ces peaux, et par conséquent
féroit perdre aux propriétaires des hautes
montagnes une partie du revenu qu'ils tirent
de leurs broussailles : on sacrifieroit donc
le propriétaire pauvre et industrieux d'un
sol ingrat, à l'intérêt de quelques marchands. Il est cependant encore fort douteux qu'un si dur sacrifice suffit pour faire
prospérer la nouvelle manufacture qu'on
voudroit établir ; du moins est-il sûr que
celle-ci ne profiteroit pas de toute la perte
que feroit la nation ; car la baisse du prix
de ces peaux rendroit plus avantageuse la
contrebande, et compenseroit les nouvelles
difficultés qu'elle présenteroit, en sorte que
le propriétaire seroit appauvri, bien plus
pour enrichir le contrebandier, que pour
enrichir le commerçant, et que le but du
Législateur seroit complétement manqué.

Une dernière manière de diminuer le prix
des marchandises, c'est de donner au marchand un monopole contre l'ouvrier productif qui l'emploie, en protégeant toutes les

combinaisons des marchands pour faire baisser les salaires, et en sévissant rigoureusement contre toutes celles des ouvriers pour
les augmenter, c'est-à-dire, en sacrifiant la
classe pauvre, industrieuse et utile, à l'a-
vantage de quelques capitalistes, et en faisant à ceux-ci un revenu de ce qui devoit
être le salaire superflu de ceux-là. Plusieurs
des loix Angloises sur les manufactures ont
été dictées par cette politique cruelle autant
que fausse (7). J'ose me flatter qu'elles ne

---

(7) Outre des statuts particuliers, en faveur de
diverses manufactures, le st. 2 et 3. Edw. VI. c. 15
condamne l'ouvrier qui se ligue avec ses confrères
pour élever son salaire, à l'amende et à la prison,
et pour la troisième récidive à la perte d'une oreille.
Un grand nombre de statuts plus modernes punissent
sévèrement par la prison et de fortes amendes, ceux
qui engagent les artisans à passer en pays étranger,
et les capitaines de vaisseaux qui les transportent.
Comme les salaires sont plus élevés en Angleterre que
dans tout le Continent Européen, ces loix n'ont point
aujourd'hui l'effet d'empêcher une population sura-
bondante d'aller chercher de l'ouvrage là où il est le
mieux payé, aussi les auteurs des statuts 5. Geo X.

seront jamais adoptées en France ; les sentimens d'humanité que manifeste le Gouvernement, son désir souvent exprimé d'accroître l'aisance et la liberté des artisans , ne lui
permettront jamais de prêter l'oreille aux
suggestions de l'avarice et de la dureté. Je
croirois lui faire injure en développant la
tendance ruineuse d'une législation trop
barbare pour qu'il hésite à la rejeter.

Après avoir parcouru dans ce livre toutes
les causes qui peuvent influer sur la détermination des prix , nous le terminerons en
répétant que dans tous les cas le Législateur
peut être dirigé à leur égard par cette maxime
générale, c'est que l'intérêt bien entendu du

---

c. 27. 23. Geo. II. c. 13. 25. Geo. III. c. 67. etc. .
avoient-ils moins en vue d'empêcher l'augmentation
des salaires , que de conserver à l'Angleterre la possession exclusive des secrets de ses manufactures.
Mais il est presque impossible d'empêcher par des
loix l'émigration de gens sans propriété , elles ne
sauroient ni les arrêter , ni les atteindre , elles devroient donc être supprimées comme inutiles, si elles
ne le sont pas comme contraires aux libertés Britan-
niques.

consommateur est le même que celui de la nation, et que le prix relatif du commerce libre est celui qui convient le mieux à toutes les classes de citoyens.

LIVRE TROISIÈME.

DES MONOPOLES.

CHAPITRE PREMIER.

De la législation du commerce.

L'ON assure qu'un membre distingué du Ministère Britannique, voulant raffermir sa popularité, en s'assurant l'appui du commerce., s'adressa aux négocians d'une grande ville, pour les engager à lui demander ce qu'ils croiroient le plus propre à favoriser leurs intérêts. S'il est une grâce, répondirent - ils, qui puisse signaler votre administration, encourager le commerce, et faire le bien de la nation entière, c'est celle de nous oublier; aucune faveur spéciale que les loix puissent nous accorder, ne vaudra —

pour nous la liberté que nous laissera leur silence.

Cette noble réponse fait le plus grand honneur aux négocians qui la prononcèrent; la liberté qu'ils réclamoient pour le commerce, est en effet le plus grand bienfait que le Gouvernement puisse accorder à une nation entière. De tous les obstacles qui arrêtent le déployement de l'industrie chez les Peuples de l'Europe moderne, ceux qui leur causent le plus de dommage sont nés de la manie de presque tous les Législateurs, de vouloir diriger le commerce qui n'est point du ressort des loix, et tenir en leur main la balance de ces intérêts particuliers, qui, lorsqu'ils sont libres, tendent sans effort au bien général.

Mais l'on ne doit point s'attendre que les commerçans répondent toujours d'une manière si noble et si désintéressée; quoique l'intérêt d'une nation commerçante veuille bien qu'on les laisse libres, l'intérêt particulier de chacun d'eux demanderoit souvent que l'on chargeât d'entraves, tant ceux qui peuvent leur faire concurrence

currence, que ceux avec qui ils ont à traiter.
Le monopole, qui est la ruine d'une nation,
est une source d'opulence pour celui à qui
on l'accorde. Demander à un monopoleur
s'il convient d'augmenter ses priviléges, ce
seroit demander à un traitant s'il juge à
propos d'augmenter les bénéfices de la ferme.
Il ne faut pas attendre de l'homme qu'il
préfère toujours les intérêts du public aux
siens propres ; et quand il seroit assez
honnête pour vouloir constamment le faire,
pour peu que la question qu'on lui pro-
poseroit, pût admettre de doute, il seroit
difficile que son jugement ne fût pas
aveuglé par la contrariété de ces deux intérêts.

Presque toute la législation actuelle du
commerce n'est autre chose que la création de différens monopoles : presque tous
sont le résultat des demandes des marchands : on n'en est pas encore venu à
comprendre que lorsqu'il s'agit ou de les
maintenir, ou d'en établir de nouveaux,
c'est l'avis des consommateurs qu'il faut
demander, bien plutôt que celui des négocians, et qu'avant de porter une loi iné-

Tome II.   K

gale, on doit, si l'on veut être juste, songer
à obtenir l'assentiment de ceux qui y perdent, et non pas celui de ceux qui y gagnent.
— Lorsque le commerce commença à renaître en Europe, vers le treizième siècle,
ses premiers succès excitèrent la jalousie des
grands Feudataires, et de tous les gentils-
hommes, qui sembloient voir dans l'opulence de quelques hommes nouveaux, les
premiers germes de la puissance qui devoit
les renverser un jour. Les Grands, conjurés
contre les négocians qu'ils méprisoient et
qu'ils envioient, veilloient les occasions de
les dépouiller; mais les coups qu'ils croyoient
leur porter, retomboient tous sur eux-mêmes;
ils multiploient les exactions, redoubloient
les péages sur les marchandises qui traver-
soient leurs terres, et ne s'appercevoient pas
qu'eux ou leurs sujets payoient ensuite comme
consommateurs, toutes les sommes qu'ils
avoient levées sur le commerce. Cependant
l'anarchie allant toujours en croissant, les
marchands s'étoient tous retirés dans les
villes, seul endroit où ils fussent à l'abri
de vexations plus directes de la part des

Seigneurs. Lorsque le lien de la société est presque dissous, c'est par des associations partielles que les citoyens suppléent à l'énergie défaillante de l'association générale. J'ai développé dans un autre ouvrage (1), l'histoire de ces associations des villes commerçantes. C'est en elles qu'il faut chercher l'origine commune de la Souveraineté des cités, et de l'importance politique des corps de métiers. Ceux-ci nommèrent des Consuls et souvent des Juges, donnèrent force de loi à leurs délibérations, s'affilièrent les artisans qui dépendoient d'eux, et formèrent enfin des compagnies de milices, obligées de marcher sous l'étendard du métier dominant. Avec une organisation si complète, dans un siècle où le Souverain perdoit chaque jour de ses forces, ils virent bientôt croître les leurs. On verra dans l'ouvrage déjà cité, quel rôle les corps de métiers

_____

(1) Recherches sur les constitutions des Peuples libres. Liv. III. et IV. La publication de cet ouvrage, qui devoit précéder celui-ci, a été retardée par diverses circonstances.

K 2

jouèrent dans les Républiques de l'Italie : quant aux villes de la France et de l'Angleterre., comme elles ne parvinrent jamais à l'indépendance , les corps d'arts et métiers ne purent y posséder que la partie de la Souveraineté qu'elles s'étoient arrogées ; du moins , ils l'obtinrent sans partage. Dans un tems où les marchands donnoient des loix à leur patrie , il ne faut pas s'étonner qu'ils dictassent seuls celles du commerce. Presque tous les usages et les règlemens municipaux du négoce, datent de cette époque, où les villes à peu près indépendantes étoient gouvernées par des commerçans. Lorsque le pouvoir Législatif passa des mains des bourgeois à celles des Parlemens et à celles des Rois , cés derniers crûrent ne pouvoir rien faire de plus sage, que de confirmer ce que des gens du métier avoient décidé sur leurs propres affaires, qu'ils paroissoient entendre seuls ; et lorsqu'ils jugèrent à propos de faire à ces loix quelques corrections , ils se firent un devoir de consulter ces mêmes négocians, sur celles qu'ils crûrent convenables. C'est ainsi que dans cette lutte qui doit subsister sans cesse entre le consommateur et son pourvoyeur, le Gouvernement, loin de chercher à tenir la balance égale, s'est rangé constamment du côté du dernier, et l'a favorisé de toutes ses forces. En sorte que si le monopole ne pèse pas plus rudement encore sur tous les besoins de la nation, ce n'est point à la protection du Législateur qu'elle en doit rendre grâce, mais à la modération des négocians, qui n'ont pas demandé tout ce qu'ils auroient pu obtenir.

La science de l'économie politique est si difficile, elle est encore aujourd'hui si peu répandue, tandis que toutes les autres ont fait des progrès rapides, qu'il ne faut pas s'étonner si au milieu des ténèbres du moyen âge elle étoit absolument ignorée; mais le jour viendra bientôt sans doute, où la France profitera du progrès des lumières, et se rappellera en réformant sa législation commerciale, que l'intérêt du consommateur est toujours le premier intérêt de la nation.

Cet intérêt exige impérieusement que le passage des capitaux d'une industrie à une

autre soit le plus libre qu'il est possible, et
que rien n'obstrue leur circulation.

Plus les besoins des consommateurs sont
pressans, plus ainsi que nous l'avons vu, ils
augmentent le prix relatif qu'ils consentent
à payer; aussi la branche de commerce qui
est la plus utile à la nation, si elle n'est pas
suffisamment fournie de capitaux, offre-t-elle
des profits plus considérables qu'aucune autre; car la plus utile est toujours celle où
les besoins des consommateurs sont les plus
impérieux, et où par conséquent le prix relatif peut s'élever davantage. Mais pourvu
que le passage des capitaux d'un commerce
à un autre soit libre, et que rien n'arrête
l'industrie de ceux qui les possèdent et veulent les employer, comme chaque capitaliste
cherche toujours pour soi les profits les plus
grands, l'industrie qui donneroit les plus
grands de tous si on la privoit de capitaux,
sera toujours la première servie. La liberté
du commerce assure donc au consommateur
que les arts dont il a besoin seront ceux
qu'on exercera avec le plus d'activité.

Cette tendance des capitaux à rechercher

es plus grands profits, assure au consommateur, non-seulement que les arts qui lui sont
le plus éminemment nécessaires, mais encore que tous les autres, seront exercés avec
une activité proportionnée aux capitaux nationaux et à ses besoins. En effet, l'art le
plus important de tous est celui qui procure
à l'homme sa nourriture; et si tous les capitaux d'une nation ne suffisoient que tout
juste à produire ce qui lui est nécessaire pour
la nourrir; comme ce besoin est le plus
impérieux de tous, l'art qui lui correspond
deviendroit si fort le plus profitable, qu'il
attireroit à soi sans exception tous les capitaux nationaux; mais dès que ces capitaux
peuvent suffire à procurer au Peuple quelque
chose au delà de sa nourriture, d'autres besoins se font entendre; l'art du laboureur
est saturé de capitaux, les autres ne le sont
pas; ce sont donc les autres qui offrent de
plus grands profits, et chacun d'eux réclame
une portion du capital national proportionnée à son indépendance. Jusqu'à ce qu'il l'ait
obtenue, il offre des profits plus considéra-

bles que les arts qui le rivalisent , et enché-
rit sur eux.

Le capitaliste qui ne consulte que son
propre intérêt, travaille donc toujours pour
celui de la nation, soit qu'il quitte un art
de luxe pour un art nécessaire , ou qu'il
abandonne un art nécessaire pour un art
de luxe ; dans l'un et l'autre cas , il obéit à
la volonté nationale , qui se manifeste par
la hausse ou la baisse des profits mercantiles.

L'équilibre entre les profits de tous les
commerces règle le profit moyen , or nous
avons vu que celui-là seul formoit une partie
du revenu national, et n'étoit une perte
pour personne , tandis que celui qui s'élevoit au-dessus, causoit une perte au consommateur , et que celui qui restoit au-dessous
en occasionnoit une au producteur; que dans
le premier cas , la dépense étoit augmentée,
dans le second, la recette diminuée, que
dans l'un et l'autre, la nation éprouvoit une
perte. La liberté du commerce sur laquelle
est fondé cet équilibre , assure donc tout
ensemble à la nation , que les arts qui lui

importent le plus seront exercés, et qu'ils le seront de la manière la plus profitable pour elle.

Les profits du commerce qui dirigent toutes les spéculations des capitalistes, sont toujours proportionnés à l'état actuel des capitaux en circulation, et à celui des besoins des consommateurs ; mais les loix par lesquelles on a prétendu les régler, ne peuvent jamais être proportionnées à un état à venir et variable ; lors donc que le Gouvernement confirmeroit et rendroit immuable la distribution des capitaux entre divers commerces, telle qu'elle subsiste aujourd'hui, cette distribution auroit beau être la meilleure possible, il n'en feroit pas moins une haute imprudence d'assurer sa durée, dès que les circonstances qui seules la rendent bonne peuvent changer.

Enfin, c'est surtout lorsqu'on laisse le commerce libre, qu'on peut être assuré qu'aussi long-tems que la nation possédera un capital, toutes ses parties seront employées d'une manière profitable pour elle, à mettre en mouvement un travail productif.

Ce n'est pas que, lors même que le commerce est gêné de toute manière, l'intérêt
du capitaliste ne lui ordonne encore de
mettre son capital en œuvre, sous peine
d'être privé de son revenu ; mais les entraves mises au commerce peuvent tellement
gêner ses mouvemens et diminuer ses bénéfices ; il peut être si difficile pour lui d'entrer dans le commerce, ou dans celui des
commerces pour lequel il se sent de la
disposition, qu'il préférera souvent d'employer son capital hors de l'État, et loin
des chaînes dont on veut l'entourer. Depuis
que tous les Souverains de l'Europe se sont
endettés, il a toujours la ressource de jeter
sa fortune dans le gouffre des emprunts
publics, sans cesse ouvert pour absorber
les capitaux, et d'enlever les siens et à sa
patrie, et aux ouvriers productifs qu'il pouvoit maintenir.

L'office du Législateur ou du Gouvernement à l'égard du commerce demeure encore assez important, après qu'on en a re-
tranché un soin qui n'est pas fait pour lui ;
il doit par des loix claires et précises, ren-

dre les procès moins fréquens, moins longs et moins dispendieux; il doit tenir scrupuleusement la main à l'exécution de toutes les conventions auxquelles le commerce donne naissance; enfin il doit avoir les yeux ouverts, pour prévenir et dissoudre toutes les ligues qu'un intérêt particulier pourroit former contre l'intérêt général ; il doit détruire partout les monopoles, au lieu de les créer ou de les maintenir.

Les deux premières parties de cette tâche appartiennent plus précisément à la jurisprudence, la troisième seule est du ressort de l'économie politique, et du sujet de ce livre. Les monopoles que les loix ou les réglemens mercantiles ont établis, leurs inconvéniens particuliers, les avantages qu'on s'étoit vainement proposé en les établissant, et les moyens de les détruire, sont ce qui nous reste à examiner.

CHAPITRE II

De l'influence des douanes sur les manu-
factures Françoises.

Nous voici arrivés au moment d'appliquer
les principes que nous nous sommes efforcés
de faire reconnoître dans le cours de cet ouvrage, au sujet le plus important de tous,
au monopole que la douane assure au fabricant et au commerçant national contre le
consommateur. D'entre ceux qu'ont créé les
loix, c'est le seul qui se soit maintenu au
milieu des révolutions, c'est encore celui
dont l'influence est la plus étendue, et
celui auquel on redoute le plus de toucher,
lors même qu'on reconnoît combien il est
onéreux à la masse des citoyens ; dans la
persuasion qu'une foule de manufactures
nationales ne reposent que sur son maintien.

En traitant une matière d'une si haute

importance, et qui mériteroit peut-être à elle seule d'être le sujet d'un ouvrage, il convient surtout d'acquérir une connoissance exacte des faits, et d'appuyer les calculs de la théorie par tous les détails de l'expérience. J'ai cherché à le faire autant que le permettent les bornes dans lesquelles je dois me restreindre. Je commencerai par résumer la théorie de la liberté du commerce, afin de présenter sous un seul point de vue les conséquences du monopole créé par la douane, pour le consommateur et pour l'État. Cherchant ensuite quel avantage il en résulte pour celui en faveur de qui le monopole est établi, j'indiquerai un signe caractéristique, pour distinguer une manufacture favorisée par le monopole, d'avec une manufacture qui n'en profite pas. Je n'ai point l'avantage d'avoir des renseignemens sur celles de toute la France, mais les Préfets d'un quart des Départemens, ont déjà publié leurs statistiques, d'après les ordres du Ministre de l'Intérieur; peu de documens sont plus certains, et méritent une plus entière confiance, que ceux qu'elles présentent. Nous passerons en revue ces vingt-cinq statistiques ; nous examinerons quelle influence ont les douanes sur les manufactures du quart de la France, et nous pourrons d'après cet examen, tirer avec confiance des conséquences sur celles des Départemens qui n'ont point encore été décrits. Éclairés alors par un grand nombre de faits, nous chercherons dans le chapitre suivant, quelle auroit dû être la marche du Législateur pour produire l'effet qu'il se proposoit d'obtenir par les douanes ; savoir, d'une part introduire dans le pays celles des branches nouvelles d'industrie que l'ignorance seule empêchoit d'adopter ; de l'autre, procurer au Gouvernement un revenu par une taxe sur les consommations.

L'on s'est proposé par dessus tout, dans la législation des douanes, de donner au fabricant national un monopole contre celui qu'il approvisionne : c'est-à-dire, de rendre impossible au consommateur d'acheter ce dont il a besoin, d'aucun autre que du marchand François ; de là les droits perçus sur les marchandises de tout genre qui viennent de l'étranger, tandis que celles que produit la France n'en payent aucun; de là encore l'augmentation excessive de ces droits à l'importation, ou la prohibition de celles des marchandises que les étrangers cèdent à beaucoup plus bas prix que les François, et qui par conséquent, si elles étoient admises librement dans l'État, feroient tomber la manufacture françoise qui cherche à leur faire concurrence. Tel est le but avoué du Législateur. D'après tout ce que nous avons exposé dans les deux premiers livres, nous ne pourrons hésiter à conclure, que ce but est contraire à l'intérêt national. Le préjudice qu'il cause au consommateur, et même à l'industrie françoise, peut, ce me semble, se ranger sous quatre chefs.

1.º La douane occasionne un dommage direct et très considérable au consommateur, en le forçant à payer cher ce qu'il pourroit avoir bon marché, soit qu'il achète la marchandise étrangère dont le prix est augmenté par les droits du fisc, ou l'assurance du contrebandier, soit qu'il s'en tienne à la marchandise nationale, dont le prix relatif est élevé par le monopole, et le renchérissement ou l'exclusion de celles qui pouvoient lui faire concurrence ; mais nous avons vu Liv. II. Chap. i. et iii. que toutes les fois que le prix relatif s'élevoit, il y avoit perte pour la nation ; dans ce cas-ci l'on ne peut douter que le renchérissement de toute marchandise ne soit une perte pour tout consommateur, et n'augmente d'autant les dépenses nationales, qui ne sont autre chose que la somme des dépenses de tous les consommateurs.

2.° Nous venons de dire, que la douane augmentoit les dépenses, elle diminue aussi les revenus de la nation, car elle maintient en dépit de la nature des choses, des manufactures perdantes, dont le prix intrinsèque est plus élevé que le prix relatif libre; c'est encore ce que nous avons vu Liv. II. Chap. v. p. 49. or les seules marchandises dans la valeur desquelles ces deux prix s'identifient, donnent un revenu national; celles dont le prix relatif libre reste au-dessous du prix intrinsèque, lors même qu'on oblige l'acheteur d'en payer ce prix intrinsèque,

intrinsèque, ne produisent qu'un transport de propriété d'une main à une autre, mais non pas une augmentation de valeur, ou un revenu national. La douane ne fait cependant pas simultanément l'effet d'augmenter la dépense et de diminuer le revenu, mais pour chaque marchandise sur laquelle son monopole influe, elle fait ou l'un, ou l'autre; tout le dommage qu'elle ne fait pas d'une de ces deux manières, elle le fait de l'autre; et la somme de ce dommage est égale à la différence entre le prix relatif libre, et le prix accidentel ou le prix relatif forcé de toutes les marchandises vendues.

3.º L'influence de la douane ne s'arrête pas aux revenus et aux dépenses, elle diminue aussi les capitaux employés à maintenir l'industrie. Nous avons vu au Liv. I. Chap. IX. que lorsque deux nations inégalement riches commercent ensemble, la plus riche des deux devient prêteuse, que son exportation chez la plus pauvre ne lui est payée que par une créance, que la marchandise qu'elle lui a envoyé est un capital, qu'on ne lui rend point, et

Tome II.   L

qui sert à animer l'industrie de la nation
emprunteuse ou importatrice : or de tout
tems, mais surtout depuis la dilapidation
de la richesse françoise sous le régime de
la terreur, la France a été moins fournie
de capitaux que l'Angleterre : dans tout
commerce entre ces deux nations, c'est en
général la France qui est l'emprunteuse;
les loix qui gênent le trafic entr'elles, et
le réduisent presque à celui de contrebande,
ont donc le même effet que celles qui
dans les siècles de barbarie, faisoient défense au marchand d'emprunter les capitaux
dont il avoit besoin pour son commerce.
Ces loix absurdes n'empêchent pas absolument tout emprunt, mais elles forcent l'em-
prunteur à payer une usure au lieu d'un
intérêt légitime; les entraves données au
commerce avec les autres nations ont des
effets analogues quoique moins sensibles;
c'est toujours l'importation qu'elles gênent,
et l'entrée des capitaux étrangers qu'elles
arrêtent le plus.

4.º Enfin la douane, comme monopole,
diminue les pouvoirs productifs du travail

et de l'industrie, puisqu'elle a une tendance directe à éteindre l'émulation, et à engourdir le génie et le talent. A quoi sert de se distinguer lorsqu'on est assuré de vendre ? A quoi sert de chercher à faire mieux, lorsque le Gouvernement a pris l'engagement de trouver des acheteurs à ceux mêmes qui font plus mal ? A quoi sert de surprendre le secret des fabricans étrangers, lorsqu'on n'aura jamais à craindre leur concurrence ? C'est dans cette position, c'est lorsque le fabricant ne voit plus ses intérêts liés à sa réputation, qu'il s'appesantit dans sa routine, et qu'il se refuse à tout effort généreux qui pourroit l'en faire sortir. Le Ministre de l'Intérieur a bien senti toute l'influence délétère de ce privilége ; lorsqu'il énumère les inconvéniens attachés à la prohibition des produits étrangers, il n'oublie pas celui *de ne plus offrir de stimulant à l'émulation de nos fabricans ;* aussi ajoute-t-il, *je veux que les produits des fabriques étrangères viennent concourir sur nos propres marchés avec ceux de nos fabriques nationales.* (Chaptal essai sur les arts Chim. en France

p. 43). Ce n'est qu'en ayant sous les yeux ces produits , en étant constamment alar- més par leur perfectionnement , que les chefs d'atelier comprendront ce qu'ils peuvent et ce qu'ils doivent faire pour l'intérêt dés con- sommateurs et pour le leur propre.

Puisque l'avantage que l'on procure à quel- ques manufactures est absolument illusoire, puisque le monopole ne cause aucun profit réel , mais une perte bien réelle ; quelle que fût l'importance des manufactures en faveur desquelles on l'auroit établi , il n'en seroit pas moins impolitique de le maintenir. Il ne faudroit point attendre pour son abolition, comme on l'entend souvent affirmer , le mo- ment où toutes les nations renonçant éga- lement aux entraves qu'elles ont mises au commerce, nous ouvriroient leurs marchés, comme nous leur ouvririons les nôtres ; car ce n'est point l'avantage d'un marché plus étendu qui nous a frappé comme devant être le résultat de la liberté du commerce, ce n'est point l'espérance de mieux vendre, mais l'assurance d'acheter moins cher : au moment où nous abolirons le monopole,

quelque parti que prennent nos voisins ;
nous diminuerons nos dépenses , nous aug-
menterons nos revenus , nous attirerons chez
nous des capitaux étrangers , et nous réveil-
lerons l'émulation de nos artisans. Si persuadés par nos succès , ces voisins prennent
ensuite le parti de nous imiter , outre les
fruits que nous aurons déjà recueillis de la
liberté dont nous jouirons à l'intérieur , nos
fabricans verront s'ouvrir devant eux un
marché plus étendu , ils pourront, si leurs
fonds y suffisent, se livrer à une nouvelle industrie , et en pourvoyant les étrangers ,
se procurer un nouveau revenu qui augmentera celui de la nation.

Nous avons cherché à faire voir dans le
Liv. I. Chap. vii. , que le commerce d'exportation n'est pas plus avantageux à la nation que le commerce intérieur ; néanmoins
il a une très haute importance sous un autre
point de vue , comme pouvant seul servir
à faire distinguer un commerce fondé sur
des besoins mutuels , et dont le profit est
réel et légitime , d'avec un commerce arti-
ficiel , qui ne doit son existence qu'aux

L 3

besoins qu'à créé le monopole, et dont le bénéfice est illusoire. Toute manufacture dont les produits peuvent être exportés et vendus à l'étranger avec bénéfice, sans le secours d'une prime, est indépendante du monopole, parce que le prix que paye l'étranger est toujours un prix relatif libre, que le monopole n'a point affecté.

La plupart des étoffes de coton, non plus que la quincaillerie de France, ne se vendroient jamais, nous assure-t-on, pas même sur les lieux où on les fabrique, si on n'avoit soin d'exclure rigoureusement des marchés françois, les étoffes de coton et la quincaillerie angloise qui rivalisent avec elles ; puisque ces dernières étant malgré les frais de port, ou meilleures pour le même prix, ou meilleur marché en même qualité, personne ne voudroit acheter les produits de l'industrie françoise. Cela peut être ; mais dans ce cas il est incontestable que ces marchandises qui redoutent la concurrence des fabriques angloises, ne peuvent point être vendues à l'étranger ; car une fois exposées sur le marché d'une ville d'Italie ou d'Alle-

magne , renchéries par les frais de port et
de douane , elles y rencontreront les mêmes
marchandises angloises , qui n'y seront pas
plus chères qu'elles ne le sont en France ,
et qui par conséquent auront sur elles un
bien plus grand avantage qu'elles ne pourroient jamais avoir dans le marché intérieur
le plus libre.

Un fabricant qui travaille tant pour
l'étranger que pour l'intérieur , et qui ne
trouve dans ce double commerce qu'un bénéfice modique , de huit pour cent par exemple , s'il obtient qu'au moyen de la Douane
on exclue du marché intérieur une production étrangère du même genre qui lui faisoit
concurrence , sera autorisé par cela même
à élever ses profits en vendant à ses compatriotes ; c'est même le but que se sera proposé
le Législateur. Il les portera peut-être à
douze pour cent , et renchérira de quatre
pour cent celles des marchandises qu'il vendoit aux François ; mais il lui sera de toute
impossibilité de renchérir celles qu'il vendoit
aux étrangers , car ceux-ci s'adresseront aux
marchands qu'on aura exclu de son propre

L 4

pays, et qui se trouvant dérangés dans leur marché, seront bien plus disposés à rabattre de leurs prétentions qu'à les augmenter : le François gagnera donc douze pour cent en vendant à ses compatriotes, et huit pour cent seulement en vendant à des étrangers ; or comme il aime beaucoup mieux gagner douze que de ne gagner que huit, il tournera toute son industrie vers le commerce intérieur, et retirera ses fonds du commerce d'exportation, auquel il renoncera bientôt tout à fait si le monopole lui fait trouver assez de consommateurs dans sa patrie. En accordant un privilége exclusif dans le marché intérieur au fabricant qui exportoit une partie de ses produits, on le dégoûte donc du commerce d'exportation, et l'on fait le contraire de ce qu'on s'est proposé par la Douane.

Un commerce qui exporte, lors même que la Douane lui assure le monopole du marché intérieur, ne retire au dehors aucun avantage de ce monopole. Un Italien ne paye pas plus cher les draps, les soieries ni les montres de France, parce que les draps; les soieries et les montres d'Angleterre ne peuvent pas entrer en France. Pour asseoir son prix relatif sur le plus bas des prix intrinsèques, il lui suffit que ces marchandises entrent librement chez lui, et si le monopole dont le marchand françois jouit à l'intérieur, l'encourageoit à demander au dehors un prix supérieur à celui de l'Anglois, ce monopole nuiroit à sa vente, loin de la favoriser. Mais lorsque au contraire son prix intrinsèque se trouvant être le plus bas de tous ceux qui entrent en concurrence, sert de base chez les étrangers mêmes à la fixation du prix relatif libre, il est clair qu'il lui serviroit également de base en France, où n'étant point accru par des frais de port et de douane, il auroit un plus grand avantage encore contre des prix étrangers; et que la liberté la plus absolue pour l'importation de draps, de soieries et de montres semblables, n'apporteroit aucun préjudice à ces trois fabriques. On peut donc poser en principe, que toute manufacture françoise qui fait des exportations à l'étranger, ne retire aucun bénéfice du monopole que la douane accorde au fabricant françois.

Après nous être assurés d'un signe caractéristique et infaillible pour reconnoître les manufactures capables de prospérer sans secours, il y aura quelque intérêt à parcourir les statistiques publiées par ordre du Ministre de l'Intérieur, pour distinguer les manufactures que la douane protége, d'avec celles qu'elle ne peut aider, et auxquelles alors elle porte du dommage, soit en détournant loin d'elles les capitaux, soit en augmentant l'intérêt des fonds, soit en étouffant l'émulation. Le résultat de cette comparaison est digne de remarque ; nous verrons que celles des manufactures qui ne subsistent que par les douanes, et le monopole qu'elles leur assurent en France, loin d'être florissantes aujourd'hui à l'aide de ce monopole, languissent presque toutes, malgré le sacrifice que la nation fait pour elles, et sont par conséquent des entreprises imprudentes, qui n'ont point été appropriées aux tems, aux lieux, et aux circonstances du commerce, et auxquelles il est urgent de renoncer.

OURTHE. Peu de Départemens contiennent

plus de manufactures que celui de l'Ourthe ;
il y en a peu où elles se soutiennent avec
plus d'activité; toutes sans exception travaillent pour l'étranger, aussi bien que pour
l'intérieur; aussi le commerce de ce Département ne demande - t - il ni monopoles ni
priviléges, ni encouragemens, et ne se
plaint - il point de la contrebande ou des
fraudes faites aux douanes. Voilà donc des
ateliers françois à Liége , à Verviers, à
Malmedi, à Stavelot, qui donnent aux
commerçans un profit légitime, et à la nation un revenu, sans occasionner de perte
aux consommateurs; et ces ateliers pourroient employer des capitaux bien plus considérables que ceux qui les alimentent,
car plusieurs d'entr'eux se sont fermés pendant la révolution, et ne se r'ouvriront
pas sans de nouvelles avances. Il en faudra
pour ranimer la fabrique des fusils destinés
au commerce de Guinée, celle des ouvrages d'acier d'Herstal, celle des draps de
Verviers, Eupen, le bourg d'Ensival etc.,
qui ne produisent plus chaque année,
comme elles faisoient avant la révolution

60 à 70,000 pièces de draps. Si l'on ne force plus les capitaux françois à alimenter des manufactures perdantes, ils se dirigeront vers celles où leur profit est aussi assuré que légitime. Le débit de ces manufactures pourra s'augmenter en raison de la baisse du prix intrinsèque qui devra s'ensuivre, dès que les ouvriers n'étant plus dépouillés d'une partie du fruit de leurs sueurs par le renchérissement que les douanes occasionnent sur tous les objets de consommation, pourront vivre avec plus d'aisance sur un salaire moins considérable, et occasionner par conséquent moins de frais aux fabricans (1).

Sambre et Meuse. Le Département de Sambre et Meuse étant situé comme celui de l'Ourthe en dehors des anciennes limites de la France, a vu comme lui ses manufactures se former et fleurir sans avoir besoin de la protection des douanes françoises; elles ne sont pas à la vérité très multi-

---

(1) Voyez statistique de l'Ourthe, par Desmousseaux, Préfet, p. 41 à 44.

pliées. Les deux principales ont pour objet la préparation des métaux et celle des cuirs. La valeur des exportations du Département en fer travaillé, au dehors du territoire de la République, étoit en 1790 de 835,000 liv., et s'élève encore aujourd'hui à 520000. c'est-à-dire au cinquième environ du produit des mines. Comme les fers supérieurs en qualité, de Suéde et d'Allemagne, pouvoient arriver jusque dans les Pays-Bas, presque sans frais de port, en servant de lest aux vaisseaux, les propriétaires des forges avoient obtenu du Gouvernement Autrichien, qu'il frappât ces fers d'un droit de trois francs le quintal à leur entrée dans le Comté de Namur, et l'auteur de la statistique du Département (2) demande que ce droit soit maintenu ou même augmenté. De quelle utilité cependant pouvoit-il être au Comté de Namur, qui étranger à la France en 1790, lui vendoit pour 2,782,000

_____

(2) Statistique du Département de Sambre et Meuse, par le cit. Jardrinet, membre du Cons. d'agric. arts, et comm. p. 83.]

francs de ses fers, malgré la concurrence
des Suédois et des Allemans, qui n'étoient
ni plus mal ni mieux traités que les Na-
murois : ces derniers vendoient à la même
époque pour 835000 francs de fer aux autres nations étrangères , dans les marchés
desquelles ils avoient à soutenir la même
concurrence. Réfléchit - on qu'en excluant
de France des fers reconnus meilleurs, et
en permettant aux maîtres de forges de Sambre et Meuse d'élever leurs profits et leurs
prix, on tend à renchérir tous les instrumens des arts et de l'agriculture , qui sont
pour la plupart de fer, ou à détériorer leur
qualité : renchérir le fer et les outils , n'est-
ce pas conjurer contre l'industrie françoise!

La coutellerie de Namur trouvoit autrefois un vaste débouché en Hollande , *mais
une défense du Gouvernement Batave d'im-
porter les marchandises des fabriques françoises , en représailles des mesures qu'a
prises à son égard le Gouvernement françois* (3), a ruiné ce commerce. C'est ainsi

_____

(3) Ib. p. 89.

que la législation des douanes réussit à protéger les manufactures.

Le même Département contient cinq fonderies de laiton, qui travaillent sur du cuivre rosette de Drontheim, et de la calamine de Limbourg, Département de l'Ourthe; plus d'un cinquième de ce cuivre manufacturé est exporté à l'étranger. J'ai peine à comprendre comment ce commerce, dont les profits ont fort diminué, et qui est réduit d'un cinquième environ (4), n'est pas absolument anéanti par la douane, qui perçoit des droits tant sur l'entrée que sur la sortie des cuivres.

Enfin le Département de Sambre et Meuse faisoit un immense commerce sur les cuirs des isles Espagnoles et Portugaises, dont il importoit pour la valeur de 1,134,000 liv. De 42,000 pièces de cuir qu'il confectionnoit, il en envoyoit les deux cinquièmes à l'étranger, et la reste en France. Aujourd'hui on ne travaille plus dans ce Département que sur 12,000 pièces, et on n'en envoie plus

_____

(4) Ib. p. 78.

qu'un cinquième à l'étranger (5). Comme la douane perçoit des droits, bien que légers, tant sur l'entrée que sur la sortie des cuirs, elle nuit à ce commerce, et n'a pas même la prétention de le favoriser.

Les autres manufactures de Sambre et Meuse sont très peu importantes, aucune ne paroît avoir de relation avec les douanes.

Vosges. Le Département des Vosges, lequel doit être aussi compté parmi les Départemens manufacturiers, est du petit nombre de ceux qui réclament le maintien du monopole des douanes; quelques observations sur ses manufactures feront voir s'il leur est favorable. L'industrie des Vosges avoit été principalement alimentée par la quantité de bois que produit cette contrée; de là l'établissement de 126 scieries, celui d'un nombre très considérable d'usines et de forges pour le fer, enfin celui de beaucoup de verreries et faïenceries. La douane n'offre aucun encouragement pour ces pro-

(5) Statist. de Sambre et Meuse, p. 106. et tableau N°. 2.

ductions

ductions importantes, elle ne favorise pas davantage les papéteries, dont les produits sont tombés, de la valeur d'un million année commune, au-dessous de cinq cent mille francs. Mais deux fabriques nouvelles, établies en dépit de la raison, qui défend de faire chèrement ce que l'on peut acheter bon marché, demandent que l'on impose une contribution sur tous les consommateurs françois, pour maintenir leur misérable industrie.

La première est une fabrique de toiles de coton, établie à Rambervilliers, dont les produits valent année commune 40,000 fr.; l'autre est une fabrique de siamoises, mouchoirs, et toiles de coton, établie à Saint Dié, qui entretient cinquante métiers, et produit environ dix-sept cents pièces d'étoffe. Il paroît que les entrepreneurs avoient si mal calculé la proportion entre le prix relatif et le prix intrinsèque, que malgré que la douane leur assure le monopole de l'intérieur, ils sont encore ruinés par la concurrence que leur font en contrebande les fabricans allemans. Il est donc probable que s'ils étoient réduits à vendre au prix relatif libre, ils perdroient plus de dix pour cent sur leurs marchandises. Certes la nation seroit bien malheureuse, si pour soutenir de ses deniers deux fabriques si peu importantes, elle devoit imposer quinze ou vingt pour cent sur la consommation de tout citoyen françois qui fait usage de toile de coton (6).

Ille et Vilaine. Les manufactures d'Ille et Vilaine ont été presque anéanties par la révolution, mais puisque avant cette époque elles travailloient toutes pour l'étranger, et se maintenoient par conséquent sans monopole, on doit croire que dès que les capitaux qui leur sont nécessaires leur seront rendus, et dès que leurs anciens marchés ne leur seront plus fermés par la guerre, elles pourront renaître, et donner aux capitalistes un profit légitime, à la nation un vrai revenu. Les principales étoient celles de toiles à voile, à Rennes et lieux environnans, de toiles de St. George et emballage

---

(6) Voyez statistique des Vosges, par Desgouttes, Préfet, pag. 86 et suiv. ainsi que les tableaux à la fin.

à Fougères, de toiles de laize à Vitré, enfin celles de fil de lin de Paimpont. Les fabricans Bretons, comme on voit, ne sont point protégés par la douane, quoique les consommateurs Bretons soient mis par elle à contribution (7).

---

(7) Voyez statistique d'Ille et Vilaine, par Borie, Préfet, p. 41 et suiv.

L'on voit dans le tarif de la Douane que les toiles de chanvre et de lin écrus, payent 25 fr. par quintal, et les toiles blanches 50 fr. à l'entrée; il semble donc qu'on a très fort redouté la concurrence des toiles étrangères, pour lesquelles ce droit équivaut à une prohibition; cependant il n'y a aucun pays au monde qui produise tant de toile qu'en produisoit la France, et qui puisse plus aisément en vendre aux étrangers. Ses tisserands avoient prospéré quoique les anciens tarifs des douanes ne les favorisassent point ainsi. Celui de 1664 chargeoit les toiles françoises d'un droit de sortie de 10 fr. par quintal, qui sans doute mettoit un grand obstacle à leur exportation. Par le tarif du 21 Décembre 1739, les diverses qualités de toiles communes payoient à l'entrée de 2 à 5 fr. le quintal, et celles de Hollande 2 fr. pour la pièce de quinze aunes.

La toilerie est une des manufactures qui peuvent le mieux prospérer dans les pays pauvres, le prix de la

: Var. Les produits industriels du Département du Var paroissent être tombés au-dessous du quart de ce qu'ils étoient avant la révolution. Ce qui a contribué le plus à

---

matière première et le salaire entrant dans le prix total pour une part bien plus considérable que le profit.

Par les états de balance du commerce, on voit qu'en effet avant la révolution, la valeur des toiles vendues par la France surpassoit la valeur des toiles achetées par elle. En 1784, la France a exporté, selon les relevés des douanes :

Toiles de lin, pour . . 1,727,800 francs.
Toiles de lin et chanvre. . 12,573,200
Batistes et toiles fines. . 6,173,200

TOTAL. L. 20,374,200

L'importation la même année a monté.
En toiles de lin, pour . 4,849,700 francs.
    toiles de lin et chanvre 1,918,600

TOTAL. L. 6,768,300

L'importation de toiles fut beaucoup plus forte en 1787, mais n'égala point cependant l'exportation de marchandises de même nature.

On peut donc conclure hardiment que le tarif des douanes ne procure aucun avantage à la manufacture de toiles en France.

la chute des manufactures de Provence, n'est pas tant l'importation de matières ouvrées étrangères, que la non-importation de matières premières, et l'exportation de capitaux causée par la guerre civile. Les huiles d'Italie et du Levant n'arrivent plus aux savonneries (8), les cuirs en poil d'Espagne et de Russie manquent aux tanneries, et ceux qui leur parviennent sont chargés d'un droit d'entrée contraire à tous les systèmes d'économie politique. Le plomb d'Angleterre qui alimentoit une fabrique de sel de Saturne, dont les produits valoient 400,000 francs, est également exclu par nos douanes ; enfin le fer arrive à grands frais à ce Département du Nord de la France, au lieu de lui arriver par mer de Suede et de Russie. Certainement voilà des maux

---

(8) Les huiles d'olive de la côte d'Italie payent à l'entrée 7 fr. 10 s. par quintal ; celles du Levant et d'Espagne 4 fr. 10 s. Ce droit très contraire aux intérêts de nos fabriques, n'est point nécessaire aux cultivateurs Provençaux, qui sont en tout tems assurés du débit de leurs huiles, et le seroient encore quand ils en recueilleroient trois fois plus.

M 3

très considérables qu'occasionnent les douanes au Département du Var. Le service
qu'on leur demande leur est-il proportionné!
Les Provençaux avant la révolution avoient
une fabrique de draps grossiers, dont les
paysans se contentoient pour leurs habits,
aujourd'hui qu'ils ont acquis plus d'aisance,
ils n'achètent que des velours de coton de
Gênes; on propose de les dégoûter de ceux-
ci en les surchargeant de gros droits, ce qui
ranimeroit la vente des draps grossiers.
Plutôt que de priver tous les habitans du
Var d'une jouissance, ne seroit-il pas plus
naturel que les entrepreneurs de la manufacture de laine la perfectionnassent, afin
d'offrir aux consommateurs des habits meilleurs encore que ceux de coton; il est probable cependant qu'ils n'en feront rien,
parce que le Var a été privé des trois
quarts de ses capitaux mercantiles lors de
l'émigration de Toulon, et qu'il ne pourroit
en rendre aux ateliers de draps, sans les
ôter à quelque industrie plus utile (9).

----

(9) Voyez stat. du Var, par Fauchet, Préfet,
p. 105 à 114.

ORNE. Les produits du Département de l'Orne sont aussi tombés au quart à peu près de ce qu'ils étoient avant la révolution. Ses manufactures travailloient presque toutes autant pour l'étranger que pour l'intérieur, et pouvoient par conséquent soutenir la concurrence des autres nations. Celle de toile rouloit sur un capital de quatre à cinq millions, elle est tombée de plus de moitié ; celle du point de France et d'Alençon au lieu de faire pour deux millions d'affaires, en fait à peine pour 200,000 liv. les tanneries sont réduites au sixième de ce qu'elles étoient avant la guerre, et le droit d'entrée sur les cuirs bruts, a rendu leur approvisionnement plus difficile ; enfin la fabrique d'épingles qui maintenoit 6000 ouvriers, pouvoit avant la guerre soutenir la concurrence libre de l'Angleterre : aucune de ces manufactures n'est donc arrêtée sur son déclin par le monopole des douanes. Mais ce monopole en a fait naître deux, dont l'une est déjà tombée, et dont l'autre tombera sans doute avec lui. La première établie en 1772, et long-tems avant

la révolution, à Alençon, fabriquoit de fort
beaux coutils, mais leur prix intrinsèque
étoit tellement supérieur au prix relatif
même forcé, que pour maintenir la manufacture, le Gouvernement fut obligé de lui
donner une prime ; dès que cette prime fut
retirée, elle cessa ses travaux. La seconde est
née en l'an IX ; et au printems de l'an X,
elle doit avoir, dit-on, cent métiers en
activité, et faire des basins et des piqués
aussi beaux que ceux d'Angleterre, mais
qui probablement ne reviendront point au
même prix. Comme les marchands ne sont
point obligés d'étudier l'économie politique,
les Gouvernemens sont peut-être tenus de
les dédommager, lorsqu'ils les ont encou-
ragés à former des établissemens de ce
genre, qui doivent toujours être ruineux
ou pour la nation ou pour les entrepreneurs. On voit au reste, que l'abolition du
monopole n'auroit d'autre effet sur l'industrie du Département de l'Orne, que celui
d'étouffer dans son berceau une seule fabrique qui doit dissiper son revenu, tandis que cette abolition rendroit la dispo-

sition du leur à tous les citóyens qui l'habitent (10).

CHER. Le Département du Cher n'a aucune manufacture importante, il paroît que plus qu'aucun autre il manque de capitaux. Les gens industrieux ont encore à lutter dans ce Département contre l'isolement résultant du mauvais état de toutes les communications tant par terre que par eau : ces obstacles ont fait tomber une manufacture de draps et une autre de toiles peintes, pour lesquelles on avoit fait les plus grands sacrifices, jusqu'à encourager par une prime cette dernière fondée à Bourges en 1760. Il est digne de remarque que la manufacture de toiles peintes, qui est celle de toutes à laquelle la France a fait le plus de sacrifices, et qu'elle protége le plus, encore aujourd'hui, par ses douanes, n'a presque jamais pu profiter des faveurs qu'on accumuloit sur elle. A Genève elle s'étoit constamment soutenue sans monopole, et n'a commencé à déchoir, que depuis que la

(10) Description abrégée du Département de l'Orne, par le Lycée d'Alençon, p. 39 à 51.

réunion de cette ville à la France lui a fait partager les faveurs des douanes : tellement le commerce est rétif, et se refuse à être guidé par les loix. La manufacture de Bourges et Issoudun, pendant vingt-cinq ans qu'elle s'est maintenue, a reçu chaque année quinze mille francs du Gouvernement. L'on assure de plus que les actionnaires qui étoient très riches, se contentoient des profits les plus modiques ; mais ce qui les ruinoit, c'étoit les frais de transport, tant des toiles de coton sur lesquelles ils devoient imprimer, et qui leur venoient des ports de mer, que de ces mêmes toiles imprimées, qu'ils envoyoient aux foires de Beaucaire et de Guibray : tel est en général le sort des manufactures que fonde le Gouvernement, elles ont presque toujours à lutter contre des localités défavorables, tandis que les fabriques auxquelles la nature des choses et les besoins du commerce donnent naissance, ne s'établissent jamais que là où elles sont assurées d'un débouché (11).

_____

(11) Description du Département du Cher, par Luçay, Préfet, Chap. III. p. 40 à 47.

AUDE. La fabrique de draps de Carcassone, Département de l'Aude en envoyoit année commune 56000 pièces à l'étranger; elle est tombée à peu près au quart de ce qu'elle étoit, mais elle exporte encore. Les fabriques de drap, les seules que possède le Département de l'Aude, n'ont donc point besoin du monopole, et ne tomberoient pas s'il étoit supprimé; aussi ne demandent-elles ni privilége ni encouragement (12).

ALLIER. Celui de l'Allier n'a que fort peu de manufactures. Sa statistique ne fait mention que de deux verreries, une fabrique d'armes, et plusieurs forges. Il existoit cependant autrefois à Moulins une coutellerie renommée; seroit-elle tombée ? Cette fabrique est du nombre de celles que les douanes protégent, les Anglois travaillent l'acier mieux que nous; les Bourbonnois paroissoient cependant avoir sur eux l'avantage du bon marché, et pouvoient braver leur concurrence, du moins pour les qualités infé-

(12) Observations sur les états de situation du Département de l'Aude, par Barante, Préfet, p. 6 à 10.

rieures. La douane qui , en redoublant de rigueur contre les marchandises angloises, n'a pu cependant conserver assez d'importance aux fabriques de Moulins pour que le Préfet les remarquât , ne paroît pas obtenir de grands succès quand elle protége l'industrie (13).

VENDÉE. Dans le Départemeut de la Vendée l'on ne fabrique que quelques étoffes grossières de laine , et quelques toiles pour la consommation des habitans ; les étrangers ne lui font donc aucune concurrence (14).

MONT-BLANC. Le Département du Mont-Blanc possédoit à Chambéry deux fabriques de gaze , qui exportoient leurs produits à Lyon et à Turin , et qui y subsistoient depuis long-tems sans monopole ; elles ont été ruinées par la révolution. L'on a cherché à les remplacer par deux fabriques d'armes, et une de limes , qui sont déjà tombées , ainsi

---

(13) Statistique du Département de l'Allier , par Borie, Préfet, p. 30 à 51.

(14) Statist. de la Vendée, par P. L. C. La Bretonnière, Ingén. des ponts et chauss. p. 80.

que par une fabrique de toiles peintes établie à Annecy, et qui ne peut s'y soutenir. L'industrie naturelle de ce Département, celle qui y subsistoit sans monopole, avoit donc bien une autre vigueur, que cette industrie étrangère qu'on lui a substitué, et que les priviléges ne peuvent y maintenir (15).

LOIRE-INFÉRIEURE. Le Département de la Loire-Inférieure étoit vivifié par un commerce très actif avec les colonies et les puissances du Nord. Les balances d'importation et exportation publiées par la ville de Nantes, font rouler le commerce extérieur de cette ville sur un capital de plus de vingt millions : ce commerce a été détruit par la guerre et la révolution. Les douanes ne peuvent que nuire à son rétablissement, comme à celui de tout commerce étranger ; leurs faveurs ne s'étendent pas au delà des manufactures de l'intérieur.

Nantes avoit eu autrefois treize rafineries de sucre, qui si elles subsistoient encore,

_____

(15) Statist. du Mont-Blanc, par Saussay, Préfet, p. 52 et suiv.

pourroient souffrir du commerce libre de cette denrée; mais il n'en existe plus une seule. On y comptoit de même deux cents métiers pour le coutil., quarante pour le basin, etc, mais tous ces ateliers sont fermés; sept fabriques de toiles peintes produisoient avant 1789 cent mille pièces par année, qui se débitoient aux foires de Bordeaux ou de Beaucaire, et au delà des mers. Les cinq qui existent encore n'en produisent que 25000 pièces, toutes destinées pour la consommation intérieure. La ville de Nantes, plus à portée qu'aucune autre des cotons et des toiles des Indes, est peut-être celle de France où de pareilles manufactures peuvent le mieux prospérer, surtout si elles sont dégagées du monopole d'une compagnie, et des droits imposés à l'entrée sur les toiles et les cotons, qui sont également contraires à tous les systèmes d'économie. Puisque ces manufactures ont travaillé autrefois pour l'étranger, il est très probable qu'elles n'ont rien à craindre de la concurrence des indiennes des autres nations; s'il en est autrement, c'est un signe qu'une pareille industrie ne convient point à la France. Aucune autre des manufactures de ce Département ne paroît avoir rien à craindre d'un commerce libre (16).

CHARENTE. Les produits industriels de la Charente sont des papiers, des fers, et des eaux-de-vie. Les premiers, tout en redoutant la concurrence des Hollandois dans les marchés étrangers, ne se refusent point à cette lutte. Quant aux eaux-de-vie connues surtout sous le nom de Cognac, on en exportoit avant la révolution 15000 pièces, faisant à peu près chacune deux hectolitres. Cette exportation est réduite d'un sixième par les droits d'entrée imposés par les Etats acheteurs sur ces eaux-de-vie, et qui en diminuent la consommation ; aussi ce Département réclame-t-il du Gouvernement la liberté du commerce chez les étrangers, que nous n'obtiendrons point d'eux, si nous ne la leur accordons chez nous (17).

(16) Voyez stat. de la Loire Inférieure, par J. B. Huet, Secrétaire général de Préfecture, p. 37 et suiv.

(17) Stat. de la Charente, par Delaistre, Préfet; p. 22, et 38-40.

Aube. Le Département de l'Aube est du petit nombre de ceux dont les manufactures sont favorisées par le monopole que donnent les douanes. L'on avoit établi dans la ville de Troyes une manufacture d'étoffes de coton, à l'imitation des Anglois que l'on vouloit rivaliser ; mais les basins, futaines, piqués, et toiles de coton, qui sortoient de cette fabrique, ne pouvoient et ne peuvent encore soutenir la concurrence des Anglois, qui travaillent mieux et à meilleur marché. La manufacture fut donc surtout florissante quand les anciennes prohibitions étoient maintenues dans toute leur force. L'année 1784 étoit l'époque de sa plus haute prospérité : le traité de commerce qui se fit peu après avec l'Angleterre, et qui affranchit les consommateurs de nombre d'extorsions, fit jeter les hauts cris à tous ceux des fabricans dont la prospérité étoit artificielle. Ceux de Troyes furent obligés de diminuer progressivement le nombre de leurs métiers, dès cette époque jusques en 1792. Depuis lors la prohibition des marchandises angloises leur a rendu de la vigueur, et ils se soutiennent en

en dépit de la dilapidation de leurs capitaux. Quelques pertes que leur aient causé
le maximum , la chute des assignats, et une
taxe révolutionnaire de 1,800,000 francs en
numéraire, qu'on les a forcés de payer, leur
commerce est aussi actif qu'en 1791 , parce
qu'au moyen du monopole , ils ont attiré à
eux les capitaux de l'agriculture , et des autres commerces plus réellement utiles au
pays (18). Il paroît qu'il y a actuellement
1103 métiers travaillans pour cette manufacture , et qu'il en reste 367 qui ne sont
point occupés. On ne peut savoir au juste
quel étoit leur nombre, et la somme de leurs

---

(18) La Champagne avoit des manufactures de
laine très renommées ; leurs produits étoient connus
dans le commerce sous le nom d'étoffes de Rheims.
Il en reste bien une à Troyes , mais elle n'exporte
plus rien , et ses produits sont consommés dans le
Département. La bonnéterie qui étoit autrefois très
prospérante, et qui occupe encore 750 ou 800 métiers ,
est déchue du quart ou du cinquième de ce qu'elle
étoit autrefois. Les toileries, les papéteries et les tanneries, paroissent également déchoir. Voyez. Necker,
Adm. des Fin. T. I. Ch. XI.

produits avant le traité de commerce de
1786 ; car il y a à cet égard la plus grande
contradiction entre les cit. Loiselet et Des-
colins d'une part , et le cit. Beugnot de
l'autre ; si l'on en croit les premiers qui
cherchent à relever l'importance de la manufacture , elle occupoit alors 3240 métiers,
et produisoit une valeur de 9,933,600 fr,
D'après le second , ses produits n'auroient
valu que deux millions ; il ne paroît pas
qu'ils aillent à présent fort au delà d'un
million de francs.

  Si la chute complète de cette manufacture
a été arrêtée par le renouvellement du monopole, cet expédient a eu de la manière la
plus sensible tous les mauvais effets que
nous lui avons reprochés. On n'y a adopté ni
les heureuses applications de la chimie aux
procédés des fabriques , ni celles des mathé-
matiques aux machines qui remplacent les
bras ; aussi le Préfet remarque-t-il *qu'il est
dans la destinée des fabriques de Troyes
de suivre une progression décroissante,
même en restant au même point.* Ce qui
pourra changer cependant si le commerce

est rendu libre. Jusqu'alors les fabricans peuvent ne point s'empresser d'adopter des perfectionnemens qui leur sont inutiles, dès qu'on force les consommateurs à se contenter de leur mécanique grossière.

Par le monopole, on a forcé les fabricans de Troyes à produire, n'importe à quel prix ; et on les a empêché de détourner aucune partie de leurs capitaux pour perfectionner leurs métiers. Car le cit. Bruslé remarque que si l'on n'adopte aucun nouveau mécanisme, c'est moins faute de connoissances que de fonds. La même cause empêche l'adoption du cylindre, et sa substitution aux planches d'impressions, dans les trois fabriques de toiles peintes de ce Département, qui en produisent quatorze mille pièces par année.

La suppression des douanes causeroit certainement une stagnation momentanée dans les principales fabriques de la ville de Troyes ; mais elle forceroit les négocians à mieux servir désormais le public, en suivant la marche que les savans leur ont tracée ; et elle rendroit les capitaux à leur vraie destination, celle de donner un revenu à la nation (19).

HAUTE - SAÔNE. Le Département de la Haute-Saône est un des moins commerçans de la République. Son exportation se réduit à deux objets, des fontes, fers, et ferblancs, pour la valeur de cinq millions, et des blés dont partie n'y passe qu'en transit pour celle de trois millions. Les fers qui sont fort beaux, et qui peuvent soutenir la concurrence de ceux de Suede et d'Allemagne, n'ont aucun besoin sans doute de l'assistance de la Douane. Il faut donc ajouter ce Département à la liste de ceux qui la payent, sans qu'un seul de ses habitans en retire le moindre avantage (20).

DRÔME. Là principale fabrique de la Drôme est celle des draperies grossières, connues sous le nom de ratines, demi-ratines, sergettes, et draps; quoiqu'elle soit plus particulièrement destinée à la consom-

---

(19) Mémoire sur la stat. de l'Aube par Bruslé, Préfet, p. 22 - 26.

(20) Mémoire sur la stat. du Département de la Haute-Saône, par Vergnes, Préfet, p. 6-12.

mation intérieure, comme on exporte par
Genève des ratines de Vienne en Suisse et
en Piémont, et comme elles y soutiennent
la concurrence de celles d'Allemagne, cette
manufacture n'a rien à craindre de la rivalité
des étrangers. Elle a beaucoup souffert de la
diminution des capitaux mercantiles. Le
Préfet, ancien administrateur des douanes,
et qui a été à portée d'apprécier le système
sur lequel elles sont fondées, ne demande
pour ranimer ces manufactures que *liberté
et protection* (21).

HAUTES ALPES. Le Département des Hautes-
Alpes n'a absolument aucune manufacture,
les paysans ne sont habillés que des étoffes
grossières qu'ils fabriquent dans l'intérieur
de chaque ménage. On a essayé d'élever à
Briançon deux ou trois petites fabriques de
toiles et mouchoirs, qui n'ont pu s'y soutenir;
comme ailleurs, on s'y plaint du manque de
capitaux, et l'on ne pourra remédier aux
maux que ce besoin cause, que lorsqu'en

---

(21) Observations sur la situation du Département
de la Drôme, par le cit. Colin, Préfet, p. 29-31.

modifiant ou supprimant les douanes, on aura ouvert une entrée aux capitaux étrangers qui pourroient vivifier l'industrie nationale (22).

DEUX-SÈVRES. Le Département des Deux Sèvres est un de ceux où l'on peut regretter que tous les capitaux aient pris leur direction vers les manufactures, et qu'il en soit resté si peu pour animer l'agriculture : celle-ci est encore bien retardée, et pendant le cours entier d'un siècle, n'a fait que des progrès fort lents, tandis que ce Département compte au moins neuf ou dix communes manufacturières, quoiqu'il n'y en ait aucune de riche ou de grande. Il a été si cruellement ravagé lors de la guerre de la Vendée, que ses capitaux mercantiles sont presque tous dissipés, et ses ateliers fermés ou détruits. Les manufactures d'étoffes de laine, de bonnéterie, et de chamoiserie, de Niort, Parthenay, Saint - Maixent, Secondigny, Thouars, etc. ne se relèveront certainement pas à l'aide des douanes, qui ne leur procurent aucune espèce de bénéfice. On pourroit

---

(22) Mémoire sur la stat. des Hautes-Alpes, par Bonnaire, Préfet, p. 35.

plutôt attendre leur rétablissement de la liberté du commerce, qui versera sans doute de nouveaux capitaux dans ce pays malheureux. La beauté des laines qu'il produit, et le bas prix de la main-d'œuvre, fixeront sur lui les regards de ceux qui cherchent à employer leurs fonds d'une manière lucrative (23).

Tarn. Le Département du Tarn est un de ceux où les fabriques de laine prospèrent le plus ; on tire de Castres, d'Albi, de Mazamet, etc. des draps, des molletons, des flanelles, des cadis, qui sont distingués par leur bonne qualité, et dont la consommation ne se borne pas à l'intérieur, mais s'étend jusque dans le Levant, où ils soutiennent avec avantage la concurrence des Anglois : aucune des manufactures du Département, qui sont outre les laines, des tanneries, papéteries, fabriques de bonnéterie, et de bougies, n'est de nature à être le moins du monde favorisée par la douane (24).

---

(23) Statistique des Deux-Sèvres, par Dupin, Préfet.

(24) Statist. du Département du Tarn, par La Marque, Préfet, Ch. XI. p. 60 à 71.

N 4

Bas-Rhin. L'Alsace avoit avant la révolution le bonheur inappréciable d'être placée en dehors de la ligne des douanes Françoises ; délivrée de la PROTECTION que leur législation accorde à l'industrie , et qui tourne toujours à sa ruine, l'Alsace s'étoit placée au premier rang parmi les provinces riches, manufacturières et commerçantes. Elle a beaucoup souffert par le reculement des douanes, qui a détruit entr'autres le transit et l'entrepôt de Strasbourg ; les manufactures ont prodigieusement diminué d'activité, et l'intérêt de l'argent est le double de ce qu'il étoit autrefois, ce qui indique un grand décroissement des capitaux mercantiles. Cependant dans le Département du Bas-Rhin, qui ne contient que la moitié de l'Alsace, on compte encore 6974 fabriques de tout genre, 30,000 ouvriers qui y travaillent, et l'on évalue à vingt millions les capitaux qui les alimentent (25).

Si le monopole des douanes étoit devenu

_____

(25) Stat. du Département du Bas-Rhin , par Laumond, Préfet, p. 162.

nécessaire pour maintenir quelqu'une des manufactures d'un Département qui ne craignoit autrefois pour aucune la concurrence des étrangers, étant traité comme étranger lui-même, il faudroit en conclure qu'elles auroient bien dénaturé son antique industrie. Il ne paroît pas cependant que cela soit arrivé, elles y sont à charge au consommateur, sans procurer aucun avantage au commerçant.

L'une des principales productions de l'Alsace c'est le tabac, si on vouloit le soumettre de nouveau à la gabelle, il faudroit comme autrefois permettre à l'Alsace de s'en racheter par une autre imposition. Du reste une répartition de l'impôt actuel, mal entendue même d'après les principes mercantiles, engage à exporter le tabac en feuilles pour le manipuler dans les fabriques d'Outre-Rhin, et le réimporter ensuite en fraude. C'est ainsi que la douane, en altérant l'équilibre naturel, produit souvent l'effet tout contraire à celui qu'elle s'étoit proposé (26).

---

(26) Statist. du Bas-Rhin, p. 17.

Une seconde production importante du Département du Bas-Rhin, c'est la garance; il en produisoit entre 1776 et 1790, de quarante à cinquante mille quintaux par année, et il expédioit la moitié de cette récolte précieuse à l'Angleterre, l'Allemagne, la Suisse, et l'Italie. Aujourd'hui le Département n'en fournissant plus que quinze mille quintaux, les fabricans françois sont forcés de faire usage des garances étrangères qui sont *plus chères et moins belles* (27). La douane ne procure donc aucun avantage aux cultivateurs et fabricateurs de garance, lorsqu'elle soumet celles qu'on apporte du dehors à un droit de 5 francs le quintal : cependant cette taxe sur une matière première nécessaire à nos manufactures en renchérit les produits, et leur donne du désavantage, lorsqu'ils doivent lutter contre ceux des fabriques étrangères.

La papéterie et l'imprimerie du Bas-Rhin travaillent encore pour l'étranger, quoique bien moins qu'avant la révolution ; mais

(27) Ib. p. 8.

la moindre exportation au dehors des frontières, suffit pour prouver que les douanes
ne donnent aucun avantage à cette branche
d'industrie (28).

Les autres manufactures du même Département sont celles de filature, de toiles,
de bonnéterie, de draps et ratines, d'ami-
don, et de taillanderie ou autres ouvrages
en métaux : toutes avant la guerre travailloient pour l'étranger, toutes ont la pers-
pective de recommencer les mêmes opérations après la paix ; aucune d'elles n'a
donc besoin du monopole de la douane.

AISNE. Le Département de l'Aisne, l'un
des plus riches de la République par les
productions de son sol, ne tient pas une
place si distinguée parmi les Départemens
fabricans ; sa principale manufacture étoit
celle de linons, batistes et gazes de St.
Quentin : elle occupoit avant 1789, soixante - cinq à soixante - dix mille fileuses,
mettoit en mouvement douze à quatorze
mille métiers, fabriquoit 150 à 160 mille

---

(28) Ib. p. 43-67.

pièces, et en exportoit à l'étranger de 90 à
96,000, soit dans les colonies nationales
et étrangères, soit en Angleterre, en Allemagne, en Italie etc. Cette manufacture
est réduite au-dessous de moitié, les fileuses
au lieu de gagner 10 s. par jour, ne
gagnent plus que 3 ou 4 s., c'est-à-dire,
qu'elles sont sans doute réduites au plus
étroit nécessaire; une partie des ouvriers se
trouve dans la mendicité. Ce n'est pas des
précautions hostiles des douanes, mais de
la paix avec l'Angleterre qui devroit y mettre
un terme, que ces manufactures attendent
leur rétablissement (29).

La fameuse manufacture de glaces de
Saint Gobain travailloit surtout pour l'étranger, son exportation arrivoit à la valeur de
trois millions (30). Les forges de Vervins,
la manufacture de sulfate de fer d'Urcel,
l'aluminerie de Cuissy, et la bonnéterie de
Vervins n'ont à attendre, ni protection, ni

---

(29) Statist. du Département de l'Aisne, par Dau-
chy, Préfet, p. 53.

(30) Ib. p. 56.

entraves, de la part des douanes, telles qu'elles existent aujourd'hui.

Rhône. La France toute entière prend un vif intérêt à la prospérité du commerce du Département du Rhône; la ville de Lyon est une de celles dont les manufactures lui font le plus d'honneur, et que le Gouvernement seroit peut-être disposé à favoriser par les sacrifices les plus coûteux. Nous passerons en revue ses diverses fabriques, et nous chercherons à apprécier les avantages qu'elles demandent, pour être reportées à ce point de prospérité où elles étoient parvenues avant la révolution, et dont elles sont si prodigieusement déchues.

La manufacture de soie en 1788 occupoit 58500 ouvriers ; sur 14777 métiers elle en avoit 5447 de vacans ; sa décadence étoit déjà très marquée ; elle a perdu encore environ 2335 métiers depuis cette époque. Paris consommoit la moitié des produits de ses manufactures, les provinces un quart, l'étranger le reste (31). Les étoffes en dorure étoient consommées aux trois quarts par

(31) Stat. du Rhône, par Verninac, p. 62. 63.

l'étranger ; l'exportation se soutient aujour-
d'hui d'une manière proportionnée à la diminution du débit total. La douane ne favorise donc point une manufacture dont le
prix intrinsèque est inférieur au prix relatif
des autres nations. Voici cependant les faveurs qu'elle demande 1.° *Qu'on permette
la sortie du numéraire pour acheter les
soies d'Italie* (32). Nous avons vu dans les
deux premiers livres que la raison et la
saine politique autorisent la libre sortie du
numéraire dans tous les cas. 2.° *Qu'on
admette le velours et les autres étoffes de
Lyon dans le costume des autorités consti-
tuées* (33). Il me semble qu'à cet égard le
Gouvernement en multipliant les costumes,
s'est éloigné de son but. La France étoit
en possession de régler la mode dans toute
l'Europe , et ses manufactures dérivoient un
très grand avantage de cet empire qu'elle
avoit acquis sur le goût. En multipliant les
costumes, elle s'expose à le perdre ; car un

_____

(32) Stat. du Rhône, p. 61.
(33) Ib. p. 66.

étranger se rendroit ridicule s'il paroissoit en public avec l'habillement distinctif d'un Consul, d'un Conseiller d'État ou d'un Préfet françois ; lorsqu'au contraire ceux-ci ne se distinguent de leurs concitoyens que par plus de recherche et de goût dans un habillement de fantaisie, tous ceux qui les voient, s'empressent de les prendre pour modèles, et la mode établit son empire sur la considération attachée à tout ce qui rappelle l'image de personnages importans. 3.° *Que l'on établisse un droit de vingt-cinq pour cent sur les crêpes de Bologne, introduits en France* (34). Les crêpes de Bologne ne sont peut-être pas réellement supérieurs à ceux de Lyon, mais ils jouissent d'une ancienne réputation, qui fait qu'ils se vendent 5o francs la pièce, tandis que les derniers ne se vendent que 45 francs ; ceux-ci depuis l'invention de la machine à créper de Bagnon, qui économise les trois quarts du travail, peuvent réellement être cédés à meilleur marché, aussi s'en exporte-t-il

---

(34) Ib. p. 7o.

encore quelque peu à l'étranger, et les fabriques de crêpe ont-elles pris chaque jour dans l'année dernière un plus grand degré de prospérité (35). Le monopole qu'on demande autoriseroit donc une fabrique, qui fait déjà des profits très honnêtes, à augmenter son prix de vingt-cinq pour cent au préjudice des consommateurs françois ; car quant aux étrangers ils cesseroient d'acheter à ce prix-là. Un profit si considérable attireroit de nouveaux capitaux à la manufacture de crêpes, et les ôteroit probablement aux fabriques travaillant pour le dehors, puisque ce sont celles dont les bénéfices peuvent le moins s'élever. Enfin un droit imposé sur les soieries d'Italie, autoriseroit, du moins aux yeux de la justice générale, les États d'Italie à imposer un droit correspondant sur les soieries de Lyon, qui trouvent dans toute cette contrée un débouché très avantageux, particulièrement pour les étoffes façonnées ; en sorte que l'innovation demandée réduïroit le commerce

(35) Ib. p. 70. Note.

d'exportation

d'exportation de Lyon, et le changeroit en un commerce intérieur de monopole.

Les manufactures de galons, de rubans, de broderies, et de tirage d'or, étoient autrefois très florissantes à Lyon ; leur principal débouché étoit l'Espagne et l'Amérique méridionale, et au second rang l'Allemagne, la Russie, et le Levant. Les loix des nations étrangères ont surchargé de droits plusieurs de ces marchandises, et en rendent le débit très difficile. On n'auroit pas bonne grâce à leur demander de diminuer ces droits, à moins qu'on ne leur offrît en retour une faveur semblable de la part des douanes Françoises. Le bien de ces manufactures exige donc la suppression du système actuel.

On doit faire le même raisonnement quant aux chapelleries, autre fabrique jadis florissante à Lyon, et qui jusqu'en 1792 occupoit 8000 ouvriers : l'Espagne et l'Italie, imitant notre politique, ont chargé les chapeaux françois de droits excessifs (36). Le Nord, l'Allemagne, et la Suisse n'en permettent

_____

(36) Ib. p. 77.

Tome II. O

point l'introduction , et l'Autriche et le Wir-
temberg mettent obstacle à la sortie des
peaux de lièvres qui nous servent de matières
premières. Cette manufacture pourroit donc
espérer de grands avantages de la suppression des douanes ; elle n'en dérive aucun de
leur continuation.

Les montagnes du Beaujolois , et la petite
ville de Tarare, ont des fabriques de toile
de coton et d'indienne qui rivalisent celles
de la Suisse , et qui trouvent leurs débouchés en France , en Italie , et dans les colonies (37). Tarare avant 1789 fabriquoit aussi
sur 600 métiers 10000 pièces de mousseline, d'une qualité supérieure à celles de
la Suisse ; mais les cotons filés de Suisse
ayant été à cette époque surchargés de droits,
puis prohibés , pour encourager les filatures
françoises , *les fabriques de mousseline en
ont beaucoup souffert , et les filatures ne
paroissent pas y avoir infiniment gagné.*
(38). Les cotons filés en France sont sans
nerf ni force , et cependant d'un prix trois

_____

(37) Ib. p. 87.
(38) Ib. p. 89.

fois supérieur à celui des cotons de Suisse et d'Angleterre. On n'emploie donc que de ces derniers qu'on fait entrer en fraude, ce qui renchérit singulièrement les mousselines ; aussi le Préfet propose-t-il formellement de permettre l'introduction de ces cotons, du moins depuis le N°. 5o en sus. C'est là un exemple entre mille de l'inefficacité des prohibitions pour créer une industrie nouvelle. — Les manufactures de papier peint , de verre, et de vitriol, du même Département paroissent tout à fait étrangères au système des douanes.

Lozère. Le Département de la Lozère n'a d'autres manufactures que celles de serges et petites draperies de Mende, Marvejols, et lieux environnans. Leur débit s'étend non-seulement dans toute la République, mais en Italie, en Allemagne, et en Espagne. La douane ne peut donc protéger en aucune manière l'industrie de ce Département, qui dans un marché libre soutient la concurrence des fabricans étrangers, et ne la redoute pas (39).

(39) Stat. de la Lozère. par Jerphanion, Préfet, p. 55.

SEINE ET OISE. Le Département de Seine et Oise contient les brillantes manufactures d'armes de Versailles , d'horlogerie automatique de la même ville , et de porcelaine de Sèvres ; chacune de ces trois est plutôt un objet de luxe national , un monument de la perfection à laquelle les arts peuvent être portés en France, qu'une entreprise commerciale. Il est probable que le Gouvernement les a soutenues et les soutient encore par des sacrifices pécuniaires. Elles ne peuvent dériver aucun avantage de la douane , soit parce qu'une partie de leurs produits est destinée à l'exportation , soit parce qu'il n'existe réellement dans l'étranger aucune manufacture qui se trouvant sur la même ligne , puisse rivaliser avec celles-là (40).

Dans les arrondissemens de Corbeil et d'Etampes, il y a quelques manufactures de toiles peintes et de bonnéterie , mais la statistique de ce Département ne nous donnant aucun détail sur leurs produits où sur leurs

(40) Stat. de Seine et Oise, par Garnier, Préfet, p. 25.

débouchés, on ne peut rien conclure à leur égard.

Léman. Toutes les manufactures du Département du Léman sont nées de capitaux Genevois, toutes sont situées sur l'ancien territoire de cette petite République, à la réserve de quelques tanneries dans les deux communes de Chênes et de Carouge, très rapprochées de Genève, et de quelques horlogers établis dans la petite ville de Cluse qui n'ont de commerce qu'avec Genève. Cette dernière ville, dont la prospérité a été très brillante avant sa réunion, et qui malgré ses pertes est encore une des plus commerçantes de France, regardoit au tems de son indépendance, comme un des principes fondamentaux de sa politique, le maintien de la liberté absolue du négoce. C'est par elle qu'elle a pu soutenir ses manufactures quoique le salaire des ouvriers fût au taux le plus élevé. Loin que les Genevois redoutassent alors la concurrence des Anglois, ils expédioient chaque année beaucoup de montres et de bijouterie en Angleterre. Loin que les douanes protégent aujourd'hui leurs manufactures, elles excitent leurs réclamations, et le plus ardent de leurs désirs est de voir leur ville changée en port franc, et placée de nouveau en dehors de la ligne des douanes.

En effet ces douanes soumettent à des droits dont les moindres montent à dix pour cent, 1.° les matières premières que les manufacturiers Genevois tirent de l'étranger, comme les toiles de coton à imprimer, les drogues de teinture, etc. ; 2.° les outils nécessaires à leur travail, tels que les limes angloises dont ils ne peuvent se passer ; 3.° les ouvrages dégrossis qu'ils finissent, tels que les rouages de répétition, et les cadractures qu'ils tirent de Suisse, et que l'on ne travaille point en France. D'autre part les ouvrages d'horlogerie doivent payer à la douane un droit de sortie, qui tout léger qu'il est, fait tort au commerce d'exportation (41).

(41) Voyez les trois mémoires envoyés au Conseil d'agriculture arts et commerce de Paris, par celui du Léman, le 9 Frimaire an X. La statistique de ce Département avoit été préparée par l'auteur sur la demande du Préfet, elle n'a pas été publiée.

Tandis que le système actuel des douanes nuit aux manufactures les plus importantes du Léman, il n'en est pas une seule qui en dérive le moindre avantage.

Après avoir parcouru ainsi le quart de la France, n'oserons-nous pas affirmer que la suppression de toutes les douanes, et l'affranchissement absolu du commerce, ne seroient pas moins avantageux aux manufactures qu'aux consommateurs; puisqu'en réunissant tous les Départemens décrits, nous voyons que cette liberté si désirable, ne feroit pas fermer plus de quatre ou cinq misérables ateliers, dont la langueur annonce depuis long-tems la ruine, et qu'on ne soutient sur leur déclin que par des sacrifices répétés chaque jour.

L'affranchissement du commerce, en déchargeant les journaliers d'une imposition aussi onéreuse pour eux qu'improductive pour l'État, permettroit de diminuer leur salaire, sans rien ôter à leur aisance ; les matières premières baisseroient de prix dès qu'elles pourroient toutes entrer librement. D'immenses capitaux étrangers viendroient

vivifier l'industrie françoise, et leur concurrence réduiroit le profit mercantile et l'intérêt des fonds. La baisse simultanée du
prix des matières premières, du salaire, et
du profit, occasionneroit celle du prix intrinsèque de toutes choses, et la France
pourroit établir toutes sortes d'ouvrages
beaucoup meilleur marché qu'aujourd'hui.
S'il y a, comme nous venons de le voir, plusieurs de ses manufactures qui peuvent
soutenir la concurrence des étrangers, après
cette diminution de tous les prix il y en
auroit bien plus encore. Cependant son capital étant constamment employé de la
manière la plus profitable de toutes, ses
revenus augmenteroient, et pourroient permettre de plus grandes économies ; en sorte
qu'on la verroit marcher rapidement vers
la prospérité, et se trouver peut-être bientôt
en état de rouvrir les ateliers, qu'il lui conviendroit de fermer aujourd'hui.

Il y auroit, il faut en convenir, quelques
manufactures ruinées, et sans doute il est
malheureux qu'un particulier perde sa fortune par une fausse entreprise ; mais il l'est

plus encore que la France toute entière paye un impôt de quinze pour cent, sur toutes les toiles de coton qu'elle consomme, afin de sauver à ce particulier une perte de quelques milliers de francs. L'État en lui remboursant cette perte à titre d'indemnité, s'en tireroit pour la millième partie de ce qu'il lui en coûte, lorsqu'il taxe les consommations pour l'avantage du producteur. Toute la perte d'un chef de manufactures forcé d'abandonner l'ouvrage ne porte que sur son capital fixe ; les métiers qu'il a fait construire, ou sont absolument perdus, ou ne peuvent être employés à d'autres usages sans une nouvelle dépense. Une autre perte plus douloureuse peut-être, est celle que font les ouvriers, leur apprentissage leur devient à peu près inutile, ils sont forcés d'employer deux ou trois mois à se mettre en état de faire un ouvrage analogue, mais plus profitable ; c'est cependant une consolation pour nous que d'être assurés qu'ils trouveront toujours à travailler, parce que la masse des ouvriers n'étant pas augmentée, ni la masse de l'ouvrage demandé diminuée, il faudra bien que tous ceux qui travailloient, travaillent encore. En effet nous pouvons bien compter que le capital circulant qui faisoit mouvoir la manufacture, lorsqu'on l'en retirera, ne sera pas enfermé dans un coffre-fort pour y rester oisif, et ne produire aucune rente à son propriétaire, il sera nécessairement employé d'une manière profitable, et par conséquent il mettra toujours en mouvement quelque travail, quoique nous ne puissions prédire quel travail il fera naître.

Un seul accident, peut-être inévitable, excitera sans doute encore quelques murmures. Il y a, ce semble, quelques Départemens où aucune industrie ne peut prospérer; le mauvais état des routes, la difficulté de toutes les communications, l'éloignement des consommateurs, la cherté des matières premières, et le manque de capitaux, conjurent contre tous les ateliers qu'on y a établis, comme contre ceux qu'on pourroit leur substituer. Il est possible que dans quelqu'un de ces Départemens, il y ait actuellement une manufacture perdante que le monopolé soutient ; lorsque la liberté du commerce l'aura fait fermer, il ne pourra s'en élever aucune autre ; ce Département croira avoir fait des pas rétrogrades, quoique dans le fait ce ne soit pas en faire que de renoncer, non pas à un revenu, mais à une dépense. Il est possible qu'à cette époque quelques capitaux circulans et quelques artisans quittent ce Département pour chercher de l'ouvrage dans un autre, dont la position paroîtra plus favorable, ce qui redoublera encore les murmures ; il est plus probable cependant que les capitaux retirés d'un commerce perdant, seront consacrés à l'agriculture, leurs propriétaires ne se souciant pas de s'en trop séparer. Les productions de la terre seront donc augmentées par eux, sa population croîtra avec elles, le commerce des denrées appellera l'attention publique sur l'état des chemins et les fera réparer, en sorte que le Département se trouvera bientôt en état de supporter une manufacture pour laquelle il n'est point propre aujourd'hui ; mais vouloir la maintenir en dépit de la nature des choses, c'est

un projet aussi insensé que de vouloir enrichir un homme en le forçant à tenir un
équipage, et lui remboursant la moitié des
frais qu'il occasionne; c'est prendre le signe
de la richesse pour la richesse elle-même,
et l'apparence pour la réalité.

CHAPITRE III.

Comment atteindre le but que s'étoit pro-
posé le Législateur, lorsqu'il établit la
Douane.

Les Ministres qui du tems de la Monarchie ont rédigé les premiers tarifs de douane, et les Législateurs de la République qui leur ont succédé, séduits par une fausse théorie, se sont proposé dans l'établissement de ces douanes deux choses incompatibles; Ils ont voulu d'une part protéger le commerce en encourageant les manufactures, et de l'autre lever une contribution sur les consommateurs pour subvenir aux besoins de l'Etat : nous venons de voir qu'au lieu de ranimer les manufactures, ils ont éteint leur émulation, et souvent dissipé leurs capitaux, tout en usurpant les revenus des consommateurs; un seul coup d'oeil jeté sur le bilan de la République, nous montrera combien ils sont éloignés du second objet qu'ils avoient en vue. Ces douanes qui coûtent même au plus pauvre journalier françois plus de 20 francs par année, (Voyez ci-devant Liv. II. Chap. vi.) et qui frappent à coups redoublés sur les consommateurs riches et somptueux, ne perçoivent que vingt-quatre millions de produit brut, d'où soustrayant au moins dix millions de frais, il ne reste de recette nette, que quatorze millions pour toute la République. Que l'on sépare ces deux objets, que la douane désormais ne soit plus qu'un impôt, que la protection accordée au commerce ne soit plus souillée par l'avidité fiscale, que l'on ne prétende point parvenir par le même chemin à deux buts opposés l'un à l'autre, et le Législateur voyant clairement où il doit tendre, ne se trompera plus sur les moyens de réussir; nous-mêmes nous rencontrerons ainsi moins d'obscurité dans l'examen des deux questions qui feront le sujet de ce chapitre : 1.º Quels sont les moyens

de lever sur les consommateurs un impôt
qui ne préjudicie que le moins possible au
commerce ? Quels sont ceux d'encourager
l'industrie en préjudiciant le moins possible
au fisc ?

Après avoir vu dans le Chapitre précédent, combien est petit le nombre des
manufactures qui ne peuvent se soutenir
si la douane ne leur assure pas la possession exclusive du marché françois, on pourroit être tenté de croire, que puisque celle-
ci favorise si peu le commerce, elle doit
pour la même raison être fort peu à charge
à la communauté. On se tromperoit cependant, elle peut avoir, et elle a en effet
beaucoup d'efficacité lorsqu'il s'agit de nuire,
et très peu lorsqu'il s'agit de servir.

Souvent par exemple le Législateur a voulu favoriser une manufacture ou un commerce dont les produits annuels ne vont
pas à cinquante mille francs, tandis que
la consommation de la France entière, en
objets analogues, s'élève au-dessus d'un
million ; si dans ce but il a taxé à 10 pour
cent les marchandises importées qui font

concurrence à la manufacture qu'il protége, pour procurer à celle-ci un bénéfice
de 5ooo francs, il cause au consommateur
une perte de plus de 100,000 francs, dont
les contrebandiers seront peut-être seuls à
profiter. C'est ainsi que pour favoriser les
manufactures de toiles peintes, de mousselines, d'étoffes de coton de tout genre,
et de quincaillerie, qui ne suffisent probablement pas au dixième de la consommation françoise, la totalité de cette consommation a été taxée en faveur du contrebandier par une prohibition. Souvent encore
le Législateur en appesantissant la main sur
l'industrie étrangère, a voulu faire naître
dans l'intérieur, une manufacture qui n'y
existoit point encore, et n'a pas réussi;
c'est ainsi que nous avons vu qu'il a renchéri sans succès le coton filé, et les limes
d'horloger; alors la perte du consommateur
ou des manufactures n'occasionne pas le plus
léger profit à personne, si ce n'est au contrebandier. Souvent il s'y est pris de la
même manière pour favoriser un commerce
étranger; c'est ainsi que pour protéger l'importation

portation de nos marchandises coloniales;
réduite presque à néant pendant la guerre,
il a chargé de droits excessifs le sucre et
le café qui nous viennent par une autre
route, et qui doivent cependant suffire presque seuls à notre consommation; c'est encore ainsi, qu'en faveur de notre commerce
des Indes Orientales, qui cependant n'existoit presque plus, on a forcé les consommateurs à ne recevoir que des contrebandiers les marchandises de ces pays éloignés
dont il se fait en France un débit prodigieux. Sous prétexte de favoriser notre culture, l'on a taxé toutes les boissons, les
huiles, les soies, la cire, et les tabacs en
feuille ; on a prohibé les eaux-de-vie de
grain, le rhum, les tabacs fabriqués etc. ;
quoiqu'il soit démontré, que ceux des Départemens qui produisent ces denrées, loin
de craindre la concurrence des étrangers,
alloient leur vendre sur leurs propres marchés, et que ceux au contraire, qui ne les
produisent pas, et qui pourroient les tirer
à meilleur marché d'ailleurs, ne sont point
à portée de consommer les productions fran-

çoises. Le Nord de la France n'est point le marché naturel des eaux-de-vie et des vins du midi ; les huiles et les boissons d'Aix et de Cognac peuvent être transportées à meilleur marché au bout de l'Océan qu'en Alsace et en Lorraine. Le consommateur de ces deux dernières Provinces, à qui l'on interdit l'usage des huiles et des eaux-de-vie de grains de l'Allemagne, est donc taxé grièvement dans sa consommation, sans que son compatriote du midi de la France en dérive le plus léger avantage. Les cires, les soies, les huiles, la garance, qui servent de matière première à nos manufactures, et qui sont taxés à leur introduction, sans que le producteur national en retire le moindre bénéfice, ne peuvent augmenter de prix, sans que les produits de nos manufactures n'augmentent de prix dans une proportion bien supérieure. (Liv. II. Chap. v.) Enfin les manufactures qui n'ont pas besoin de monopole, puisqu'elles continuent de vendre à l'étranger, en profitent néanmoins à l'intérieur, et rançonnent l'acheteur françois, tandis qu'elles vendent à un prix équitable au consommateur libre; bien que cette différence et ce double prix doivent tôt ou tard amener la ruine de notre commerce d'exportation. C'est en réunissant toutes ces considérations que l'on est amené à croire, que si l'impôt sur les consommations n'est pas à beaucoup près si onéreux pour chaque citoyen en France qu'en Angleterre, du moins la perte qu'il occasionne à trente millions de François doit être égale à la recette nette d'impôts semblables levés sur dix millions d'Anglois seulement : or nous avons vu que cette classe d'impôts à produit en Angleterre dans une année jusqu'à 15 millions et demi Sterling, ou 372 millions de francs (1).

_____

(1) Cette somme divisée par la population de la France, donne 12 fr. 40 c. par individu; nous avons vu que le moindre journalier du Léman, qui ne soupçonne pas qu'il paye la douane, débourse cependant pour cet objet 20 fr. 68 c. Les femmes, les enfans, les vieillards, les malades de la même classe, la payent comme lui sur leurs habits, et de plus que lui sur leurs boissons et leurs médicamens. Tous les artisans des villes, et presque tous ceux des villages dans le

Ce qui confirme encore que la douane est très onéreuse au consommateur françois, c'est la prodigieuse activité du commerce de contrebande. C'est à cette activité, ainsi que le remarque le Cit. Magnien, (2) qu'il faut attribuer le zèle des employés. Si la fraude ne présentoit pas des avantages prodigieux, si tout le circuit des frontières n'étoit pas sans cesse assiégé par les contrebandiers, le mince salaire de 500 francs par an ne suffiroit pas pour engager les agens de la douane à faire rigoureusement le service

---

même Département font usage chaque jour de sucre et de café. L'augmentation de prix de ces deux marchandises depuis qu'elles sont soumises aux douanes Françoises est pour une année de plus de 20 fr. par tête. Or les impôts sur la consommation étant proportionnés à la dépense, la quotepart des journaliers et des artisans n'est rien auprès de celle des riches, aussi la moyenne de ce que coûte la douane dans le Département du Léman est-elle au moins de 30 fr. par individu, ce qui fait six millions pour cette petite partie de la France.

(2) De l'influence que peuvent avoir les douanes sur la prospérité de la France; p. 32.

aussi pénible qu'odieux dont ils se chargent aujourd'hui. L'attrait des confiscations est bien plus fort pour eux que celui de leur paye, et la valeur des marchandises confisquées est aussi probablement supérieure à la somme des frais de perception de la douane. Si cette somme monte, année commune, à douze millions, comme l'assurance est en général à 10 pour cent, sur lesquels il y a au moins 4 pour cent en remboursement des frais du contrebandier, la masse des assureurs n'est réellement à couvert de la perte de 12 millions qu'elle supporte, que lorsqu'elle a fait entrer en France pour 200 millions de marchandises prohibées (3).

---

(3) C'est sur cet attrait que la contrebande présente au commerçant, que le cit. Magnien se fonde pour s'opposer à la réduction de tous les impôts d'entrée au dix ou quinze pour cent de la valeur des marchandises. Dès que la fraude ne seroit plus si lucrative, il pense qu'on ne la feroit plus avec autant d'ardeur, et que les employés ne voyant plus l'attrait des confiscations se degoûteroient de leur métier. Il croit donc important d'aggraver les droits, pour donner de l'acti-

Les divers impôts sur les consommations
perçus en France avant la révolution, mon-

---

vité à la contrebande, seul moyen qu'il connoisse
pour en communiquer aussi aux employés. (Magnien.
Ib. p. 32 à 35.) Je suis bien persuadé que l'administrateur des douanes ne s'est point apperçu que son
raisonnement étoit profondément immoral, et je crois
lui rendre service en lui faisant remarquer combien la
pensée qu'il exprime est éloignée des sentimens no-
bles qu'on lui connoît ; celle-ci, en effet, revient précisément à dire que la République doit encourager le
crime pour avoir les moyens de le punir. On croit
entendre un Juge qui s'afflige de la réforme des mœurs,
parce que si l'on parvenoit à n'avoir plus de scélérats,
on n'auroit bientôt plus de Tribunaux. Quant à la
crainte qu'il manifeste, il y fait lui-même réponse,
car il suppose que le prix d'assurance baisseroit bientôt, et que la contrebande se ranimeroit, ce qui d'a-
près ses principes devroit réveiller le zèle des employés. Mais ce qu'il n'a point dit, c'est que le prix
d'assurance ne baisseroit pas en raison directe de la
diminution du danger. Supposons que par la réduction des droits, la vigilance des employés et le danger
des confiscations fussent diminués de moitié, cette
diminution ne se feroit point sentir sur les quatre pour
cent qui payent les frais nécessaires du contrebandier,
les ports, les espions, les entrepôts, les pots de vin,
elle ne porteroit que sur les six pour cent qui payent

toient ensemble à 244,500,000 fr., suivant
Mr Necker Adm, des Fin. T. I. Chap. 1.
Savoir : Fermes générales . 166,000,000.
        Régie générale . 51,500,000.
        Octrois des villes etc. 27,000,000.
                                _____
                    TOTAL : 244,500,000.

Sans prétendre les porter de nouveau à
une somme si considérable, et dont le
payement étoit excessivement onéreux au
peuple, d'autant plus qu'à la même époque
le commerce n'étoit guère plus libre qu'il
ne l'est à présent (4); on pourroit du moins

_____

la vraie assurance. Une diminution de moitié dans les
difficultés de la contrebande, n'en apporteroit donc
qu'une de trois dixièmes dans le prix des assurances;
en sorte qu'on peut lui répondre que la contrebande ne
se ranimeroit pas; et que si elle se réveilloit, le zèle
des employés se réveilleroit avec elle pour la réprimer.

(4) Le tarif des douanes sous l'ancien régime étoit
à peu près le même qu'à présent; à quelques égards
il étoit peut-être encore plus absurde : cependant le
dommage qui en résultoit pour la nation étoit infiniment moindre, parce que le capital national étoit cinq
ou six fois plus considérable, et suffisoit à presque
toutes les manufactures : le nombre de celles qui tra-

en tirer un revenu infiniment supérieur à
celui qu'ils rendent aujourd'hui, sans accabler l'industrie, et en soulageant fort les

---

vailloient pour l'étranger étoit très grand ; elles vendoient donc à un prix relatif libre, et la douane n'avoit aucune influence sur elles. Si la France étoit assez riche pour ne craindre sur aucune marchandise la plus libre concurrence des étrangers, les droits de douane ne se percevroient que sur les choses qu'on ne peut point imiter dans le pays, et par conséquent tout ce que payeroit le consommateur iroit au profit du fisc ; car les prohibitions des douanes ne sont innocentes que lorsqu'elles interdisent ce qui ne se feroit pas quand encore elles le permettroient : à bien des égards, le tarif des douanes Angloises est dans ce cas-là ; aussi ne fait-il pas à beaucoup près autant de mal à l'Angleterre, que le nôtre nous en fait, quoiqu'il soit également absurde. Si l'on venoit à bout de tenir rigoureusement la main à l'exécution du nôtre, et d'empêcher absolument toute contrebande, les besoins des consommateurs seroient si loin d'être satisfaits, les manufactures et les capitaux qui les font mouvoir seroient si incapables de répondre à leur demande, que la crise la plus violente, et peut-être le renversement de l'ordre social devroient s'ensuivre d'une pareille rigueur, et de l'état de dénuement où se trouveroit toute la France.

consommateurs. Il suffiroit de se conduire d'après les principes suivans, dont des gens plus habiles que moi peuvent seuls faire l'application. Ils sont le résumé du système exposé dans cet ouvrage.

1.° Toute matière première devroit être affranchie de tous droits à son entrée sur le territoire de la République; cet axiome est le seul peut-être à l'égard duquel tous les systèmes d'économie politique soient parfaitement d'accord; aussi est-il étrange qu'il n'ait pas été adopté dans la législation de nos douanes. Si l'on ne considère que la consommation intérieure de ces matières après qu'elles seront ouvrées, comme elles peuvent passer par dix mains différentes avant que de parvenir au consommateur, celui-ci remboursant l'avance d'argent de tous ceux qui les ont achetées et revendues, l'accident peut équivaloir pour lui à deux ou trois fois le montant de l'impôt. Taxer la matière première est en effet de toutes les manières de lever une contribution la plus coûteuse pour lui; l'augmentation de prix qui en résulte, en même tems qu'elle

aggrave la dépense du François, détruit tout
commerce avec l'étranger, qui se procurera
d'ailleurs ce qu'on a imprudemment renchéri.

2.º La même raison doit empêcher de
mettre aucun impôt sur la production des
matières premières dans l'intérieur ; car cet
impôt pourroit se trouver multiplié deux
ou trois fois dans le prix des matières ouvrées, au grand préjudice du consommateur national et du commerce étranger.

3.º Comme on ne peut lever un impôt
sur les étrangers, qu'autant que l'on possède
le monopole des marchandises qu'on leur
vend, il faut en tout autre cas les affranchir de tous droits à la sortie ; car on ne
peut les soumettre à des droits sans diminuer la consommation des étrangers : un
impôt sur la sortie des matières brutes, ou
sa prohibition, n'augmenteront pas les capitaux nationaux, pour les mettre en œuvre ;
un impôt sur celle des matières ouvrées,
n'augmentera pas le nombre des consommateurs nationaux ; l'un et l'autre tendent donc
directement à diminuer la production, puisqu'ils privent les producteurs, de consomma-

teurs étrangers, sans leur en substituer d'autres.

4.º Lorsqu'on possède ou qu'on produit seul une marchandise dont les étrangers font usage, on ne doit pas laisser échapper cette occasion presque unique de lever un impôt sur eux. C'est ce que font les Anglois, en chargeant d'assez gros droits la vente de la gomme arabique, dont eux seuls sont en possession ; c'est ce que nous pourrions faire peut-être pour les vins de Champagne, de Bourgogne, et de Bordeaux (5), qui sont pour les étrangers un objet de luxe, dont il n'est pas probable qu'un impôt de dix pour cent les dégoûtât. Ces vins payent des

(5) Ce n'est que sur ces vins distingués, qui seront toujours recherchés par les riches consommateurs, vins dont la nature elle-même a donné le monopole à la France, puisque rien ne peut être mis à leur place, que je crois possible d'établir un droit à la sortie ; quant aux vins ordinaires, à ceux, par exemple, qui sortent des *Chaix* de Marseille, comme non-seulement tous les vins des autres pays, mais même la bière, le cidre, et toutes les autres boissons leur font concurrence sur les marchés étrangers, on ne pourroit les soumettre à des droits sans diminuer leur consommation à l'extérieur.

droits prodigieux à leur entrée en Angleterre ; j'aimerois mieux qu'ils en payassent
une partie sur nos côtes.

5.° Toute marchandise qui ne peut être
ni imitée ni suppléée par une production
du pays , est éminemment propre à être
taxée à la douane, puisque cette contribution ne causera d'autre dommage au consommateur que le mal nécessaire de la
payer ; mais qu'il ne le forcera point à rembourser le profit du monopoleur national,
qui fait concurrence aux étrangers. Pour
cette raison , toutes les drogues qui nous
viennent d'entre les tropiques, et qui ne
servent point de matières premières à notre
teinture ou à nos manufactures , sont le premier objet sur lequel doit peser la douane;
tels sont les sucres, thés , cafés , cacaos,
épices , etc. toutes ces drogues doivent être
taxées au moment où elles entrent sur le
territoire Européen de la République , sans
égard pour le pays d'où elles viennent;
celui qui fait usage des sucres et cafés de
nos colonies ne doit point être exempté ;
car s'il l'étoit, les marchands de nos colo-

ales en profiteroient, et le consommateur au lieu de payer un impôt au fisc, payeroit un monopole au colon.

6.º Lorsqu'on impose une marchandise étrangère, qui peut être imitée dans le pays, il faut imposer en même tems sa production interne, de manière à maintenir dans le prix de l'une et de l'autre, le même équilibre qui existoit avant l'imposition; afin de ne point détourner la direction naturelle des capitaux, et de ne point déterminer le marchand à préférer le gain injuste d'un monopoleur, au légitime bénéfice mercantile.

L'imposition des productions de l'intérieur d'un pays, est une des opérations de finance les plus difficiles et les plus délicates. On ne peut rien imiter de ce qui appartient à l'ancienne législation des Aides (6), elle étoit absurde et souverainement vexatoire: on en peut citer pour exemple le droit de gros, qui se prélevoit autant de fois qu'une pièce de vin étoit vendue ou échan-

---

(6) Voyez l'ordonnance des Aides de Louis XIV de 1680.

gée , et les innombrables entraves dont
étoient liés les marchands de vin , soit en
gros, soit en détail , qui ne pouvoient trans-
vaser un tonneau d'un lieu dans un autre,
sans un congé de remuer donné par les
officiers de la ferme. Mais enfin le droit
sur la consommation d'une seule marchandise nationale, dans quelques provinces seulement, suffisoit pour former un très gros
revenu à l'État (7). Ceci confirme ce

---

(7) Des 51,500,000 fr. que percevoit la Régie
générale , la plus grande partie, mais non pas cependant la totalité, provenoit des droits d'aides sur les
boissons. Les seules Généralités assujetties à ces droits
étoient les suivantes , Amiens, Bourges, Châlons,
Lyon , Moulins, Orléans, Paris , Poitiers, Rouen ,
Caen, Alençon, Soissons, Tours, et la moitié de
celle de la Rochelle. Leur population réunie s'élevoit
à 10,166,650 habitans , et l'étendue de leur territoire à 10620 lieues quarrées; c'est donc environ le
tiers de la France actuelle. Il est vrai que dans plusieurs généralités d'ailleurs affranchies , la Régie avoit
conservé les droits de courtiers , jaugeurs, et inspec-
teurs aux boissons, dont le produit n'étoit pas considérable. Dans d'autres , telle que celles de Lille et
de Rennes , des droits analogues étoient perçus

qu'Adam Smith a observé, qu'il n'est point nécessaire d'imposer un grand nombre d'objets ; mais seulement quelques-uns de ceux dont la consommation est le plus générale, pour que l'impôt porte également sur tous les citoyens, et produise un très grand revenu. La législation de l'excise en Angleterre est plus digne d'être imitée que celle de nos anciennes Aides ; il paroît qu'il ne lui échappe que fort peu de fraudes, elle ne coûte pas non plus fort cher à la nation, et seulement un vingtième environ de ce que produit cette taxe; cependant elle donne lieu à plusieurs réclamations, et ne paroît pas parfaitement conforme à l'esprit de liberté des loix Angloises (8).

---

pour le compte de la Province, et ne sont pas portés ici en compte. Neck. Adm. des Fin. T. I. Chap. XI. On peut conclure de cette comparaison, que si la totalité de la France devoit payer sur les boissons un impôt égal à celui que payoient les Généralités soumises aux Aides, cet impôt rendroit au moins 120 millions par an.

(8) L'impôt de l'excise que les Anglois ont imité des Hollandois, fut établi en 1643, sur les boissons

7.° Le Législateur doit faire en sorte que le consommateur ait à rembourser le moins d'avances d'argent qu'il se pourra aux marchands qui le fournissent. Divers expédiens ont été imaginés pour permettre au marchand importateur, de ne payer l'impôt qu'au moment où il livre sa marchandise au détailleur ; nous rendrons compte, en parlant des ports francs, de celui qui nous paroît sujet à moins d'abus.

8.° Le Législateur doit également pourvoir à ce que les impôts sur l'importation non plus que ceux sur la production, ne gênent point le commerce de transport qu'on peut faire pour l'étranger, ni celui d'expor-

---

seulement, par le Parlement Républicain. Depuis, il a été étendu à une foule d'objets consommés dans l'intérieur de l'Etat ; non sans exciter cependant de fréquentes réclamations contre le droit de visiter à toute heure les magasins des marchands d'objets taxés, qui est attribué aux officiers de l'excise ; et contre la procédure sommaire et arbitraire par devant deux Juges de paix, au moyen de laquelle les fraudes sont punies. Blackstone. Comment. on the laws of Engl. B. I. Ch. VIII. p. 318, and Book IV. Ch. XX. p. 281.

tation.

tation. On doit donc exempter des taxes toute marchandise que les étrangers n'acheteroient plus, dès qu'on auroit substitué un prix accidentel à leur prix intrinsèque. Les Anglois pourvoient à cet inconvénient par une restitution de l'impôt, ou *drawback*; mais cet expédient les expose à une contrebande extrêmement ruineuse. Les marchands feignent d'exporter des marchandises, pour lesquelles ils reçoivent le *drawback*, et n'ont pas plutôt dépassé le port, qu'ils les déchargent sur les côtes, souvent pour recommencer bientôt. Nous verrons dans un prochain Chapitre que l'ouverture d'un port franc procure à peu près les mêmes avantages, et ne soumet pas aux-mêmes inconvéniens.

9. Nous rappellerons enfin une dernière règle qui a déjà été indiquée ailleurs; c'est de ne jamais pousser un impôt jusqu'au point où il détermine toujours la contrebande, et de ne pas oublier l'observation judicieuse de Swift, savoir que dans l'arithmétique des douanes, loin que deux et

deux fassent quatre, le plus souvent quatre
et quatre ne font que deux (9).

Après avoir réduit les douanes à n'être
plus qu'un impôt, mais un impôt vraiment
productif pour l'Etat ; après avoir effacé de
leur tarif ce nombre infini de prohibitions
et de droits excessifs qui forçoient la contrebande , tout comme le nombre presque
égal de droits si légers, qu'à peine ils com-
pensoient les frais de perception ; après
avoir réduit ce tarif à une vingtaine d'articles tout au plus, le Législateur pourra
s'occuper de faire ce qu'il avoit tenté en

(9) Pour développer les moyens d'assurer la perception des droits conservés, et de mettre obstacle
à la contrebande, il faut des connoissances pratiques
d'administration auxquelles je suis loin de prétendre.
On peut trouver des idées lumineuses à cet égard
dans les *Recherches sur l'impôt du tabac*, par Fabre
de l'Aude, membre du Tribunat. Ses deux proposi-
tions , de réunir sous une seule régie la surveillance et
la perception de toutes les contributions indirectes,
et d'exiger des acquits à caution pour la circulation
des marchandises taxées, méritent de fixer toute l'attention du Législateur.

vain par des prohibitions ; animer l'industrie, réveiller le commerce, et créer de nouvelles manufactures. Les moyens ne lui manqueront pas, pourvu qu'il les emploie avec prudence, mais le plus efficace de tous, celui dont les effets seront le plus sensibles, ce sera l'affranchissement de tout commerce sur les marchandises qui n'auront pas été considérées comme matière imposable.

Quoique en général l'intérêt des capitalistes leur fasse tenir les yeux ouverts sur tous les moyens d'employer avantageusement leurs fonds, il faut convenir que, lorsqu'il s'agit d'entreprendre des travaux nouveaux et extraordinaires, ils résistent souvent par une certaine inertie au désir d'améliorer leur fortune, et consultent plutôt l'habitude et l'usage constant de leur pays, que les espérances qu'ils pourroient fonder sur des découvertes nouvelles où sur l'imitation de Peuples plus industrieux. Il arrive fréquemment que ceux qui disposent de capitaux mercantiles n'ont point l'esprit inventif, et ne sont point disposés à la confiance envers ceux qui sont doués de cette qualité ; tandis que ceux dont le génie seroit propre à éveiller l'industrie manufacturière, n'ont point de fonds à leur disposition ; en sorte que plusieurs manufactures importantes, pour lesquelles un pays seroit déjà propre, et qui pourroient travailler pour le prix relatif établi par les autres manufactures du même genre, n'attendent pour se développer, que l'union dans la même personne des connoissances ou des talens qu'elles exigent, avec les fonds suffisans pour les entreprendre : c'est dans ce cas-là, mais dans ce cas-là seulement, que le Gouvernement en venant au secours du manufacturier, peut donner une impulsion utile aux arts et au commerce d'un pays.

Le Gouvernement faisoit faire un sacrifice d'argent immense aux consommateurs et à toute la nation, dans le but de soutenir l'industrie françoise ; cependant il n'y réussissoit point. C'est bien aussi par des sacrifices d'argent, qu'après lui avoir rendu sa liberté, il pourra redoubler son activité ; mais pour qu'ils ne s'élèvent pas au delà de toute proportion avec les économies que la nation est en état de faire, il faut que désormais ils soient connus, que la somme en soit déterminée, et qu'ils sortent directement du trésor public ; et non que les marchands et fabricans soient autorisés à puiser dans la bourse des contribuables, sans rendre compte, et sans que l'on puisse même mesurer l'étendue de leurs extorsions. Les consommateurs de deux Départemens seulement, le Mont-Blanc et le Léman, perdent au moins dix millions par l'existence de la douane. Cette somme consacrée chaque année par toute la France à faire fleurir les manufactures, les porteroit en peu de tems à un degré de prospérité inexprimable. Qu'on la réduise cependant à la moitié, au dixième s'il le faut, et le Gouvernement pourra faire encore beaucoup avec un million chaque année ; un million suffit pour doter dix manufactures.

Le seul moyen, en effet, de faire prospérer une nouvelle fabrique, c'est de la doter ; c'est-à-dire, de fournir à l'entrepreneur le capital nécessaire pour la mettre en activité. Mais une manufacture ne mérite

Q 3

cette faveur, qu'autant que l'entrepreneur a prouvé, que par l'invention, ou seulement par l'introduction dans son pays de procédés économiques, et d'une industrie perfectionnée, il parvient à faire les mêmes choses en qualité égale, meilleur marché que ses rivaux, en sorte que le débit de ses marchandises lui soit assuré par leur bas prix.

A supposer que le Gouvernement pût mettre à part dix millions annuellement, non point pour être aliénés sans retour, mais pour être prêtés à intérêt à des fabricans; chaque Département auroit chaque année à disposer d'une prime de 100,000 francs pour encourager l'industrie. Le Conseil de commerce du chef-lieu, prendroit connoissance des moyens des divers prétendans qui se présenteroient à lui pour la réclamer. Leurs machines, leurs outils, leurs observations, les échantillons de leurs marchandises avec leurs factures, seroient soumis à son inspection; il s'assureroit que ces échantillons pourroient rivaliser, tant pour le prix que pour la qualité, avec ceux de même nature qu'on apporte librement sur les mêmes marchés; il exigeroit des garans, non point de la solvabilité des entrepreneurs, mais seulement de leur moralité, garans qu'on ne pourroit poursuivre pour le remboursement de cette créance de l'Etat, ou le payement des intérêts, qu'autant que la faillite des premiers seroit frauduleuse; et après avoir fait choix de celui dont la manufacture lui paroîtroit devoir être la plus utile au Département, il lui prêteroit au nom de la nation la somme de 100,000 francs, avec intérêt au cinq pour cent, contre son engagement d'ouvrir incessamment sa nouvelle manufacture, et il le déchargeroit du payement des intérêts pendant les cinq premières années, pour lui faciliter son entrée dans les affaires. Celui qui apporteroit chez nous une industrie étrangère, et qui n'auroit que le mérite de bien exécuter ce que d'autres auroient inventé, ne seroit point repoussé du concours; il suffiroit que le débit avec bénéfice de sa manufacture, sur un marché libre, fût assuré, pour qu'elle méritât d'être dotée. D'autre part, cependant, les hommes de génie qui auroient obtenu un brevet d'invention pour une découverte nouvelle dans les arts, pourroient prétendre à la même faveur, et ces découvertes ne seroient plus, faute de fonds, perdues pour eux et pour la société.

Un manufacturier qui obtient un crédit de 100,000 francs, pour former une entreprise reconnue avantageuse, a assuré sa fortune pour sa vie ; et ce prêt, quoiqu'il en paye les intérêts, lui donne bien plus d'aisance, qu'une somme égale que le Gouvernement lui payeroit sans retour comme prime, pour encourager une nouvelle manufacture, qui ne pourroit sans secours vendre au prix relatif ; car alors il en feroit profiter uniquement ses chalands. L'émulation entre les fabricans seroit donc vivement excitée par l'espoir d'un pareil avantage ; dix ou vingt concurrens se présenteroient chaque année, et ceux mêmes qui n'obtiendroient pas la palme, n'en seroient pas moins utiles à leur pays : les découvertes se multiplieroient, tous les travaux se perfectionneroient, nos artisans surpasseroient en industrie ceux de toutes les autres nations ; loin de redouter la rivalité de ceux-ci, nous rions provoquer la confrontation sur leurs propres marchés; et tandis que le commerce marcheroit à grands pas vers la prospérité la plus éclatante, les consommateurs jouiroient de la totalité de leurs revenus, et seroient servis au plus bas prix possible par les artisans qui travailleroient pour eux.

A côté de l'espérance d'un avenir si flatteur, espérance qu'on pourroit réaliser avec une avance bien modique, que l'on place les centaines de millions sacrifiés sans retour par les consommateurs ou les contribuables, au système ruineux des douanes, et que l'on compare ce qu'est l'industrie Françoise, à ce qu'elle pourroit être, à ce qu'elle sera sans doute, lorsque les Législateurs de la République auront porté leur attention bienfaisante vers la réforme de ses loix commerciales.

CHAPITRE IV.

Des Apprentissages.

Je n'ai point entrepris de traiter de toutes les parties de l'économie politique; mes forces ne suffiroient point pour parcourir une aussi vaste carrière. On pourroit par exemple, faire beaucoup de recherches non moins importantes que curieuses, sur les moyens de communiquer de l'instruction aux classes industrieuses de la société, et de les mettre en état d'exercer leurs professions avec une plus grande intelligence, et un plus grand succès; mais il faudroit pour s'y livrer, réunir une masse d'observations et de connoissances qui me sont étrangères. En traitant des apprentissages, je n'ai donc dessein d'examiner autre chose, que le monopole que sous ce prétexte les statuts mercantiles accordoient, soit aux marchands, soit aux maitres ouvriers; monopole détruit par la révolution, et que plusieurs marchands désireroient que les loix renouvellassent.

Dans chaque métier, les statuts d'apprentissage ont été faits originairement par ceux qui étoient déjà reçus maîtres; il n'est point étrange que ceux-ci cherchassent à écarter de nouveaux venus, qui pouvoient leur faire concurrence, et diminuer leurs profits en les partageant : aussi tous les métiers ont-ils cherché à rendre difficile l'entrée de leurs corps. Ils ont fait choix pour cela de deux expédiens, celui d'empêcher tout homme d'exercer leur profession, s'il n'avoit pas duement accompli toutes les conditions qu'il leur plairoit de lui prescrire, et celui de rendre ces conditions aussi dures et aussi pénibles qu'ils le pourroient. Comme il n'y a point d'école pour les arts mécaniques, ni pour le commerce, ces maîtres se trouvoient déjà avoir le pouvoir de repousser tous ceux qui pourroient par la suite rivaliser avec eux, en leur refusant l'instruction qu'eux seuls étoient en état de leur donner. Cependant, comme d'une part les gens à talent, pouvoient par la seule force de leur esprit, et leur constante application, suppléer à l'instruction qu'on leur refusoit; et comme de l'autre, l'intérêt d'éloigner des concurrens n'étoit pour les marchands qu'un intérêt de corps, qui chez chacun d'eux pouvoit être étouffé par l'intérêt particulier; ils jugèrent à propos de se lier par des règles communes, de les faire sanctionner par l'autorité souveraine, et d'exclure au moyen de cette même autorité, de toute participation aux métiers qu'ils exerçoient, ceux qui pourroient leur faire concurrence par leurs seuls talens naturels.

Une fois maîtres d'ouvrir et de fermer la porte des professions lucratives, ils attachèrent les conditions les plus onéreuses à la condescendance qu'ils voulurent bien avoir encore d'enseigner leur métier; les jeunes gens reçus en apprentissage, non-seulement s'engagèrent à travailler pour eux sans rétribution, pendant un espace de tems toujours long, et toujours disproportionné à l'instruction qu'ils devoient recevoir, mais encore ils durent se soumettre à n'être que les domestiques de leurs égaux, se plier à une obéissance avilissante, et s'abaisser à des fonctions auxquelles les usages de la société ont attaché du ridicule ou du mépris. L'on sait que dans les villes d'Allemagne, les apprentis négocians doivent, un falot à la main, comme feroient les autres domestiques, aller chercher la femme de leur maître, à la porte des assemblées dont l'entrée leur est interdite. Une politique bien peu honorable a suggéré sans doute aux négocians allemans le projet d'avilir ainsi l'état par lequel ils ont tous dû passer. Ils ont voulu par là s'assurer d'écarter de leur profession, ceux que leur naissance et leur éducation rendroient plus délicats sur le rang qu'ils consentiroient d'occuper, parce que c'étoit ceux-là même, qui, possédant ordinairement le plus de capitaux, pouvoient leur faire la concurrence la plus dangereuse pour eux, et la plus utile pour le consommateur. Les négocians françois n'ont point imité cette morgue allemande, ils n'ont pas poussé non plus la rapacité comme les Anglois, jusqu'à demander à l'apprenti, outre un service de sept ans, une compensation pécuniaire. La durée des apprentissages fixée par les statuts des six corps de marchands de Paris, étoit de trois ans pour les moins rigoureux, et de cinq pour les plus sévères, à la réserve du corps des orfèvres et joailliers qui exigeoit un apprentissage de huit ans (1). Ces apprentissages étoient presque toujours gratuits de part et d'autre. Les statuts étoient cependant conçus de manière à assurer le monopole des marchands, sans pourvoir le moins du monde à l'instruction des élèves ; car d'une part il étoit interdit à un marchand de tenir plus d'un apprenti à la fois, et de l'autre il n'étoit point obligé à en avoir un ; ceux qui craignoient d'introduire dans leur maison quelqu'un qui pût se mettre au fait de leurs affaires, ou qui aimoient mieux l'obéissance implicite d'un domestique, que celle toujours incertaine d'un jeune homme

---

(1) L'Edit du mois d'Avril 1777 avoit changé à bien des égards la Législation Françoise sur les apprentissages, et en avoit réduit uniformément la durée à quatre ans.

doué de fierté, pouvoient donc ensevelir toutes leurs connoissances dans le secret, sans qu'il fût permis à leurs confrères de suppléer à leur négligence, en formant un plus grand nombre d'élèves.

Il eût été difficile d'empêcher les négocians ou les maîtres d'un métier d'arrêter entr'eux de semblables conventions ; mais l'autorité souveraine ne pouvoit sans aveuglement les confirmer (2). Elle autorisoit

---

(2) En France ce statut mercantile avoit été sanctionné par l'ordonnance de 1673. Tit. I. Art. 3, d'après laquelle aucun ne peut être reçu marchand, s'il ne rapporte son brevet, et son certificat d'apprentissage. En Angleterre, par le stat. 5. Elizab. c. 4. § 31. D'après lequel les personnes qui ont servi pendant sept ans comme apprentis à un commerce ou métier, ont un droit exclusif pour exercer ce commerce ou métier dans toute l'Angleterre. Cependant ce statut étant en général considéré comme onéreux, et contraire à la liberté naturelle, les décisions des Cours de justice ont tendu à en restreindre l'effet. L'apprentissage n'est requis que pour les métiers déjà existans sous le règne d'Elizabeth, lorsque ce statut passa en Parlement ; de là vient cette distinction bizarre, qu'il faut avoir été en apprentissage pour faire des chariots,

par là, elle consolidoit une double ligue
formée contre la société entière, d'une part
pour tenir dans la dépendance la classe des
gens industrieux, de l'autre pour réduire les
consommateurs sous le joug des négocians.

Le droit de chaque individu au déployement de toute son industrie, est l'un des
plus sacrés et des plus inviolables de ceux
qui appartiennent à l'homme. Quoique chaque citoyen n'ait pas dessein d'exercer une
profession, ou d'entrer dans le commerce, la
liberté de tous est blessée lorsque ses facultés sont restreintes à cet égard, sans avantage pour la société, et lorsque l'un des
moyens de pourvoir à sa subsistance lui est
ôté, non pas en faveur de la sûreté commune, mais pour multiplier les jouissances
d'un autre individu que la loi lui préfère.
Le riche lui-même doit voir avec inquiétude, les barrières de l'apprentissage s'éten-

et non pas pour faire des carosses. Blackstone. Comm.
on the laws of Engl. Book I. Chap. XIV. p. 428.
Wooddeson systematical view of the laws of Eng.
Lect. 17. T. I. p. 466.

dre

dre autour de toutes les professions pour en fermer l'entrée , car si sa fortune vient à l'abandonner , le travail qui pourroit seul suppléer à ses pertes lui demeurera interdit. Mais c'est surtout pour le pauvre qu'une pareille loi est barbare ; elle donne en effet au riche , à celui dont l'état est déjà assuré , le droit de lui vendre la permission de travailler, au prix qu'il voudra bien y mettre lui-même. Il la lui vend, en effet, soit moyennant le sacrifice de plusieurs années de servitude infructueuse dans l'âge de sa plus grande vigueur , soit contre une somme d'argent, qui auroit pu suffire à donner le premier mouvement à son travail, et assurer sa subsistance pendant le reste de ses jours.

Les statuts d'apprentissage , oppressifs pour tous les citoyens comme vivant de leur industrie, ou pouvant être réduits à en vivre, sont également oppressifs pour tous les citoyens comme consommateurs : ils contribuent en effet de plusieurs manières à faire hausser les prix.

D'une part , ils éloignent du travail productif des gens laborieux , qui trop pauvres pour payer un apprentissage, ou pour consacrer les plus belles années de leur jeunesse à un travail qui ne leur rapporte rien, sont obligés de demeurer toute leur vie manouvriers, ou de se borner au travail le plus grossier et le moins productif, le seul qui soit resté libre. Ces statuts diminuent donc d'autant la production, et augmentent par conséquent les forces des vendeurs contre les consommateurs : ils augmentent d'autre part les forces des maîtres-ouvriers contre ceux qui les emploient, et par conséquent leur salaire, l'un des élémens du prix de leurs produits. Mais les forces des chefs de manufacture et des négocians, dans leur lutte contre les consommateurs dont le nombre n'a point subi de variations, étant aussi augmentées, les négocians forcent les consommateurs à leur rembourser, non-seulement le salaire plus élevé qu'ils ont avancé, mais aussi un profit plus fort pour eux-mêmes. Les trois effets réunis, diminution de production, augmentation de profit, augmentation de salaire, pèsent tous ensemble sur le consommateur, et se confondent pour lui dans l'élévation du prix de toutes les marchandises dont il a besoin. Le monopole que produisent les statuts d'apprentissage est donc doublement onéreux à la nation, puisqu'il entrave son industrie, et qu'il augmente ses dépenses.

Pour obtenir de l'autorité Souveraine qu'elle confirmât le monopole que s'arrogeoientles corps de métiers et les négocians, il leur avoit été nécessaire de lui persuader que ce moyen étoit le seul praticable pour assurer l'instruction des artisans. On diroit que cette instruction est la chose du monde la plus difficile à acquérir, et qu'il faut des années pour rendre un homme propre à faire une ou deux opérations, qui souvent le rapprochent plus des machines que des êtres raisonnables; tandis que l'on n'a jamais cru à la nécessité d'un apprentissage pour exercer l'agriculture, qui demande un concours de connoissances et d'aptitude à des opérations délicates, plus grand qu'aucun art mécanique, et que le paysan n'acquiert cependant que par une longue routine. Dans le fait, l'apprentissage est le mode d'ensei-

une connoissance peu importante pour eux; mais comme elle n'est presque d'aucun fruit pour ceux qui les emploient, ils mettent beaucoup de nonchalance à la leur communiquer. L'arithmétique, l'art de tenir les livres, et toutes les autres parties de l'éducation d'un négociant, resteroient constamment étrangères à l'apprenti, s'il ne prenoit pas des maîtres particuliers pour s'y former.

Désormais que toutes les portes sont ouvertes pour arriver au commerce et aux arts, comme l'artisan qui ne travaille pas bien, reste sans ouvrage, et que le négociant qui n'entend pas les affaires se ruine, tous ceux qui se destinent à l'un ou l'autre de ces états, n'ont pas moins d'intérêt qu'autrefois à savoir bien leur métier; mais il est probable que tous n'y arriveront pas à l'avenir par la même route. Ceux pour qui le tems est plus précieux que l'argent, payeront leur instruction, et en feront leur affaire unique. La demande de maîtres qui enseignent leur métier, engagera plusieurs négocians et plusieurs artisans distingués, à faire de l'art de former promptement des élèves l'objet principal de leur industrie. Ces maîtres consacreront tous leurs soins à bien enseigner, et leurs élèves toute leur ambition à apprendre promptement, pour se trouver plutôt en état de gagner leur vie. La science du négociant sera ramenée à ses vrais principes, rien de ce qui en fait partie ne sera oublié, l'émulation aiguisée par l'intérêt personnel agira sur l'écolier et sur l'instituteur, et l'on verra se former en six mois ou une année, de bien meilleurs apprentis, dont les connoissances seront bien plus étendues et plus approfondies, que ceux qui se forment avec peine en trois ou quatre ans (3).

---

(3) Dernièrement, un négociant estimé s'étoit associé à un homme de lettres, pour ouvrir à Genève une école pratique de commerce, fondée à peu près sur les principes exposés ci-dessus; des circonstances malheureuses, et qui tiennent aux intérêts particuliers des instituteurs, ont fait manquer cette entreprise au moment où son succès paroissoit assuré. Peut-être y avoit-il à Rome des écoles pour les arts et le commerce, afin de suppléer à l'apprentissage

Il restera cependant toujours des jeunes gens qui dénués de fortune , ne pourront point suivre ces écoles dispendieuses, et continueront à s'assujettir au bail d'apprentissage, dont la condition est de compenser par un travail gratuit, pour un terme fixé, la peine que l'on a donnée à son maître, et le dégât que par maladresse , on a occasionné dans son atelier au commencement de son apprentissage. Peut-être arrivera-t-il par la suite, que le maître payera l'instruction de son apprenti à un de ceux qui feront le métier d'instituteur , pour qu'il possède son art plutôt et mieux ; en sorte que la classe la plus pauvre profiteroit tout comme l'autre des écoles que la liberté fera ouvrir. Elle profitera tout au moins des lumières que répandront l'émulation et le redoublement d'activité. Quant à la nation entière , ce sera un grand avantage pour elle , que celui de voir ses jeunes ar-

---

Inconnu aux anciens. Columelle ne connoissoit de son tems que la seule agriculture qui n'eût pas des maîtres particuliers. De Re Rustica. L. I. p. 2.

tisans se perfectionner dans leur métier deux ou trois ans plutôt ; la masse d'ouvrage utile que produira la population actuelle de l'Etat en sera augmentée, et par conséquent le revenu national s'accroîtra.

Mais dira-t-on, d'où vient qu'aucune école ne s'est formée pour les arts ou pour le négoce, quoique toutes les entraves que les anciens statuts mettoient au commerce aient été détruites par la révolution ? Plusieurs causes y ont contribué. Depuis le commencement de la révolution jusqu'au 18 Brumaire, l'industrie françoise a été constamment dans un état de découragement et de décadence. Ce n'est pas au milieu de ses revers que l'on pouvoit songer à de nouveaux établissemens utiles. Les coups qui ont été frappés sur elle, comme le maximum, la création, puis la chute des assignats, les taxes révolutionnaires, ont détruit l'énergie des classes productives. Les Tribunaux en cessant de maintenir l'éxécution des contrats volontaires, et en affranchissant de leurs engagemens ceux qui étoient entrés en apprentissage, ont outrepassé leur but, et détruit la confiance entre ceux qui pouvoient contracter de nouveau. La conscription militaire ou les réquisitions, en arrachant les apprentis à leurs ateliers, à mesure qu'ils acquéroient la connoissance de leur art, a découragé les élèves aussi bien que les maîtres. Enfin lorsque aucune de ces causes n'auroit existé, il faudroit toujours un assez long espace de tems, pour changer les habitudes des classes inférieures d'un grand Peuple, et pour que l'on songeât à former pour elles les établissemens qui leur conviennent le mieux. Un exemple donné par le Gouvernement peut souvent dans ce cas servir d'impulsion, et amener par la suite les changemens les plus heureux.

C'est sans doute pour donner cette première impulsion, que le Ministre de l'Intérieur a proposé l'établissement *d'écoles d'instruction pratique* pour les arts chimiques. Ce n'est pas en effet qu'il se soit flatté d'instruire à de pareilles écoles, un nombre d'artisans proportionné aux besoins et à la population de la France ; mais il a senti combien il seroit avantageux de

faire voir aux journaliers, qu'ils peuvent
recevoir une instruction pour leur métier,
plus approfondie, plus utile, plus courte
et moins dispendieuse, que celle à laquelle
ils parviennent aujourd'hui en se mettant
en apprentissage : ce trait de lumière réveilleroit leur attention sur les moyens d'apprendre, et hâteroit la formation d'une
classe d'instituteurs privés, les seuls qui
puissent se proportionner aux facultés et
à la position des élèves qu'ils auroient à
former. Tous les artisans instruits dans les
écoles nationales y apprendroient comment
l'on peut mettre l'art à la portée des jeunes
gens, leur ouvrir l'esprit, et tirer parti en
même tems du travail qu'on leur fait faire.
De retour dans leurs villes ou leurs villages,
ils ne se borneroient pas à faire eux-mêmes
leur métier, ils trouveroient plus de profit
encore à l'enseigner bien et promptement ;
cet enseignement par lequel ils débuteroient,
seroit pour eux un moyen assuré de rassembler un petit capital, de disposer du travail
de plusieurs bras, et de former un atelier
indépendant. C'est ainsi que les découvertes

nouvelles passant rapidement du cabinet du
chimiste ou du mécanicien, aux écoles publiques d'instruction pratique, de celles-ci
à tous les nouveaux instituteurs des villes
et villages, et de ces instituteurs aux ateliers de tous les artisans, l'on verroit le
perfectionnement des métiers marcher d'un
pas égal avec celui de la science, et nos
manufactures s'assurer promptement cette
supériorité, que l'esprit inventif des François doit leur procurer un jour. Pour obtenir
des succès aussi flatteurs, aucune coaction
ne seroit nécessaire; liberté parfaite, protection, et bon exemple, ce seroit tout ce
que le Gouvernement auroit à accorder.

Le Ministère désireux aujourd'hui de restituer aux engagemens pris pour cause d'apprentissage leur ancienne vigueur, paroît
embarrassé sur la manière de les rendre
exécutoires, lorsque les apprentis seront de
mauvaise foi; pour les forcer, ainsi que les
ouvriers qui contractent avec un maître, à
tenir leurs engagemens, il semble chercher
quelque expédient nouveau, et c'est sans
doute à ce désir qu'il faut attribuer l'inven-

tion d'un livret dont seroient munis tous les ouvriers , à leur sortie d'apprentissage , et sur lequel devroit se trouver successivement l'acquit de tous leurs divers engagemens. Ce règlement est l'un des principaux d'entre ceux que contient le nouveau projet de loi relatif aux manufactures et aux gens de travail , sur lequel le Ministère de l'intérieur a consulté le commerce. Il n'est pas sûr que cette innovation n'entravât pas à bien des égards les relations des journaliers avec leurs maîtres, et l'on ne voit pas pourquoi la poursuite par devant les Tribunaux, et la contrainte civile , ne suffiroient pas dans un pays où l'on maintient une bonne police , pour les obliger à remplir leurs engagemens.

Mais l'on ne peut, ce me semble , se dispenser d'apporter quelque modification à la partie de nos loix , qui regarde la conscription militaire (4). Le travail étant sou-

---

(4) Quel sujet de réflexions que la conscription ! et pourquoi le moment de s'y livrer ne seroit-il pas venu ? Sans doute pendant qu'une guerre cruelle nous

vent la seule propriété de l'ouvrier, c'est
aussi la seule qu'il puisse aliéner, soit en

---

forçoit à déployer toutes nos ressources, il falloit se
garder d'attaquer la plus énergique; mais à présent
la paix nous est rendue, et la paix doit faire disparoître avec les fléaux de la guerre, la crainte d'en
déplorer les suites. Comme ce n'est pas dans une note
qu'on peut approfondir une matière si compliquée, je
me contenterai de remarquer, que puisque chez un
Peuple aussi belliqueux que le François, les enrôlemens volontaires suffisent amplement en tems ordinaire à l'entretien des armées, on ne peut comparer
les deux modes de recrutement, sans voir avec dou-
leur tout ce que la nation perd par celui qu'elle a
adopté, quant à sa liberté, à ses mœurs, et à ses
richesses.

Quant à sa liberté; puisqu'il n'est point vrai que le
service personnel soit une conséquence d'une constitution libre; dans les petits Etats de la Grèce, de
l'Italie et de la Suisse, tout citoyen devoit défendre
sa patrie de son bras, parce qu'il n'étoit point obligé
pour le faire, de s'éloigner de ses foyers, que la guerre
ne duroit que peu de jours, que l'obéissance étoit
limitée par la durée de l'expédition, et qu'en deve-
nant soldat, il ne cessoit pas d'être citoyen. D'après
les mêmes principes, on ne peut qu'applaudir à l'é-
tablissement des gardes nationales sédentaires en

échange contre l'instruction, soit pour se
procurer ce dont il a besoin dans ses mala-

France, et des milices en Angleterre et en Amérique:
mais la troupe de ligne est sur un pied bien différent;
son obéissance est illimitée, les sacrifices que l'on
demande au soldat, sont les plus grands qu'un homme
puisse faire ; il doit quitter le sol qui l'a vu naître,
sa famille, ses amis, ses habitudes; au moment où
son cœur s'ouvre peut-être à l'amour, il doit renoncer
au mariage, à moins qu'il ne le précipite inconsidé-
rément; il doit suivre ses drapeaux, au milieu des
privations, des besoins, des souffrances, peut-être
jusque sous la zone torride, au travers des sables
brûlans de la Lybie, peut-être jusqu'auprès du Pôle,
sur les tristes rochers de Terre-neuve ; et pourquoi ?
pour aller obéir, servir, et se battre. Sont-ce là les
droits d'un homme libre ?

Quant aux mœurs; les enrôlemens volontaires con-
duisent surtout aux armées des désœuvrés, et des
libertins. La sévérité de la discipline militaire les re-
tient dans les lignes du devoir, elle en fait des citoyens
utiles, dès qu'elle les emploie à la défense de la patrie; souvent même elle réussit à corriger leurs vices,
et elle inspire un sentiment nouveau d'honneur et de
retenue, à ceux qui auroient peut-être déshonoré la
nation par leurs débauches ou leurs crimes. Il est
avantageux pour les mœurs de retenir de semblables

dies, ou lorsqu'il forme un nouvel établissement. La loi qui annulle tous ses engage-

_____

hommes au service, il est funeste pour elles d'y faire
entrer des gens simples et vraiment vertueux. Autant
la règle militaire élève les premiers au-dessus de la
crapule, autant elle rabaisse les seconds au-dessous
de l'innocence. Un coup d'œil sur les hôpitaux militaires, sur les progrès effrayans d'une maladie hon-
teuse, dans des campagnes où elle avoit toujours été
inconnue, donnera la mesure de ce que les parens
peuvent craindre de la dangereuse éducation des
camps.

Quant à la fortune nationale; qui pourroit calculer
toutes les pertes que la conscription doit occasionner
à l'Etat? perte d'instruction dans le moment où elle
est accomplie, et où toute l'aptitude que le jeune
homme a acquise dans les arts, les métiers ou les
sciences, est abandonnée et mise en oubli; perte de
travail dans la plus grande vigueur de l'âge, et lorsque l'homme est appelé par la nature à pourvoir de
son bras aux besoins de son vieux père, puisque la
sagesse éternelle a fait rencontrer l'époque du plus
grand déployement de forces des enfans, avec celle de
l'affoiblissement des parens; perte de zèle, de constance, et d'ardeur pour l'ouvrage, dans le moment où
les habitudes se forment, et où le cachet qui doit
décider du sort de la génération naissante, s'imprime

mens

mens lorsqu'il parvient à l'âge de vingt ans, pour l'envoyer aux armées, détruit nécessairement toute confiance de la part des maîtres, et les dégoûte absolument de consacrer leurs capitaux et leurs peines à former ou établir des ouvriers, qui leur seront enlevés. Je n'entreprendrai point d'indiquer quelle autre marche l'on pourroit suivre, mais je me contenterai de faire des vœux pour que le retour de la paix fasse naître une législation moins rigoureuse sur les enrôlemens forcés.

───────────────

pour jamais sur son caractère. Hélas! ce cachet doit-il porter l'empreinte de l'oisiveté! perte pécuniaire souvent ruineuse, lorsque le conscrit se rachète du service, ou cherche à s'y dérober par la fuite. Ah! sans doute, celui qui déterminera la Législature à mettre un terme à tant de maux, et à distinguer une loi de circonstance d'avec une loi fondamentale, aura bien mérité de l'humanité.

CHAPITRE V.

Des maîtrises, des corps de métiers, et de leurs statuts.

Les marchands qui donnèrent des loix au commerce dans les onzième et douzième siècles, ne crurent point encore avoir assez fait pour s'assurer d'un monopole contre les consommateurs, lorsqu'ils eurent hérissé de difficultés l'entrée du commerce et des arts, en exigeant un apprentissage de tous ceux qui voudroient les exercer, et en rendant cet apprentissage pénible, long et fastidieux; ils jugèrent convenable de se réunir en corporations, de se donner des chefs et des règlemens, de convenir entr'eux d'une certaine subordination, et de fixer par une loi expresse le nombre de ceux qui pourroient exercer leur métier. Dans toute l'Europe presque toutes les branches de commerce se

sont réunies de cette manière, leurs règlemens ont été presque partout sanctionnés
ensuite par l'autorité souveraine, et sont
restés en vigueur, jusqu'à l'époque de la
révolution pour la France, dans d'autres
pays jusqu'à ce jour. Cependant chaque
institution de corporation, est une ligue formée contre le consommateur et la société,
en sorte que le Gouvernement, loin de les
confirmer, auroit dû chercher à prévenir
leur naissance, ou à les détruire, autant
que cela pouvoit s'accorder avec la liberté
de tous (1).

---

(1) L'établissement de corps de métiers, et d'associations de marchands, paroit aussi ancien que le commerce lui-même. Il existoit à Rome des colléges d'orfévres, de boulangers, de bateliers, et quelques autres
encore ; cependant, remarque Gaius, *ad Edictum
Provincial.* Les loix, les Senatus-Consultés, et les constitutions des Princes, s'opposent à la multiplication de
ces maitrises, et de ces colléges. Pandectes. Liv. III.
Tit. IV. Loi I. *Neque Societas.* Il avoit été pourvu
encore dès le tems de la loi des XII Tables, à ce
que leurs réglemens ne fussent réputés-valides, et ne
liassent les membres des corporations les uns envers

Une ligue entre des acheteurs ou des
vendeurs, dont le nombre ou les besoins
sont invariables et absolus, n'augmenteroit
pas pour long-tems leurs forces, mais une
ligue entre des gens qui disposent de leur
propre nombre, et qui peuvent régler leurs
besoins, les augmente considérablement.
Si des marchands prennent la résolution de
ne pas vendre ou de ne pas acheter au delà
d'un certain prix, ils peuvent la tenir sans
perte pour chaque branche de commerce en
particulier, mais des propriétaires de terre

---

les autres, qu'autant qu'ils seroient conformes aux
loix générales de l'Etat. Les Décemvirs avoient em-
prunté cette décision d'une loi de Solon, Pand. Liv.
XLVII. Tit. XXII. loi 4. *Sodales sunt qui.* Enfin les
loix Angloises avoient été plus loin encore, elles pour-
voyoient à ce qu'aucun règlement d'une corporation
mercantile ne pût *nuire au profit commun du Peuple,*
c'est-à-dire, ne pût créer un monopole. Stat. 19.
Henri VII. chap. 7. Mais Wooddeson nous apprend
que cette loi antérieure à la fatale adoption du système mercantile, est oubliée et méprisée aujourd'hui.
Wooddeson. system. view. Lect. XVIII. Tom. I.
p. 495.

ne peuvent tenir celle de ne pas affermer leurs terres, sans perdre leur revenu, ni des ouvriers celle de ne pas travailler, sans perdre leur subsistance, ni enfin des consommateurs celle de ne pas acheter, sans se priver de ce qui leur est le plus nécessaire. Une ligue entre des marchands pour faire hausser les prix, peut donc se tramer lentement, et se continuer pendant des années, tandis qu'une ligue d'ouvriers pour faire hausser les salaires, ou une ligue de consommateurs pour faire baisser les prix, ne peut être qu'une effervescence momentanée, que les besoins de chaque individu doivent calmer. Il est vrai que pour cette raison même, les ligueurs se trouvant dans un état violent, et qu'ils sentent ne pouvoir durer, donnent à leur coalition tous les caractères du tumulte et de la sédition; tandis que les marchands peuvent masquer la leur de tous les dehors de la tranquillité et de l'ordre; mais puisque les unes et les autres de ces combinaisons, tendent également à altérer l'équilibre naturel entre les acheteurs et les vendeurs, à dénaturer les

S. 3.

prix, et à augmenter les dépenses , ou diminuer les revenus nationaux , un Gouvernement juste doit les réprimer également , et
se tenir plus en garde peut-être, contre celles
qui s'enveloppent d'un voile , et n'excitent
point de trouble dans l'État , comme étant
ordinairement les plus puissantes et les plus
dangereuses, que contre celles que le désordre qui les accompagne démasque au premier coup d'œil.

Toutes les fois que l'on accorde aux gens
qui exercent le même métier le droit de
s'assembler , d'élire des officiers, de se donner des statuts , et d'agir en corps, on leur
fournit les moyens de se combiner et de
s'entendre , pour combattre contre tout le
reste de la société. Les statuts qui naissent
des délibérations de ces corporations , loin
d'être une compensation du danger qui y
est attaché , sont le plus souvent eux-mêmes
vicieux, et donnent de nouvelles entraves
au commerce, que l'on devroit chercher à
affranchir.

La première et la plus ordinaire de ces
entraves, c'est de limiter le nombre des

maîtrises; et d'attacher le droit d'y parvenir
à des conditions plus ou moins difficiles à
remplir (2). L'on a représenté au déposi-
taire de la souveraineté, d'une part que si
l'on ne limitoit pas le nombre des maîtres,
il se multiplieroit à l'infini ; de l'autre que
si l'on n'exigeoit pas d'eux un examen pour
leur réception, ils négligeroient de s'instruire dans leur art, et que l'industrie tom-

---

(2) L'autorité Souveraine en confirmant le monopole des corps de métiers, et en sanctionnant ou réformant leurs statuts, a fait tourner en général à
l'avantage du fisc les conditions onéreuses imposées
aux récipiendaires. Les Edits de Henri III. de 1581
et 1597 sur les maîtrises, introduisoient, sous prétexte
de donner des loix au commerce, une taxe générale
sur ses agens et ceux de l'industrie : de même, l'édit
du mois d'Avril de 1777, en rétablissant les jurandes
supprimées un an auparavant par Mr. Turgot, en faisoit un moyen de pourvoir aux besoins du fisc. Cet
impôt se rapprochoit fort de celui sur les patentes
que nous avons déjà examiné ailleurs. Ce qui fait
l'objet de ce chapitre, ce n'est point la manière de
lever une taxe sur le commerce, mais l'institution à
laquelle cette taxe étoit liée, et qu'on a représenté
comme avantageuse à la communauté.

beroit en décadence ; on l'a induit en erreur, quant à l'une et à l'autre de ces suppositions.

Lorsque l'industrie et le commerce sont libres, le nombre d'ouvriers dans chaque métier, celui de commerçans dans chaque négoce, doit se proportionner toujours aux besoins de la consommation. S'il n'y a de l'ouvrage que pour dix charpentiers dans une ville, au cas qu'il s'en forme douze ou quinze, ceux-là ne faisant que l'ouvrage pour lequel dix auroient pu suffire, ne retireroient entr'eux tous que le salaire qu'on auroit donné à ces dix; ils gagneroient donc moins qu'ils n'auroient pu gagner en embrassant tout autre métier : les moins habiles d'entr'eux, ou passeroient à une autre profession, ou quitteroient le pays en cherche d'ouvrage, et personne ne se présenteroit pour remplir leur poste, jusqu'à ce que l'équilibre entre les divers métiers fût rétabli.

Le marché dans lequel les charpentiers exercent leur industrie est excessivement resserré ; ou ils travaillent sur place, ou s'ils transportent leurs ouvrages les moins volumineux, ce n'est qu'à une fort petite distance ; les autres métiers ont un marché plus ou moins étendu, en proportion du volume de leurs productions, comparé à leur prix, et de la facilité des communications dans leur voisinage. Le marché de tout producteur est circonscrit par le nombre de consommateurs pour lesquels le prix intrinsèque de sa marchandise rendue chez eux est aussi bas que leur prix relatif; or le nombre des artisans de tout métier doit nécessairement se proportionner au marché pour lequel ce métier travaille. Jusqu'à ce qu'il le fournise tout entier, il n'y a point d'inconvénient à ce que ce nombre s'augmente, et l'on peut toujours être assuré que si le commerce et l'industrie sont libres, ou il ne passera pas au delà de la proportion requise, ou il y reviendra dès qu'il l'aura dépassée. Mais l'institution des maîtrises empêche le nombre des artisans de se proportionner au marché pour lequel ils travaillent ; en le soumettant à une fixation arbitraire, elle doit nécessairement faire le mal, ou des consommateurs, ou des marchands et artisans; car il n'y a qu'une chance pour que le nombre convenable et le nombre légal se rencontrent, et il y en a mille pour qu'ils ne s'accordent pas. Si le nombre des maîtrises, ou celui des marchands, est fixé par un statut au-dessous de ce que demande le marché pour lequel ils travaillent ; ce marché n'étant pas suffisamment fourni, ceux qui le pourvoient seront les maîtres d'élever le prix relatif de leurs ouvrages au-dessus du prix intrinsèque, et d'augmenter ainsi les dépenses de la nation. C'est ce qui arrive à l'ordinaire, puisque les marchands sont presque toujours les Législateurs de leur propre corps, et que leur avantage se trouve dans cette disproportion ; mais il arrive aussi quelquefois que le marché d'un métier se resserre, le nombre des consommateurs dont le prix relatif est égal au prix intrinsèque du producteur allant en diminuant, soit que de nouvelles fabriques se soient établies plus à leur portée, que les transports soient devenus plus dispendieux, ou que la mode ait abandonné cette branche particulière de consommation. Dans ce cas les producteurs seront trop

nombreux comparativement aux consommateurs, et la législation des maîtrises retar-
dera le rétablissement de l'équilibre, en les
attachant à leur corps, et en leur fermant
l'entrée des autres professions. Ils sont donc
forcés de travailler pour quelque chose de
moins que le prix intrinsèque, et par conséquent de souffrir de la misère ; en même
tems que par la suppression de leurs profits
légitimes, ils privent la nation d'une partie
de ses revenus. En fixant le nombre de
ceux qui exercent chaque métier, on l'empêche donc de se proportionner à ce que
l'intérêt des consommateurs, celui des classes productives, et celui des artisans eux-
mêmes auroient demandé.

On peut dire, il est vrai, qu'en restrei-
gnant le nombre des maîtres, on ne fixe pas
toujours celui des ouvriers, lequel s'accroît
ou diminue proportionnellement aux besoins
du marché : c'est-à-dire, que l'on fait
deux classes des artisans, l'une qui profite de tous les accroissemens du marché,
et l'autre qui souffre de tous les accidens
qui le diminuent. Les maîtres obtiennent un

monopole qui va croissant comme leur marché devient plus étendu, les compagnons
sont exclus de la faculté de partager les
avantages dérivans du crédit que gagne leur
profession. Les inconvéniens attachés aux
maîtrises subsistent en leur entier, par rapport à la société, mais par rapport aux artisans, ils sont partagés inégalement et injus-
tement entr'eux.

Le second motif qu'on a allégué au Législateur pour obtenir de lui en faveur des
corps de métiers le droit d'admettre ou de
rejeter de nouveaux confrères, n'est pas
mieux fondé que celui que nous venons
d'examiner. On lui a donné à entendre, qu'il
étoit nécessaire de repousser tous ceux qui
ne donneroient pas une preuve de leur habileté, en faisant leur chef-d'œuvre; sans
quoi l'on verroit dégénérer rapidement les
arts et l'industrie; et c'est aussi pour cela
qu'on a étayé cette première loi des corps
de métiers, d'une foule de règlemens sur la
manière dont doivent travailler les artisans,
sur les qualités que doit avoir leur ouvrage,
et sur les visites de jurés auxquelles il con-

vient de l'assujettir ; comme si les consommateurs auxquels il est destiné, et qui n'a-
chètent que ce qui leur convient, n'étoient
pas les meilleurs de tous les jurés pour
l'inspection des fabriques.

Les règlemens des fabriques de drap, par
exemple, fixent avec la plus grande préci-
sion, la longueur, la largeur, la qualité
des laines, et le nombre des fils de chaîne
qu'on devra employer dans la fabrique de
chaque ville en particulier ; ils infligent
des amendes pour toute déviation de cet
ordre établi, et chaque règlement contient
un article analogue au § 9 du règlement du
20 Novembre 1708 (3), portant : « les

---

(3) On trouve dans le Dictionnaire du commerce
de Savary, à l'article *règlement*, un recueil très curieux de tous ceux qui ont été donnés en France
pour les manufactures ; presque tous sont rapportés
de nouveau dans le Dict. de la Géog. comm. de Peuchet. Le plus ancien est de l'an 1401, par lettres
patentes de Charles VI. Depuis lui, les Rois de France
continuèrent de tems en tems de donner des règlemens aux manufactures, sur la demande qui leur en
étoit faite par quelque fabricant, dont la réputation

» marchands fabricans et les entrepreneurs
» de manufactures, ne pourront faire d'au-
» tres draps pour le Levant, que ceux des
» qualités portées par le présent règlement.»
Ce qui revient à peu près à dire, il est défendu aux fabricans, soit de profiter des
nouvelles découvertes et du perfectionnement de l'industrie, soit de se conformer au
goût des consommateurs (4).

étoit établie, et qui vouloit écarter la concurrence
de ses rivaux. Mais ce n'est que sous le Ministère de
Colbert que commença vraiment la manie réglémen-
taire. On vit paroître en peu de tems, celui pour la
sayetterie d'Amiens du mois d'Août 1666, en 248
articles ; celui de la draperie royale de Sédan, du 16
Septembre 1666 ; celui d'Elbeuf, du 13 Mai 1667 ;
le règlement général de la draperie du 22 Juillet
1669 ; et plus de soixante autres règlemens, arrêts du
Conseil de commerce ou du Conseil d'Etat, et lettres
patentes, pour enseigner aux fabricans à faire leur
métier, et aux consommateurs à connoître leurs goûts.

(4) Le but que le Gouvernement François s'étoit
proposé d'atteindre par ce règlement, c'étoit de répondre à la confiance des Turcs, et de garantir la
qualité des marchandises munies de l'estampille royale.
Pendant long-tems, en effet, les marchands des

Pour faire des règlemens semblables, on
a consulté l'état actuel des choses, l'on n'a

Echelles achetoient et recevoient sans examen, sur la
seule inspection de la marque, soit les draps, soit la
cochenille, soit l'indigo, qui leur étoient expédiés de
Marseille, mais par la suite, on abusa de cette bonne
foi, et le cachet national fut plusieurs fois employé
comme un instrument de fraude. A une confiance
excessive a succédé dans le commerce du Levant une
défiance qui ne l'est pas moins. Il n'y a aucune apparence que le rétablissement de la marque, et l'observation la plus scrupuleuse du règlement, eussent suffi
pour engager les Turcs à contracter de nouveau en
aveugles; quand l'habitude de tout examiner est une
fois prise, on n'y renonce plus. Au reste, il y a bien
autant d'inconvéniens que d'avantages à cette manière
confiante de commercer: sans doute, elle épargne le
tems des marchands; mais leur tems ne peut jamais
être mieux employé qu'à l'examen et à la critique de
leurs marchandises; c'est cet examen qui réveille le
goût, et qui anime l'industrie; c'est lui qui excite aux
perfectionnemens, c'est lui enfin qui récompense l'habileté et punit la nonchalance. De plus, quelque avantage que l'on pût retirer de cette confiance, le danger de la perdre en entier par la fraude d'un seul
individu, celui de faire dépendre l'honneur national
de la malversation d'un seul inspecteur, suffiroient pour

point ordonné des perfectionnemens qui n'existassent pas, mais l'on a rendu l'art stationnaire, en pourvoyant à ce qu'il ne fît point de pas rétrogrades, et ne cheminât point non plus en avant. Le but avoué de ces règlemens, n'étoit pas seulement d'empêcher que les consommateurs ne fussent dupés par les fabricans, mais aussi d'assurer à ces derniers, qu'il ne s'établiroit point à leur portée quelque nouvelle fabrique, qui en imitant et perfectionnant leurs procédés pût leur faire une concurrence dangereuse. Le Gouvernement dans cette occasion, soutenoit donc contre la nation, non point l'intérêt du commerce, mais celui de quelques fabricans particuliers. Il est dans la nature des manufactures de faire des progrès; celles de France ont prospéré tant que la fortune publique a été en croissant, non point à cause des entraves auxquelles on les avoit soumises, mais en dépit d'elles.

M.ʳ Herrenschwand dans son discours sur la

___

faire redouter un bénéfice auquel une si grande responsabilité seroit attachée.

population;

population , se plaint amèrement du déclin des manufactures quant à la perfection de leur travail. En Angleterre, assure - t - il, elles se détériorent à mesure que les impôts augmentent. Comme beaucoup de gens se plaignent avec lui, de ce que la qualité des étoffes et des autres marchandises devient chaque jour plus mauvaise , il est bon d'examiner ces réclamations. En gé-néral , c'est l'intérêt du fabricant qui invente une étoffe nouvelle, de la rendre fort belle et fort bonne, et de la destiner à la consom-mation des gens les plus riches et du meil-leur goût, pour que ceux-ci lui en payent un prix proportionné à la valeur supérieure de sa marchandise. Tous ceux dont la for-tune est inférieure à celle de ces premiers, veulent cependant les imiter , et se procurer des étoffes qui paroissent semblables à celles qu'ils ont mises à la mode , si elles ne sont pas telles en effet. Pour satisfaire cette se-conde classe de consommateurs, tous les autres fabricans s'empressent d'imiter la manufacture nouvelle , mais d'une manière moins dispendieuse , avec des matériaux

moins bons, et des soins moins exacts ; la
vente de ces étoffes nouvelles devient plus
rapide, celle des plus parfaites se ralentit,
parce que les riches ne veulent plus d'une
marchandise qui ressemble à celle que tout
le monde achète. Il se forme bientôt une
nouvelle manufacture pour eux, et celle
qu'ils ont abandonnée trouve souvent plus
profitable, de faire elle-même, comme les
autres, la contrefaçon de son premier ouvrage, et de travailler pour la masse du
Peuple, que de continuer à mettre beaucoup de soin à sa fabrication. Le Peuple
profite donc toujours, et à bon marché, de
toutes les découvertes qu'on avoit faites dans
les arts pour servir les riches ; tandis que
ceux-ci peuvent toujours trouver des marchandises parfaites, et adaptées à tous leurs
désirs, encore qu'elles ne portent point la
même dénomination que portoient celles
dont s'habilloient il y a cent ans leurs de-
vanciers, et dont s'habillent aujourd'hui les
classes inférieures de la société.

Malgré les déclamations d'Herrenschwand,
on travaille mieux en Angleterre, et avant

la révolution, on travailloit mieux en France, qu'on ne faisoit il y a cent ou deux cents ans. Nos étoffes cependant n'ont point la même durée qu'avoient celles de nos an-cêtres, mais c'est que nos goûts et nos usages ne demandent point que les fabricans don-nent autant de solidité aux tissus qu'ils préparent. Nos modes variant chaque jour, nous ne trouverions aucun avantage à pos-séder des étoffes qui dureroient trente ans, et seroient cependant au rebut dès la se-conde année. Nos fabricans pourroient en produire, si on les leur demandoit, mais ils ne trouveroient jamais assez de chalands disposés à payer l'augmentation de prix que ce perfectionnement de qualité devroit occasionner. Il ne faut point attribuer à nos manufactures un changement qui tient à nos mœurs; il est lié au désir de nous mettre plus à notre aise, et de consulter chaque jour la mode régnante, notre goût et notre commodité.

Si les règlemens du commerce pouvoient obliger nos fabricans à donner à leurs étoffes la même force et la même durée, qu'on leur donnoit il y a un siècle ou deux, ils rendroient un très mauvais service aux consommateurs, car ils les forceroient à payer une qualité qui leur seroit inutile. Mais quoique les statuts puissent forcer les fabricans à tisser leurs étoffes selon certaines règles, ils ne peuvent les obliger à leur donner un degré déterminé de bonté. Il y aura toujours le même nombre de fils de chaîne et de trame, la même lisière, et des laines de même dénomination, mais l'on n'apportera point le même soin à toutes les opérations préparatoires, et l'on employera à éluder le règlement pour faire mal, l'étude qui auroit suffi pour mieux faire. Toutes les entraves que l'on peut mettre aux arts s'opposent bien plus à leur perfectionnement qu'à leur décadence; il faut les violer pour faire quelque chose de nouveau et de mieux, mais il suffit de les éluder pour mal faire. La seule intention de l'artisan, lorsqu'il perfectionne son métier, c'est de s'en faire un mérite auprès du consommateur; s'il doit lui cacher ce perfectionnement, il se gardera bien d'y prétendre.

Lorsque le commerce et l'industrie sont libres, chaque artisan emploie toute son énergie, à perfectionner son art, en mettant en œuvre des procédés nouveaux, soit pour produire en qualité égale à meilleur marché que les autres, ou pour produire à égalité de prix des marchandises d'une meilleure qualité; peu importe que dans cette intention, il dénature les marchandises des anciennes fabriques, car il ne perdra jamais de vue les besoins et les goûts des consommateurs, puisque son unique but est de leur vendre. Ceux-ci savent sans doute beaucoup mieux ce qui convient à chacun d'eux, que le Souverain, et s'ils ont besoin de draps dont les uns aient une aune et demie de large, et les autres seulement une aune, il n'est point nécessaire que les règlemens ordonnent la fabrication des premiers à Sédan, des seconds à Elbeuf; il n'est pas douteux que sur la demande du consommateur, on n'en fasse de la largeur qui sera la plus commode, sans que l'autorité du Gouvernement s'en mêle : car le marchand ne pourra vendre que ce qui conviendra aux consommateurs, et celui qui aura mal consulté leurs goûts et leurs besoins, restera chargé de sa marchandise. Le chef-d'œuvre de l'artisan n'est pas plus utile que les statuts réglementaires du commerce; celui qui contente ses pratiques, est plus sûrement un bon ouvrier, que celui qui a obtenu l'approbation des Jurés; celui au contraire qui ne sait pas satisfaire leurs goûts, eût-il fait le chef-d'œuvre le plus applaudi, doit réformer son travail, s'il veut être un membre utile de la société. Laisser les ouvriers dans l'obligation de consulter sans cesse la volonté du public, c'est le moyen le plus sûr de les voir s'y conformer toujours, et perfectionner par conséquent toujours plus leur métier.

Il y a cependant quelques exceptions à faire à cette règle, quant à ceux des métiers qui n'intéressent pas seulement celui qui les paye, mais encore la sûreté publique; par exemple, le Souverain peut fort bien mettre obstacle à ce que l'on bâtisse d'une manière légère et peu solide, encore que le propriétaire du sol consentît à élever une maison qui ne fût point faite de manière à pouvoir durer, parce que nul citoyen ne peut acheter le droit de mettre en danger la vie d'autrui, en exposant la sienne au même risque. Les règlemens commerciaux qui ont pour but de maintenir la sûreté publique, et de pourvoir à ce que ceux des ouvrages qui pourroient la compromettre soient bien exécutés, ne sont donc point contraires à la liberté du commerce.

On peut faire le même raisonnement à l'égard de certaines professions, auxquelles il convient d'attacher le sceau de la confiance nationale, parce que ceux qui ont recours à leur assistance ne pourroient que difficilement connoître si ceux qui les exercent méritent la confiance des particuliers. C'est ainsi qu'il est bien, que l'autorité Souveraine donne une certaine garantie de l'honnêteté des notaires, de celle des orfévres, et peut-être de celle des agens de change; tout comme de l'habileté des médecins, chirurgiens, et apothicaires. Lors même que de semblables règlemens assureroient à ceux qui exercent ces professions, les moyens de se faire payer un prix de monopole, il vaudroit mieux se soumettre à cet inconvénient, que de sacrifier la sûreté générale , car celle-ci est plus importante encore que la richesse de la nation.

Comme l'abolition de toutes les maîtrises a signalé l'époque à laquelle a commencé le déclin de toutes les manufactures françoises, on a pris occasion de cette coïncidence d'é-vénemens, pour accuser de leur ruine la seule loi qui contribuât à les soutenir , tandis que toutes les causes de ruine sembloient conju-rées contr'elles. Après l'épouvantable dilapi-dation des capitaux françois , ceux qui de-meuroient employés dans les manufactures, ne pouvant plus suffire à les maintenir, il fallut bien , pour satisfaire aux besoins des consommateurs auxquels on interdisoit l'u-sage des marchandises étrangères , sacrifier la perfection du travail à la quantité, et s'efforcer de produire beaucoup , plutôt que de bien produire. Toutes nos manufactures nationales se sont abatardies depuis la révo-lution , il est vrai; mais elles ont consulté en cela l'intérêt national, altéré comme il l'étoit par le régime prohibitif des douanes;

car puisque nous nous étions rendus pauvres, il falloit bien faire en sorte que le peu
qui nous restoit pût nous suffire.

Il est fort douteux que lors même qu'on
auroit conservé dans toute leur vigueur les
statuts réglémentaires des corps de métiers,
on eût pu empêcher toutes les manufactures de s'abatardir, après que les assignats,
le maximum, et les requisitions, les avoient
ruinées. Ce que l'impérieuse nécessité commande, toute la puissance du Législateur ne
l'empêche pas. Mais l'on auroit détourné une
partie du capital mercantile, pour soutenir
au delà des besoins actuels de la nation,
quelques-unes de ses manufactures de luxe,
sans parvenir à leur conserver tout leur
éclat, l'on auroit retardé leur chute; et l'on
auroit en même tems augmenté les dépenses
nationales, diminué les revenus, et retardé
le moment où de nouvelles économies permettront à la nation de ramener ses ateliers
à tout le lustre qu'ils avoient au tems de sa
richesse.

Lorsque l'on se rappelle le compte ef-
frayant de la dilapidation de la fortune pu-

blique, et que l'on voit après ses désastres ; qu'il reste encore à la France tant de fabriques en activité, et une si grande masse de travail productif mise en mouvement, loin d'accuser les loix qui ont en partie affranchi le commerce, l'on doit convenir avec reconnoissance, que c'est à cet affranchissement partiel, à la liberté de la circulation intérieure, à l'abolition des apprentissages et des maîtrises, que nous devons le degré de prospérité dont nous jouissons encore, et qui est fort supérieur à celui que le calcul nous auroit pu faire espérer. Car telle est la force de l'industrie nationale, qu'elle réagit contre les calamités qui l'atteignent, et que pourvu qu'on n'enchaîne pas son énergie, elle répare bientôt les maux que l'impéritie, les désastres ou la tyrannie des Gouvernemens ont occasionnés aux nations.

CHAPITRE VI.

Des Compagnies de commerce.

Il est probable que le Législateur, lorsqu'il sanctionnoit les règlemens des douanes, des apprentissages et des jurandes, ne se rendoit pas à lui-même un compte bien clair de l'effet de ses loix, et ne savoit pas qu'il établissoit un de ces monopoles, contre lesquels l'opinion publique a sévi depuis long-tems, puisque le nom même de monopoleur a toujours reçu dans notre langue une acception défavorable. Mais lorsque le même Législateur a créé des Compagnies de commerce, revêtues d'un privilége exclusif, il semble difficile qu'il ait pu se dissimuler qu'un privilége exclusif et un monopole étoient une seule et même chose. Il l'a fait cependant, et paroît hésiter s'il doit le faire encore, le moment est donc venu de discuter de nouveau les avantages et les inconvéniens de ce quatrième monopole, le plus resserré et le plus sévère de tous.

Certaines entreprises commerciales ne peuvent être exécutées que par des capitaux très considérables ; ceux d'un particulier, ni même ceux d'une société de quatre ou cinq négocians, ne suffisent pas pour les suivre : il a donc fallu pour qu'on pût s'y livrer, qu'il se formât des compagnies d'actionnaires, qui, mettant en commun une somme très forte, et soumettant leurs intérêts à une Direction nommée par eux, agissent avec le fonds commun, comme l'auroit fait un seul négociant. Jusque-là une pareille association a fort bien pu être la suite de la liberté du commerce, et non pas le résultat de ses entraves.

Mais une société d'actionnaires n'agit jamais avec la même économie ni la même intelligence que peut le faire un seul négociant ; l'intérêt d'un Directeur ou d'un Conseil de direction au succès des entreprises mercantiles n'est point si immédiat, ni par conséquent si vif ; son attention n'est point si soutenue, que celle d'un négociant qui agit pour lui-même. Plus la Compagnie est riche et puissante, plus les petits détails d'économie paroissent au-dessous de sa Direction, plus aisément on parvient à lui faire considérer comme mesquine, une attention minutieuse aux intérêts qui lui sont confiés : plus aussi les Directeurs sont des personnages importans dans l'Etat, et plus ils se trouvent incapables d'une application soutenue sur les détails, et d'un travail habituel, plus d'autre part ils se croient obligés à soutenir l'honneur du corps qu'ils représentent par leur dépense et leur faste. Cependant les succès les plus éclatans du commerce ne sont composés que de petites épargnes et de petits profits. Lorsqu'à cette accumulation continuelle de petits avantages, on substitue une succession continuelle de petites pertes, sur lesquelles la Direction se fait un devoir de fermer les yeux, tous les profits de l'entreprise doivent disparoître, et la Compagnie doit même se trouver en danger de faire banqueroute, à moins que le Législateur ne vienne à son secours, en lui donnant par un privilége exclusif, le droit d'augmenter indéfiniment son profit aux dépens des consommateurs, pour lesquels tout le profit de monopole de la Compagnie est une perte.

Parmi les entreprises qui demandent des capitaux très considérables, et qui ont donné lieu à la formation de Compagnies, il en est quelques-unes dont toutes les opérations sont si simples, et peuvent se soumettre à une règle tellement uniforme, que la Direction quoique moins disposée à l'attention et à l'économie que ne le seroit un négociant particulier, se conduit cependant à peu près, comme il auroit fait. Dans ce cas-là l'avantage que donne à la Compagnie son immense capital, compense pour elle les inconvéniens attachés au faste et à l'inattention de ses Directeurs; en sorte que sans avoir ni monopole, ni privilége exclusif, encore que ses profits ne soient réglés que sur le taux ordinaire du profit mercantile, la concurrence que lui font d'autres entrepreneurs ne l'expose point à faire banqueroute. Telles sont par exemple les Compagnies de banque, celles d'assurances, celles qui se chargent en commun de quelque grand ouvrage, et quelquefois même celles qui entreprennent l'exploitation d'une mine.

Lors même que le commerce qu'une Compagnie a entrepris, est d'un autre genre, s'il est réellement de nature à ne pouvoir être soutenu que par les fonds réunis d'une société d'actionnaires, la Compagnie possède toujours un monopole de fait, bien qu'elle ne l'ait pas de droit; car elle n'a point à craindre la concurrence des marchands particuliers, qui se trouvent dans l'impossibilité de suivre le même commerce qu'elle : la seule qu'elle puisse redouter, c'est celle d'une autre Compagnie formée à son imitation; mais s'il n'y en a que deux ou trois dans un État, elles trouveront bien mieux leur compte à se liguer contre les consommateurs, qui dépendront d'elles, qu'à lutter pour le profit de ceux-ci les unes contre les autres. Cependant il est arrivé fréquemment que des Compagnies qu'on avoit affirmé être seules propres à certain commerce, celle des Indes en particulier, ont eu beaucoup à souffrir de la concurrence que leur faisoient des négocians indépendans; preuve évidente que le commerce qu'elles entreprenoient pouvoit s'exercer avec des fonds moins considérables que ceux d'une société d'actionnaires, dès que des armateurs particuliers pouvoient envoyer aux Indes des vaisseaux interlopes, et faire le même négoce qu'elles.

Une Compagnie qui se forme et qui subsiste sans privilége exclusif, n'est accompagnée d'aucun inconvénient; elle ne détourne point les capitaux d'un commerce vers un autre, elle ne peut naître que lorsque l'utilité publique demande l'existence du commerce qu'elle embrasse, en élevant le prix relatif libre des marchandises qui en sont l'objet au niveau de son prix intrinsèque : encore qu'une certaine dissipation soit toujours la conséquence de l'administration d'une Compagnie fort riche, la concurrence que peuvent lui faire d'autres Compagnies, ou même des particuliers, met des bornes à ces dépenses et à cette dilapidation. Si elle la porte assez loin pour contrebalancer les avantages que doivent lui procurer la supériorité de ses

capitaux,

capitaux, la perte immédiate qui en est le résultat, rappelle l'attention des actionnaires sur les vices de l'administration, et les presse de la corriger ; en sorte que par cela même que la Compagnie est libre, elle peut mieux supporter la liberté. Mais si au contraire la société jouit d'un privilége exclusif, comme elle renchérit ses marchandises, en raison des pertes que lui font éprouver les voleries ou les dissipations de ses agens ; les actionnaires demeurent fort long-tems sans s'appercevoir des abus qui se sont introduits dans l'administration, ils leur laissent jeter de profondes racines, et lorsqu'ils commencent à leur tour à en souffrir, ils ne se trouvent souvent plus en moyens de les réprimer.

Un privilége exclusif accordé à une compagnie d'actionnaires, revient à peu de chose près à une autorisation pour ses agens, de pousser sans scrupule leurs dilapidations, leur inattention, et même leurs voleries, jusqu'au dernier terme ; dans l'assurance que ce ne seront point les actionnaires, mais les consommateurs, qui en souffriront ; et

que quels que soient les vices des Directeurs,
la nation en supportera les conséquences,
et non point ceux qui leur auront confié
leurs intérêts. Il arrive cependant, il est
vrai, un terme auquel les profits, même des
monopoleurs, ne peuvent suffire pour couvrir tant de voleries et de dilapidations;
alors la Compagnie fait banqueroute, et les
actionnaires se ruinent, tandis que leurs
agens s'enrichissent; mais lors même que
le désordre est arrivé à ce point, on ne
peut guère espérer de le voir se corriger;
l'intérêt personnel des gens qui profitent du
maintien des abus, a plus de pouvoir pour
les maintenir, que l'intérêt froid et éloigné
de ceux des actionnaires qui ne veulent
que le bien, n'en a pour les détruire.

Il y a lieu de croire que de toutes les
Compagnies qui ont existé jusqu'ici, celle
où les dilapidations des agens et des facteurs
ont été poussées le plus loin, est la Compagnie Angloise des Indes Orientales, qui possédant le monopole de presque toute l'Europe, faisant le commerce le plus vaste
qui jamais ait été fait sur un capital réuni,

joignant aux profits de ce commerce, les revenus d'un des Empires les plus étendus, les plus riches et les plus peuplés de l'Univers, dont elle est souveraine dans l'Indostan, se trouve cependant presque toujours au-dessous de ses affaires, et est plus souvent dans le cas de solliciter les secours de la trésorerie, que d'offrir des dividendes aux actionnaires. Mais sans avoir besoin d'aller chercher nos exemples au dehors, l'histoire des Compagnies Françoises, depuis la première fondée le 26 Mai 1664 jusqu'à nos jours, n'est qu'un tissu de pertes, et de faillites, occasionnées, si ce n'est par les voleries, du moins par l'ignorance, l'imprudence, et l'incurie de leurs divers Directeurs.

Les lettres patentes expédiées à Vincennes, et vérifiées en Parlement le 1er Sept. 1664, pour l'établissement de la Compagnie des Indes Orientales (1), lui accordent les

_____

(1) Il y avoit eu avant cette Compagnie-là, deux autres priviléges exclusifs accordés pout le commerce de l'Inde, l'un en 1604 qui expira en 1627, l'autre

plus brillans priviléges. Le Roi renonçoit
en sa faveur à la possession de Madagascar,
outre qu'il lui cédoit celle des conquêtes
qu'elle pourroit faire ; il exemptoit de tous
droits les marchandises sur lesquelles elle
ne feroit qu'un commerce de transport, et
ne soumettoit qu'à la moitié des droits d'entrée, celles qu'elle importeroit pour la consommation du Royaume ; il lui permettoit
l'exportation du numéraire, alors interdite
à tout autre ; il lui promettoit 5o liv. par
tonneau de gratification, pour les marchandises que ses vaisseaux porteroient dans les
pays de sa concession, et 75 liv. pour celles qu'ils en rapporteroient, et décharge-
roient dans le Royaume ; enfin il lui avan-
çoit entre la première époque de son établissement, et le 21 Septembre 1668, la

---

en 1642, renouvelé en 1652. Mais ces deux Compagnies pour le commerce de l'Inde n'entreprirent jamais une seule expédition, elles n'eurent d'autre effet
que d'empêcher pendant tout cet espace de tems les
commerçans de se livrer à cette branche de trafic.
(Mém. hist. et pol. sur le commerce de l'Inde, par
Garonne aîné, p. 37.)

somme de quatre millions, remboursables dans dix ans sans intérêt, et sur lesquels il consentoit à supporter toute la perte que feroit la Compagnie, si ses spéculations étoient malheureuses. Avec tant d'avantages, elle ne cessa de déchoir, jusqu'à l'époque, où en 1708 elle céda son privilége à des armateurs de St. Malo. Le 13 Mars 1675 le Roi l'avoit déchargée des quatre millions qu'elle lui devoit; on fit à plusieurs reprises des appels aux actionnaires pour augmenter ses fonds, qui lors de l'établissement de la Compagnie étoient de huit millions, et qui durent être portés à quinze par ces appels. En 1684 il se trouva cependant qu'ils ne montoient plus qu'à 3,353,966 liv. Malgré un nouveau supplément de 728,975 liv. demandé aux actionnaires, et un autre de 320,000, au mois d'Avril 1687, ses fonds à cette dernière époque ne se trouvèrent monter qu'à deux millions cent mille livres. En 1701 elle obtint du Roi un prêt de 850,000 liv., de ses Directeurs une nouvelle mise en fonds de 800,000 liv.; et des actionnaires un supplément de cinquante pour cent. Cependant

V 5

lors de sa réunion en 1719 à la Compagnie d'Occident, son passif surpassoit son actif de plus de dix millions. On peut donc estimer à plus de trente millions la dissipation de capitaux nationaux qui a été faite par cette première Compagnie des Indes, par delà tout le profit de monopole qu'elle faisoit sur les marchandises qu'elle vendoit, et qui équivaloit à un impôt sur la consommation des sujets de l'État (2).

On seroit disposé à croire en voyant faire une perte si énorme à une Compagnie revêtue de priviléges si avantageux, que le commerce qu'elle entreprenoit étoit de sa nature si dangereux et si peu profitable, que toutes les gratifications du Roi ne pouvoient compenser les risques qui lui étoient attachés; on se tromperoit fort cependant; c'étoit l'entreprise de conquérir, gouverner, et trafiquer tout ensemble, qui le rendoit ruineux.

---

(2) On peut consulter sur les Compagnies de commerce la dissertation de Jaques Savary des Bruslons, imprimée à la suite de son Dictionnaire de commerce, Tom. IV. édit. in-fol. de 1750, p. 1075.

Il n'appartient point aux mêmes personnes de se charger d'opérations aussi contraires, et qui demandent une tournure d'esprit si différente. Aucune assemblée au monde n'est moins propre à exercer la souveraineté qu'une assemblée de marchands, et aucune société n'est moins propre à réussir dans le commerce qu'une compagnie de Souverains. Dans le tems même où la plus ancienne Compagnie des Indes s'épuisoit par des guerres désastreuses, des interlopes, particulièrement de Saint-Malo, qui outre tous les obstacles que la Compagnie elle-même rencontroit dans les Indes, avoient encore à lutter contre la jalouse vigilance de ses facteurs, et contre toute la rigueur des ordonnances à leur retour en France, faisoient cependant avec l'Inde le commerce le plus lucratif. Ils voulurent lui donner plus de consistance, en acquérant d'elle-même le droit d'y négocier, ils l'achetèrent à des conditions fort onéreuses, abandonnant à la Compagnie quinze pour cent du produit de la vente des marchandises qu'ils tireroient de l'Inde, s'engageant à porter pour son compte sans payement d'aucun frêt dix tonneaux de marchandises des Indes par vaisseau, et cédant à la Compagnie la prime que le Roi accordoit pour chaque tonneau employé à ce commerce (3). La prospérité de ces marchands eut pour terme, celui de leur indépendance ; dès qu'ils eurent acquis de la consistance et des priviléges exclusifs, ils commencèrent à leur tour à déchoir.

La seconde Compagnie des Indes, greffée sur celle d'Occident, est la plus puissante de toutes celles que la France a vu naître. Elle fut créée pour le commerce du Mississipi au mois d'Août 1717, et son privilége enregistré au Parlement le 6.º de Septembre. Dès son origine, son capital s'étoit élevé à cent millions. Au 12 Octobre 1719 il arrivoit à trois cents millions, somme à laquelle un arrêt du Conseil le fixa. C'étoit l'époque

---

(3) Voyez le traité du 4 Janvier 1698, fait avec le sieur Jourdan et ses associés pour le commerce de la Chine, homologué par arrêt du Conseil du 22 Janvier ; et le traité de Décembre 1708 avec Crozat et compagnie, homologué par arrêt du 15 du même mois.

du Système, et de cette étrange fureur d'agiotage qui s'étoit emparée de la nation; l'un des événemens les plus remarquables de l'histoire du commerce du monde. L'on vit alors les actions de la Compagnie, connues sous le nom d'ancien Occident, se vendre, jusqu'à 1900 pour cent de leur valeur. Elle profita de cette courte prospérité qui n'avoit aucune base réelle, pour faire au Roi en divers payemens un prêt de seize cents millions, au moyen duquel il acquitta les dettes de l'État. Lors de la chute rapide du Système, conséquence nécessaire d'un accroissement qui avoit tenu de la folie, le Gouvernement, soit comme débiteur de la Compagnie des Indes, soit comme protecteur des milliers de particuliers qui lui avoient confié leur fortune, fit les plus grands sacrifices pour la soutenir. L'édit du Roi, de Juin 1725, pour la décharge de la Compagnie des Indes, contient des quittances et des règlemens de compte pour des sommes effrayantes : tantôt ce sont trois milliards soixante et dix millions desquels la Compagnie est dispensée de rendre compte,

tantôt cinq cent huitante-trois millions dont
le Roi lui fait don, tantôt la rétrocession
de cinquante millions d'actions appartenan-
tes à Sa Majesté. Or, il y a treize articles
de ce genre, qui peuvent donner une idée
de la fureur à laquelle l'agiotage s'étoit
porté, et de l'immense capital sur lequel
la nation avoit joué avec tant d'extravagance.

La Compagnie des Indes une fois délivrée
du système monstrueux auquel elle s'étoit
trouvée associée, resta propriétaire d'un capital prodigieux, et réunit en même tems
le monopole accordé à toutes les Compagnies
qui l'avoient précédée, savoir, celle d'Occident, celle des Indes, celle de la Chine,
celle de Guinée, celle du Sénégal, celle de
la Louisiane et du Castor, et celle des côtes
de Barbarie ; on lui céda à la même époque
le monopole du tabac, et celui du café (4).
Avec de si grands fonds et de si grands priviléges, la Compagnie des Indes soutint assez

---

(4) Voyez l'Edit du Roi, de Juin 1725, portant
confirmation des priviléges et concessions de la Compagnie des Indes.

long-tems un commerce prospérant; la guerre
la ruina cependant à son tour, et en 1769
le Gouvernement se vit forcé de la supprimer (5).

Après avoir laissé pendant seize ans le
commerce de l'Inde libre à tous les François, le Gouvernement prit en 1785 le parti
d'établir une troisième Compagnie des Indes,
également revêtue d'un privilége exclusif :
la révolution et la guerre maritime n'ont
pas laissé poursuivre long-tems cette nouvelle expérience (6).

_____

(5) Les talens militaires de Dupleix et de la Bour-
donnaie avoient procuré à cette Compagnie le même
genre de succès qu'a obtenu depuis la Compagnie Angloise; les François leur durent l'acquisition d'une
étendue de six cents milles de pays, et les revenus de
leur territoire arrivèrent à douze millions; cependant
en 1763 la détresse de la Compagnie étoit déjà extrême, et les six années de paix qui s'écoulèrent
jusqu'à sa suppression, loin de lui donner les moyens
de se rétablir, ne firent qu'assurer sa ruine.

(6) La liberté fut rendue au commerce de l'Inde
par un décret de l'assemblée constituante du mois de
Mai 1790.

Le nombre des Compagnies qui ont été successivement revêtues de priviléges exclusifs en France, est très considérable; toutes ou presque toutes ont fait banqueroute. Je viens d'en nommer sept qui furent réunies à la Compagnie des Indes, et qui toutes étoient dans un état de décadence et de ruine, lors de leur réunion; il y en avoit déjà eu beaucoup d'autres précédemment supprimées, comme celles de l'Assiente, du Cap verd, de la mer du Sud, de la baie d'Hudson, de l'Acadie, du Levant, du Nord, de St. Domingue, etc. Tant d'expériences devroient suffire pour dégoûter de l'établissement de priviléges, toujours onéreux à ceux qui payent le monopole, et qui ne se sont presque jamais trouvés avantageux à ceux qui l'ont perçu.

On n'a point à craindre, je pense, de voir rétablir des Compagnies à privilége exclusif pour le commerce de l'Amérique, des côtes d'Afrique, des échelles du Levant, ou de la mer du Nord. Les réclamations de nos Colonies, et celles des commerçans françois s'y opposeroient trop sans doute. Mais il n'est pas également certain, qu'on ne forme point de Compagnie pour les Grandes-Indes, l'exemple des autres nations pouvant à cet égard faire illusion au Gouvernement ; ce n'est donc qu'à l'examen de celle-là que nous devons nous arrêter à présent.

Le seul but raisonnable que l'on puisse supposer à un Gouvernement, pour fonder une Compagnie, est celui d'attirer la nation à un commerce qu'elle auroit négligé sans cela. Or celui qu'on fait avec des nations barbares, demande une avance de capitaux, pour former au milieu d'elles des établissemens susceptibles de défense, sans lesquels les facteurs et les agens du commerce seroient sans cesse exposés à demeurer victimes des révolutions des peuplades féroces au milieu desquelles ils pourroient se trouver. Les forts, les garnisons, et tous les postes militaires établis dans des pays éloignés pour y protéger le commerce national, devroient sans doute toujours relever du Pouvoir Exécutif, et être maintenus par lui ; mais l'on comprend que celui-ci a pu préférer de laisser au commerce, au profit

duquel ils étoient destinés , le soin de
faire les premiers frais de leur établissement. Sous ce point de vue un privilége
exclusif accordé pour un tems limité, à
une Compagnie qui entreprend un commerce
de ce genre , peut se défendre en politique;
encore qu'il en résultât pendant sa durée
le renchérissement des denrées que la nation
tireroit de ce commerce; c'est un sacrifice
une fois fait , pour obtenir par la suite un
avantage ; mais cet avantage ne commen-
ceroit pour la nation , que du moment où
le commerce seroit rendu libre , et où la
Compagnie arrivée au terme de son privilége , remettroit entre les mains du Pouvoir Exécutif ses forts et ses factories. Le
commerce à la Baie d'Hudson, par exemple,
avoit peut-être besoin pour s'établir , de
Compagnies exclusives.

Mais aujourd'hui les Européens ont des
établissemens chez toutes les nations dont
le commerce peut être avantageux, et qui
ne sont pas assez policées, pour qu'on puisse
traiter directement avec elles ; et le commerce des Indes a besoin moins qu'aucun

antre d'être soutenu par de semblables moyens. La ville de Pondichery qui est rendue à la France par le traité de paix, peut, si on la change en port franc, devenir entre ses mains le marché de l'Inde entière. Les Colonies des Isles de la Réunion, dont la conservation en cas d'une nouvelle guerre est plus assurée que celle de Pondichery, sont dans un état assez florissant, pour devenir, aussi bien que cette ville, un des entrepôts généraux du commerce de l'Inde. Les négocians qui s'y sont déjà établis, et ceux qui s'y établiront encore, si le commerce est complétement affranchi, seront assez rapprochés de l'Inde, pour entretenir des relations habituelles dans tous ses ports. Peut-être réussiront-ils à attirer jusque-là les navigateurs Indiens : quoi qu'il en soit, les François établis soit dans ces Colonies, soit dans l'Inde même, sont presque assurés, avec l'aide de la liberté, d'éluder les priviléges exclusifs des Compagnies de toutes les autres nations, et de faire en dépit de toutes leurs précautions, le commerce interlope avec tous les sujets des Européens dans les

Indes. Les vaisseaux marchands qui partiront des ports de la France, n'auront point besoin d'aller tous jusqu'aux Indes, pour y disposer de leur cargaison, et en rapporter une en échange : souvent ils trouveront plus d'avantages à se pourvoir aux Isles de la Réunion, tandis que les habitans de ces Isles, mettront toute leur activité à exercer le commerce d'Inde en Inde, et à resserrer leurs relations avec Pondichery. Le capital de ce commerce divisé entre deux entrepôts, circulera avec plus de rapidité, et sera plutôt remplacé ; les François avec des possessions très limitées dans l'Inde, y feront le commerce d'une manière plus avantageuse, que les nations qui y possèdent une vaste étendue de pays, parce que le prix intrinsèque de leurs marchandises ne sera point augmenté par la profusion et les fausses dépenses, qui sont une conséquence nécessaire de l'administration des grandes Compagnies : il ne seroit point étrange de leur voir dans peu d'années vendre aux Anglois eux-mêmes, les produits du Bengale et de Surate, à meilleur marché que ne le fait

la

la Compagnie angloise, et forcer ainsi celle-
ci à renoncer à son privilége ; puisque les
François auroient contre toutes les autres
nations de l'Europe le même avantage qu'ont
dans un même pays les interlopes contre
les Compagnies privilégiées, avantage qui
ne seroit accompagné d'aucun des risques
que courent ces derniers. Or l'exemple de
toutes les Compagnies trafiquant aux Indes,
a démontré que ces riches sociétés ne pouvoient soutenir la concurrence des particuliers entreprenans et actifs, qui faisoient en
fraude le même commerce, et qu'elles devoient succomber en luttant contr'eux, si
elles ne s'appuyoient de toute la sévérité
des loix.

L'affranchissement du commerce de l'Inde,
en augmentant les forces que les François
pourroient opposer aux nations qui n'y
jouissent pas du même avantage, tendroit
donc à leur en assurer la plus grande part,
du moins autant que leurs capitaux pourroient y suffire. Mais dans le système que
suit actuellement le Gouvernement par rapport au commerce, lui convient-il de fa-

voriser celui de l'Inde ! l'on peut à bon droit s'étonner des encouragemens que lui ont donné les Peuples qui avoient embrassé le système mercantile, puisque ce commerce est absolument opposé à ses maximes. Il consiste en dernière analyse à échanger le numéraire de l'Europe contre les marchandises ouvrées des tropiques : les mêmes règles qui ont dicté la législation des douanes, condamnent un négoce qui diminue la quantité de numéraire , et qui augmente et chez nous , et dans les marchés de l'Europe pour lesquels nous travaillons, la quantité de marchandises qui doivent faire concurrence à celles qne nous produisons. L'on ne peut répondre à ces objections qu'en admettant avec Adam Smith, les deux maximes que j'ai cherché à développer dans cet ouvrage, et qui sappent dans ses fondemens le système mercantile ; savoir, qu'il n'est point de l'intérêt des nations que la quantité de numéraire soit accrue par le commerce, mais qu'au contraire il est à désirer que l'exportation absorbe le surplus de production des mines de l'Amérique. 2.° Que

l'intérêt de chaque nation est le même que
celui de ses consommateurs, et qu'il vaut
mieux acheter bon marché au dehors que
de faire chèrement chez soi (7).

D'après ces deux maximes nous trouverons, que le commerce de l'Inde est aussi

---

(7) Le principal champion des priviléges des Compagnies pour le commerce des Indes, Mr. Blanc de
Volx, étant lui-même partisan du système mercantile,
raisonne d'une manière très conséquente à ses principes, lorsqu'il déclare ce commerce nuisible pour la
France, et qu'il propose l'établissement d'une Compagnie, non pour le favoriser, mais pour le restreindre; seulement il seroit plus conséquent encore de
l'interdire complétement. Au reste, il seroit difficile
de comprendre comment on appelleroit, selon son
désir, les fonds des capitalistes et non ceux du commerce à de pareilles entreprises, puisque les capitaux
enlevés à la France seroient toujours arrachés directement ou indirectement à son commerce. Je n'entreprendrai point de répondre à ses autres argumens en
faveur d'une Compagnie, ils sont tous liés au système
mercantile, et tombent tous avec lui. Comme nous
partons de principes contradictoires, il seroit impossible de parvenir par une discussion aux mêmes résul-
tats. Voyez le Chap. XII. de l'Etat commercial de la
France. T. II. p. 208.

X 2

bien que tout autre, avantageux aux nations Européennes, lorsqu'elles sont mûres pour le faire ; c'est-à-dire, lorsque leurs capitaux ayant rempli les premières voies de la circulation, cherchent au dehors un nouvel emploi, un profit mercantile et un revenu, qu'ils ne pourroient plus obtenir dans le marché intérieur.

Les François sont trop épuisés par leurs pertes récentes, pour pouvoir employer si loin d'eux des capitaux très considérables, sans que la production intérieure en souffre. Cependant il y a lieu de croire que la liberté du commerce donneroit une très grande activité à notre navigation dans les Indes, sans que le capital national en souffrît beaucoup. Dès que l'on sauroit en Europe, que l'on pourroit faire de Brest, de Nantes, de l'Orient, de Saint-Malo, des armemens particuliers et indépendans pour l'Inde ; des capitalistes Anglois et Hollandois, qui ne peuvent négocier en droiture avec ce riche pays, viendroient s'établir dans ces diverses villes, et y faire des chargemens sur fonds françois, le seul qui les

mît à couvert des vexations des Compagnies
de leur nation, pour participer à un commerce, qui en raison du monopole, donne
aujourd'hui à ce que l'on assure, des bénéfices de deux et trois cents pour cent. La
navigation françoise seroit animée par leurs
capitaux, avantage qu'on doit considérer
sous son rapport militaire, autant que sous
son rapport économique; leurs richesses se
répandroient dans les ports qu'ils viendroient
habiter, et la France profiteroit bientôt
assez de leurs économies, pour pouvoir se
passer d'eux.

Le monopole des Compagnies n'a pas les
mêmes effets sur des nations qui ne sont
point au même degré de prospérité. Les
Anglois et les Hollandois, qui ont des capitaux immenses, et fort supérieurs à leurs
besoins, sont empêchés par le monopole
d'en appliquer autant au commerce des Indes, qu'ils le feroient sans cela; aussi sai-
siroient-ils les occasions indirectes de s'y
livrer, aussitôt qu'elles leur seroient offertes;
les Suédois et les Danois au contraire, qui
ont aussi des Compagnies des Indes, voient

X 3

partie de leurs capitaux nationaux attirés
par ce monopole dans un canal, dans lequel
ils ne seroient jamais entrés naturellement.
Il est très probable que ces deux nations
encore pauvres, n'auroient jamais envoyé un
vaisseau aux Indes, si leur Gouvernement
n'avoit pas encouragé la formation de Compagnies destinées à y commercer. Le monopole qui détruit l'équilibre de deux manières si différentes, pour les nations pauvres et les nations riches, fait tort aux unes
et aux autres. Il prive les riches d'une
partie de leur revenu, en les écartant de
l'emploi de leurs fonds qui est devenu pour
elles le plus profitable ; il diminue les ressources des pauvres, en soustrayant partie
du capital qui devoit maintenir leur industrie. Toutes les fois que la loi veut régler ce
qui se règle de soi-même, elle a vingt
chances pour mal faire, contre une dans
laquelle son intervention n'est qu'inutile.

Il est peut-être convenable de remarquer
en terminant ce Chapitre, que toutes les
associations de marchands connues sous le
nom de Compagnies de commerce, ne sont

pas composées d'actionnaires qui mettent leurs fonds en commun, pour être gérés par une Direction. Il en existe soit en Angleterre, soit en Hollande, d'autres qu'on distingue dans le premier pays par le nom de Compagnies réglées : elles sont composées de marchands indépendans, qui trafiquent chacun pour soi; ceux qui ne sont pas membres de leur Compagnie, n'ont pas droit de prendre part au commerce pour lequel elles sont établies. Ces Compagnies, qui à bien des égards ne sont autre chose que des jurandes, ou espèces de corps de métiers, exigent de ceux qui veulent s'affilier à leur commerce, une contribution, et la promesse de se soumettre à leurs réglemens. Celles qui subsistent aujourd'hui en Angleterre, sont la Compagnie de Turquie, celle d'Afrique, celle de Hambourg, celle de Russie, et celle de l'Est. La Compagnie hollandoise du Levant est précisément du genre des Compagnies réglées : celle du Nord, destinée à la pêche de la baleine paroît lui appartenir aussi. Le privilége qu'ont les patrons de navire appartenans à cette Compagnie, sur tous ceux qui exercent le même métier, se borne à pouvoir dépecer et fondre leurs baleines sur les côtes du Groenland et de la nouvelle Zemble, tandis que les particuliers qui ne lui appartiennent pas, doivent différer cette préparation jusqu'à leur retour en Hollande.

Il n'y a jamais eu que, je sache, de Compagnie réglée en France, à moins que celle des marchands fréquentans la rivière de Loire, consolidée par une déclaration du Roi donnée à Marly le 24 Avril 1703, ne soit considérée comme étant de ce nombre. Au reste ce que j'ai dit dans le Chapitre précédent, sur le tort que les maîtrises et jurandes faisoient aux consommateurs nationaux, et aux gens qui vivent de leur industrie, peut parfaitement s'appliquer à ces Compagnies, dont le privilége est précisément du même genre.

CHAPITRE VII.

Des Colonies.

Nous avons dans les premiers Chapitres de ce livre, passé en revue les différens expédiens qui ont été mis en usage par les Souverains, à la suggestion des marchands, pour attirer ou vivifier le commerce dans l'intérieur de leurs Etats. Nous avons vu, que tous n'étoient en dernière analyse, autre chose qu'un monopole plus ou moins rigoureux, que le Souverain accordoit aux marchands contre les consommateurs nationaux ; que tous par conséquent, loin d'enrichir la nation, devoient ou augmenter ses dépenses, ou diminuer ses revenus ; que la plupart avoient de plus l'inconvénient de gêner l'industrie, et ne nuisoient donc pas seulement aux consommateurs, mais au commerce lui-même, qui se trouvoit sacrifié à l'intérêt de quelques-uns de ses membres.

Mais le système mercantile, d'après lequel ont été tracées toutes les loix relatives au commerce, admettant pour principe, que l'Etat ne peut être enrichi que par les balances favorables avec d'autres États, ne considère le commerce intérieur que comme un moyen d'arriver au commerce d'exportation, ou à celui de transport, sur lesquels seuls il repose l'espoir d'accroître la prospérité publique. Il a donc fallu chercher les moyens de favoriser aussi ce dernier commerce, l'enfant gâté de la politique moderne.

Aussi long-tems qu'on ne mettra aucune différence entre protéger le commerce, et enrichir quelques commerçans, on ne trouvera point d'autres moyens pour y parvenir, que celui de créer de nouveaux monopoles en faveur de ceux que l'on voudra faire prospérer. L'autorité souveraine peut avec facilité créer des monopoles dans l'intérieur de l'État, des loix sévères, mises rigoureusement en exécution, pourront toujours favoriser ceux que le Gouvernement aura pris à tâche d'enrichir, aux dépens de leurs concitoyens ; mais cette autorité souveraine ne s'étend point au dehors, et le commerce d'exportation, comme celui de transport, semblent se dérober aux grâces que le Législateur voudroit leur accorder.

Trois expédiens se sont présentés au Gouvernement pour favoriser ces commerces ; ce sont eux qui nous restent à examiner dans les trois derniers chapitres de cet ouvrage. 1.° Fonder des Colonies ; c'est-à-dire, créer de nouvelles nations, qui restent assez dans la dépendance de la mère patrie, pour que celle-ci puisse s'assurer un monopole chez elles, et faire de ses enfans les pratiques de ses marchands. 2.° Déployer avec politique sa force ou son adresse, pour obtenir de la reconnoissance, de la crainte, ou de l'ignorance des autres nations, un traité de commerce qui assure aux marchands nationaux le monopole de leurs marchés. 3.° Enfin, dans l'impuissance de favoriser le commerce extérieur, faire en sorte de ne pas lui nuire. C'est à ce retour aux

vrais principes de l'économie politique;
qu'il faut attribuer la création des ports
francs, ou l'abolition des entraves mercantiles, dans les lieux où l'on a désiré voir un
grand commerce étranger.

J'ai dit à plusieurs reprises que le caractère distinctif du système mercantile étoit
d'étonner l'esprit, par le renversement de
toutes les règles que le gros bon sens auroit dictées. Certainement par exemple aucun négociant n'auroit mis en œuvre pour
s'enrichir soi-même, l'expédient qu'il a fait
adopter au Gouvernement de sa nation;
savoir, pour s'assurer des pratiques, de
leur bâtir des maisons, de leur donner du
bien, de les enrichir enfin, sous la seule
condition que lorsqu'elles seroient riches,
elles acheteroient toujours de lui, dût-il
leur vendre sa marchandise un peu plus
cher que les autres. Le simple bon sens ré-
pondroit sans hésiter, ce me semble, que si
telle est l'intention qu'on a eue en fondant
des Colonies, cette intention a été souverainement absurde, puisqu'on a commencé
par donner le tout, pour en ravoir ensuite

une petite partie par des échanges. Il y a sans doute de très grands avantages attachés à la formation des Colonies nouvelles, mais ils sont d'une nature bien différente de celle que leur supposent les fauteurs du système mercantile.

Il est nécessaire avant toute chose d'amener ceux-ci à éclaircir une question, sur laquelle ils ne sont point d'accord avec eux-mêmes. Les Colonies font-elles, ou ne font-elles pas partie de l'Empire qui les a fondées ? leur avantage doit-il être considéré comme le sien, ou au contraire le mal des unes peut-il être le bien des autres? Les négocians qui sont les auteurs de ce système, et qui se sont occupés beaucoup plus d'obtenir des loix pour le soutenir, que de faire des livres pour le défendre, n'ont point été appelés à mettre beaucoup d'ensemble dans leurs raisonnemens. Lorsqu'en partant de leurs principes, on leur a fait observer, que la balance du commerce entre la mère patrie et quelques-unes de ses Colonies, étoit toujours défavorable à la première; ils ont répondu que cette objection étoit ɛnɳs force, puisque les Colonies faisant partie de l'État, il ne s'appauvrissoit point ɼsque ses richesses passoient d'une partie de son territoire dans l'autre (1); lorsqu'ensuite on leur a fait observer, que toutes les faveurs qu'ils demandoient étoient onéreuses pour le commerce et l'industrie des Colonies; celles - ci ont cessé à leurs yeux de faire partie de l'État, et ils n'ont plus vu d'inconvénient à s'enrichir à leurs dépens.

Ce n'est point d'après ces vues sordides qu'il faut apprécier l'importance des colonies : quel qu'ait été le but des nations de l'Europe en peuplant l'Amérique, elles ont ouvert à leurs sujets un champ plus vaste pour déployer leur industrie ; elles leur ont

---

(1) Le commerce avec les Isles du Golfe du Mexique a toujours présenté, soit à la France, soit à l'Angleterre, une balance très défavorable ; celui avec les colonies Continentales, a toujours présenté au contraire une balance très favorable, conformément aux notions des mercantiles ; c'est-à-dire, une grande supériorité de valeur dans les envois sur les retours. Voyez la note 1. Liv. I. Ch. VII.

offert sur une terre nouvelle, où elles ne transplantoient pas toutes les institutions bizarres de l'Europe, des moyens d'accroissement plus rapides.

La prospérité de toutes les Colonies fondées par les Européens, tient principalement au concours de trois circonstances, qu'on ne voit réunies que chez elles. En effet, elles sont peuplées d'hommes qui possèdent tous les perfectionnemens des arts et de l'industrie, dont les mœurs sont cependant simples et laborieuses, et qui sont admis à partager des terres fertiles qui n'ont point de propriétaires.

Les Européens ont appelé au secours des arts et de l'agriculture, les connoissances qu'ils ont reçues en héritage de leurs ancêtres, et qu'ils ont perfectionnées ; ils ont réduit en science l'emploi des forces humaines, et ils ont réussi à faire de leurs bras, cent ou mille fois plus d'ouvrage, que n'en peuvent faire des Peuples grossiers et ignorans. Leurs enfans, qu'ils ont envoyés en Amérique, ont reçu d'eux comme pour dot, en sortant de la maison paternelle, l'ensemble des connoissances que leurs ancêtres avoient accumulées. Ces nouveaux fonda-teurs de nations, étoient donc bien plus favorisés que les premiers pères de nos Peuples d'Europe, qui avoient à lutter, bien moins contre l'âpreté du climat, et les diffi-cultés de la culture, que contre leur propre ignorance et leur dénuement. Les Colons avoient centuplé leurs forces par l'expérience d'autrui ; les premiers hommes ne connois-soient d'autres forces que celles qu'ils avoient reçues de la nature.

Mais les Européens ont payé chèrement les connoissances qu'ils ont acquises ; ils les ont dues à leurs richesses, et celles-ci en produisant le luxe, ont bientôt amené à leur suite, les vices, la mollesse, et l'oisi-veté ; en sorte que chez les nations dès long-tems civilisées, si un seul artisan peut faire aisément dix fois plus d'ouvrage qu'il n'au-roit pu faire avant leur civilisation ; d'autre part la moitié ou les trois quarts des hom-mes se reposent, ou font un ouvrage qui n'est nullement profitable à la société. Les

Colons

Colons partis en cherche de fortune, ont tous porté dans leur nouvelle patrie le désir du travail : là trouvant ce qu'on ne rencontre jamais en Europe, des terres qu'il leur suffisoit de cultiver pour en acquérir la propriété ; ils se sont presque tous voués à l'agriculture, parce qu'affranchis de la rente, et obtenant gratuitement le travail de la nature, qui accroissoit les forces productives du leur, ils ne pouvoient exercer leur industrie d'une manière plus profitable. Le travail des champs a produit sur leur caractère l'effet qu'il produit en tous lieux; l'agriculture les a ramenés aux mœurs des nations naissantes, elle a banni le luxe, et les vices qu'il entraîne à sa suite ; en isolant l'homme, en lui faisant trouver ses ressources en lui-même, elle l'a rappelé au sentiment de sa liberté et de son indépendance, et elle a déployé dans son caractère cett énergie qui n'appartient qu'aux hommes libres ; en lui présentant les jouissances pures de la nature, elle lui a fait perdre le désir des faux plaisirs qu'engendre la mol-

lesse ; enfin elle a donné pour caractère dis
tinctif aux nations naissantes des Colonies,
l'amour du travail , et la tempérance mère
de la vigueur ; ensorte que celles-ci contiennent , comme les Peuples dans leur enfance,
un très grand nombre d'ouvriers productifs
proportionnellement à leur population totale, et que comme il arrive chez les seules
nations qui depuis long-tems se sont perfectionnées dans les arts , la valeur du produit
du travail de ces ouvriers , est fort grande,
proportionnellement au salaire nécessaire
qui les met en mouvement ; d'où il résulte
que le revenu des Colonies , tant en salaire
superflu qu'en profit et rente , est fort supérieur à celui de toute nation composée d'un
nombre égal d'individus , et dont le capital
monteroit à la même somme ; et que leur
consommation ou leur dépense est beaucoup
moindre ; à cause de la frugalité qui fit toujours le caractère distinctif des gens industrieux. Les revenus des Colons surpassant
donc de beaucoup leurs dépenses, ils doivent
s'enrichir rapidement, et la prospérité de

leur nouvelle patrie, doit suivre avec célérité une progression croissante (2).

Lors même que l'on ne pourroit confondre la prospérité de la Colonie, avec celle de la mère patrie, le Gouvernement de celle - ci devroit considérer avec une vive satisfaction, le bonheur qu'il auroit procuré à une partie de ses enfans. Mais l'accroissement de cette prospérité doit lui tenir encore plus à cœur, si elle tourne réellement comme je le crois à l'avantage de la mère patrie. En effet, bien qu'on puisse douter s'il convenoit aux nations de l'Europe de fonder des Colonies, une fois qu'elles sont fondées, il semble indubitable qu'il leur importe de les faire fleurir.

(2) Ceci ne peut s'appliquer aux Colonies des Antilles, où le travail étant fait par des esclaves, il ne reste point d'énergie dans les hommes libres : aussi leur prospérité n'a-t-elle jamais été complète; on n'y a vu ni accroissement de population, ni déployement d'industrie; leur richesse ne tient qu'à l'emploi d'un capital Européen sur les campagnes désertes du pays du monde le plus fertile : c'est toujours cependant comme l'on voit, l'union des avantages d'une vieille et d'une nouvelle nation.

Les Grecs envoyoient assez fréquemment des colonies, occuper des déserts ; mais c'étoit lorsqu'un excès de population dans la mère patrie, exigeoit qu'elle se déchargeât d'une partie de ses enfans : des liens de parenté étoient censés unir les deux nations, elles s'assistoient réciproquement, mais n'étoient point dépendantes l'une de l'autre. Un avantage mutuel avoit présidé à la naissance de ces colonies, ceux qui restoient dans le pays demeuroient plus à leur aise, ceux qui partoient, trouvoient dans leurs nouveaux établissemens plus de facilité pour vivre.

Les colonies des Romains n'étoient point du même genre ; c'étoient des garnisons qu'ils établissoient d'une manière permanente, après leurs conquêtes, au milieu des Peuples soumis, pour s'assurer de la continuation de leur obéissance, et les incorporer pour toujours à leur vaste Empire : dans leur fondation ils se proposoient un avantage particulier pour les colons, et une augmentation de force pour l'Etat.

Nos colonies au delà des mers diffèrent des unes et des autres : il n'y avoit point en

Europe un excès de population qui nécessi-
tât la sortie des essaims qui ont traversé
l'Atlantique : on n'a jamais songé à s'assurer
par leur moyen de l'obéissance des Peuples
au milieu desquels ils se sont établis, mais
plutôt à les chasser et à les remplacer; on
n'a point vu enfin dans cet établissement,
une augmentation de forces, mais une augmentation de richesses; en sorte que les colonies des Grecs sont nées de la nécessité,
celles des Romains de l'ambition, et les
nôtres de l'avarice (3).

(3) Les Carthaginois dont l'esprit étoit tout-à-fait
mercantile, paroissent avoir eu l'intention de s'attribuer le monopole du marché de leurs colonies, et des
pays barbares soumis à leur puissance. Polybe nous a
conservé tous leurs traités avec les Romains, depuis
l'origine de ces deux Républiques, et l'on y voit que
la cité marchande prenoit un soin tout particulier d'exclure les négocians Romains de la Sardaigne et de la
Lybie, tandis qu'elle les admettoit dans son propre
port, à Carthage, comme aussi dans ses possessions
de Sicile. Par le premier traité conclu l'an de Rome
245, avant J. C. 509, sous le Consulat du premier
Brutus; les Carthaginois n'interdisoient aux Romains
que l'approche de la petite Syrte, et des environs de

On peut considérer les forces d'une nation dans la balance politique, et vis-à-vis des autres Peuples, comme résultant de la proportion entre sa population multipliée par ses richesses, et l'étendue de ses frontières. Pendant la paix, ses occasions de brouillerie et

---

Bysacium ; (lieux situés au delà du *beau Promontoire*) ce traité porte : μὴ πλεῖν Ῥωμαίοις, μήτε τὲς Ῥωμαίων συμμάχες ἐπίκεινα τῷ καλῷ ἀκρωτηρίῳ, ἐὰν μὴ ὑπὸ χειμῶνος ἤ πολεμίων ἀναγκασθῶσιν· ἐὰν δέ τις βίᾳ κατενεχθῇ· μὴ ἐξίςω αὐτῷ μηδὲν αγοράζειν, μηδὲ λαμβάνειν μηδὲν, πλὴν ὅσα πρὸς πλοίε ἐπισκευὴν, ἤ πρὸς ἱερά. ἐν πένϊε ἡμέραις ἀποτρεχέτωσαν οἱ κατενεχθέντες. Polybius, Libro tertio, Capite vigesimo-secundo. Mais par un autre traité postérieur quoique conclu long-tems avant la première guerre entre ces deux Peuples, le monopole des Carthaginois est étendu plus loin. Il porte : τῷ καλῷ ἀκρωτηρίῳ, Μαςίας, Ταρσήιε, μὴ ληίζεσθαι ἐπίκεινα Ῥωμαίες, μηδὲ ἐμπορεύεσθαι, μηδὲ πόλιν κτίζειν. . . . . . Ἐν Σαρδόνι κỳ Λιβύη μηδεὶς Ῥωμαίων μήτ᾽ ἐμπορευεσθω, μήτε πόλιν κτιζέτω, ... ἐν Σικελίᾳ, ἧς Καρχηδόνιοι ἐπαρχεσι, κỳ ἐν Καρχηδόνι, πάντα κỳ ποιείτω, κỳ πωλείτω, ὅσα ἢ τῷ πολίτῃ ἔξεςιν. Polyb. ib. Cap. XXIV. Ces premiers symptômes de l'influence de l'esprit mercantile sur la diplomatie, m'ont paru mériter d'être mis sous les yeux du lecteur.

de discussion avec d'autres nations sont en raison de ses points de contact avec elles ; pendant la guerre, la difficulté de se défendre est de même pour elle en raison de ses points de contact. Quoique cette règle soit susceptible d'un millier de modifications, il me semble qu'elle servira à faire comprendre, par exemple, comment une nation dont la richesse ni la population ne seroient point accrues, se trouveroit affoiblie, si on la transportoit dans un pays deux fois plus étendu que celui qu'elle occupe actuellement. Si une seule nation de l'Europe s'étoit épuisée d'hommes et d'argent, pour envoyer une Colonie au delà des mers, elle se seroit trouvée affoiblie vis-à-vis des nations ses voisines, tandis que ses Colons n'ayant probablement que des forces justement suffisantes pour se maintenir contre leurs nouveaux voisins, ne pourroient lui être d'aucun secours. La fondation des Colonies d'Amérique, dut donc affoiblir momentanément toutes les nations de l'Europe, et celles qui en fondèrent le plus, dûrent se trouver plus affoiblies que les autres, c'est ainsi qu'on a souvent attribué l'épuisment de l'Espagne, à la conquête du Mexique et du Pérou.

Mais quoiqu'il fût peut-être imprudent de multiplier sans nécessité ses frontières, et d'acquérir de nouveaux voisins dans le golfe du Mexique, dans le continent Septentrional de l'Amérique, dans la Guiane, sur les côtes d'Afrique, et dans l'Inde ; une fois que nous nous sommes exposés à trouver dans ces parages de nouveaux ennemis, nous devons nous mettre en devoir de leur y opposer une résistance égale ou supérieure à l'action qu'ils peuvent exercer sur nous : les richesses des colonies et leurs forces, doivent compenser pour la métropole, les nouvelles guerres auxquelles leur situation l'expose, et l'augmentation de difficulté pour les défendre qui résulte de l'étendue de leurs frontières.

Aussi long-tems que la métropole en gouvernant ses colonies, ne sacrifiera point leur avantage au sien propre, mais considérera ces deux intérêts comme indivisibles, elle pourra compter sur leur fidélité, autant que sur celle d'aucune province de son Empire. Dans les Départemens réunis à la République, plusieurs citoyens doivent avoir encore le cœur Belge, Allemand, Savoyard; mais dans les colonies, tous ont sans doute le cœur François ; l'attachement au pays d'où ils sont sortis, s'allie à leurs souvenirs, à leurs goûts, à leurs mœurs, à leur vanité. Les Canadiens, passés sous une domination étrangère, se sont rappelés qu'ils étoient François, plus long-tems que les Alsaciens ne se sont rappelés qu'ils étoient Allemands. Tous les colons sortis de l'Europe, et les Anglo-Américains eux-mêmes, ont montré quelle étoit la force de cet attachement, en se soumettant pendant si long-tems au monopole injuste qu'il avoit plu à leur mère patrie de leur imposer ; mais il y a un point auquel la patience des hommes se lasse, et si les Gouvernemens de l'Europe ne profitent pas de cette première expérience, s'ils ne considèrent pas leurs concitoyens d'au delà des mers, comme égaux en droits à ceux de notre continent, s'ils continuent à les sacrifier à l'avidité de quelques commerçans, au détriment des colonies et du commerce

lui-même, le jour viendra où ils secoueront
tous un joug qu'on ne pourroit leur faire
porter malgré eux.

Quoique les principes que nous venons
d'exposer soient conformes à bien des égards
à ceux qu'a développé M. de Pradt dans ses
trois âges des Colonies ; quoique nous ne re-
gardions pas leur émancipation comme un
malheur , parce que nous ne regardons
pas non plus l'étendue de l'Empire , ni
même la supériorité de sa puissance militaire , comme un bonheur; nous ne croyons
point comme lui que leur séparation soit
nécessaire , nous pensons même que tout
bon Gouvernement peut l'éloigner indéfiniment , en ne les considérant plus comme
des *fermes destinées à produire* , mais
comme des Provinces égales en droit à
toutes les autres , et dont les accroissemens,
la richesse et la population, ne doivent pas
moins l'intéresser que ceux d'aucune autre
partie de la nation.

Sans doute lors de leur fondation , les
Colonies furent destinées comme des fermes,
à *produire et consommer ;* c'est le but gé-

néral de la société humaine. Il seroit fort heureux qu'elle pût en tous lieux ne suivre que celui-là, c'est-à-dire s'élever par le travail à l'aisance, aussi bien qu'au développement des facultés intellectuelles que cette aisance occasionne d'ordinaire. Si toutes les nations convenoient entr'elles comme le voudroit de Pradt, de ne jamais détourner les Colonies de ce but, il n'est pas douteux que notre Europe ne profitât indirectement de leur bonheur : mais c'est aussi attendre trop de philosophie et de renoncement à soi-même, tant de la part de nos Gouvernemens, que de celle de nos concitoyens, que de leur demander de faire une Utopie pour les autres, et de se placer en dehors. Il est dans la nature des choses que les hommes dans les Colonies tout comme ailleurs, forment des nations, ou des parties de nations, qu'ils soient appelés par l'inconséquence des Gouvernemens, et par les vices attachés à toutes les choses humaines, à des dissentions intestines, à des guerres extérieures, enfin à toutes ces causes de désordre, qui engagent en tous lieux les

hommes à détruire d'une main les richesses
qu'ils accumulent de l'autre, à faire périr
une population, que leurs penchans les appellent à multiplier.

Sans le régime exclusif, ne cesse de répéter de Pradt, *il n'y a pas de Colonies*:
non, il n'y en a pas en effet dans le système mercantile, mais il peut fort bien y
avoir des Provinces ; plus une Colonie trouveroit de moyens de se soutenir par elle-
même, et plus devenue Province, traitée
à l'égal de toutes les autres parties de l'Etat,
et ne se croyant plus sacrifiée à l'intérêt
de ses concitoyens, elle auroit des moyens
de prouver son dévouement à la métropole,
et de lui rester attachée, en dépit d'une
puissance maritime prépondérante. Si la
belle Isle de St. Domingue peut être rendue à l'ordre et à la prospérité, telle est
sa grandeur, et l'étendue de son marché
intérieur, qu'elle n'auroit guère plus à souffrir d'une guerre maritime, que n'en souf-
froit la Bretagne : une Colonie continentale,
si la France vient à en posséder une de
florissante, en souffriroit moins encore : les

neutres viendroient au secours de l'une et de l'autre, et pourvu que des loix absurdes ne poussassent pas forcément les Colons vers l'indépendance, en ne leur laissant pour subsister d'autre ressource que la violation et le renversement du régime exclusif, ils resteroient tout aussi fidèles à leur métropole, que les habitans des Provinces les plus rapprochées du centre de l'autorité.

Le goût pour les entreprises hasardeuses avoit fait passer de France en Amérique un grand nombre d'aventuriers, qui y signalèrent leur valeur contre les Espagnols, et qui leur enlevèrent la plupart des établissemens qu'y possède aujourd'hui la France, dans un tems où celle-ci étoit bien loin d'être assez riche et assez peuplée, pour que la nature l'appellât à fonder des colonies, ou à maintenir avec elles sur son capital, un commerce aussi éloigné, et dont les retours étoient aussi lents.

Un ami de l'humanité doit regretter bien amèrement, que cette première population des Antilles, composée de boucaniers et de flibustiers, ait été dégoûtée de la vie

active et laborieuse à laquelle elle s'étoit
vouée , et repoussée vers l'oisiveté et la
mollesse qui distinguent les Créoles, par
l'introduction de l'esclavage dans les Isles.
Dès l'instant où le travail de l'agriculture
devint le partage d'une race asservie et dé-
gradée , il fut impossible que des hommes
libres , enorgueillis par leurs succès dans
la carrière militaire, suivissent la même
vocation : ce n'étoit que par une rigueur
égale à celle que l'on exerçoit contre les
Nègres, que l'on pouvoit attacher à la culture de la terre, les malheureux Européens
qui s'étoient engagés pour ce service, et que
l'on connoissoit aux Colonies sous le nom
de *Trente-six mois*. Bientôt même l'usage
de ces engagemens cessa, et le travail tout
entier fut fait par des Nègres ; non que le
soin qu'exigent les plantations soit aucunement au dessus des forces d'un Européen,
ou que le climat leur fit perdre leur vigueur,
mais parce qu'il n'y en avoit pas un qui ne
se crut déshonoré, s'il avoit fait un ouvrage
réservé aux seuls esclaves.

La traite et l'esclavage des Nègres, qui

n'ont pas été attaqués seulement avec les
armes de la philosophie, et d'après les
principes de la révolution, mais qui sont
également contraires à la religion, à la justice éternelle, à la politique, et à la raison,
ont amené sur les Colonies la situation critique où elles se trouvent aujourd'hui, et
d'où il est difficile de les tirer. En écartant
les Créoles d'un travail bien moins rude que
celui que faisoient leurs ancêtres les boucaniers, on a arrêté la multiplication de
leur race, car d'après un ordre immuable
établi dans l'Univers, la mollesse et la fai-
néantise mettent un obstacle insurmontable
à la multiplication de l'espèce humaine ;
ordre maintenu par cette Providence bienfaisante, qui a constamment allié les intérêts bien entendus des hommes, à l'exercice
des vertus qu'elle leur prescrit, qui venge les
souffrances des opprimés sur la race des op-
presseurs, et qui n'a pas voulu que l'homme
féroce ou tyrannique inspirât jamais de
la crainte, sans sentir l'effroi qu'il occasionne, répercuté dans son propre cœur. D'un
bout à l'autre de l'Univers on a vu prospé-

rer le sang du laboureur libre, et déchoir
avec une effrayante rapidité la race du maître, avec celle de l'esclave qu'il opprime.
Comparez Sparte écrasant ses Hilotes d'un
sceptre de fer, à l'antique et *libre* Etrurie;
Rome *libre*, agricole, et guerrière, à Rome
maîtresse du monde, qui se dépeuploit sous
son joug; le Germain *libre*, au Musulman
qui ne connoît que la servitude; le plan-
teur laborieux de l'Amérique *libre*, aux or-
gueilleux et efféminés Européens établis dans
les deux Indes. Partout la même cause morale produit les mêmes effets; dans les
climats les plus éloignés; dans tous les pé-
riodes de la société humaine, la servitude,
l'oisiveté, les vices et la dépopulation ont
marché ensemble, comme d'autre part la
liberté, l'industrie, la tempérance et la population. La comparaison entre les colonies
d'Amérique, fondées en même tems, par
les mêmes moyens, et qui ne diffèrent entr'elles que pour avoir attendu leur richesse,
les unes du travail des citoyens, les autres
de celui des esclaves, fait ressortir plus
qu'aucune autre, l'effet de ces deux systèmes.

TABLEAU

TABLEAU de la Population des Antilles; d'après les récensemens de 1776 et 1779.

	St. Domingue.	Martinique.	Guadeloupe.	Ste. Lucie.	TOTAUX.
Blancs........	32,650	11,619	13,261	2,397	59,927
Gens de couleur.	7,055	2,892	1,382	1,050	12,379
Esclaves........	249,098	71,268	85,327	10,752	416,445
TOTAUX. (4)	288,803	85,779	99,970	14,199	488,751

(4) Necker. Administration des Finances. Vol. I. Chap. 13. La population de l'Isle de Tabago n'y est pas portée.

COMMERCIALE

La totalité des blancs établis dans ces isles fertiles, et dont le climat n'est point partout mal sain, n'arrivoit pas avant leurs désastres à 60,000 ; tandis que l'Amérique libre compte cinq millions d'habitans originaires d'Europe, que le Canada en possède 200,000 sortis de France, et que la Louisiane en 1793 en comptoit 50,000. Ni les inondations du Meschacébé, ni les exhalaisons des marais de la Caroline, ni les guerres sanguinaires et toujours renaissantes des sauvages, ni celle pour la liberté de l'Amérique, n'ont pu arrêter la population, dans des pays où l'esclavage n'étoit point assez commun, pour rendre le travail honteux aux yeux des hommes libres ; tandis que la paix et la fertilité des Antilles n'ont pu leur conserver qu'une foible partie de la population qu'elles avoient reçue d'Europe, lorsque la mollesse se reposant sur l'esclavage, eut tari la source de la reproduction.

On n'examinera pas même si les travaux des plantations sont au-dessus des forces des Européens ; après avoir vu les François et les Anglois triompher des sables brûlans de l'Egypte, on ne peut plus regarder comme trop violent pour eux le travail des champs, dans un climat bien plus tempéré. Rendre la paix aux Colonies, anéantir le préjugé qui y avilit le cultivateur, voilà la tâche vraiment difficile ; trouver ensuite des cultivateurs libres, en seroit une bien moins pénible.

Depuis 1625, époque de la première fondation des colonies des Antilles, jusqu'en 1664, les colons François furent presque abandonnés par la métropole ; et c'est peut-être en partie à cet abandon, et à l'absolue liberté de commerce qui en étoit une conséquence, qu'ils dûrent leur première prospérité. Les Hollandois faisoient alors presque tout le commerce des isles Françoises, les villes de Flessingue et de Middelbourg y envoyoient dès cette époque plus de cent bâtimens.

Mais la même jalousie qui a constamment dicté tous les monopoles, engagea Louis XIV à créer en 1664, pour chasser les Hollandois de ces parages, une Compagnie Royale des Indes Occidentales, à laquelle il accorda en toute propriété, le Canada, les Antilles, l'Acadie, les isles de Terre-Neuve, l'isle de Cayenne, la Terre-Ferme de l'Amérique méridionale depuis le Marignon à l'Orénoque, et les côtes de Sénégal et de Guinée, avec le privilége exclusif de commercer dans tous ces parages, soit directement de l'Europe à l'Amérique, soit pour la traite des nègres, de l'Afrique à l'Amérique (5).

Les colons François ne purent plus dès lors négocier, ni avec leurs anciens correspondans les Hollandois, ni avec tout le reste de leurs compatriotes François, à l'exception des vaisseaux de la Compagnie. Celle-ci entreprit un commerce aussi vaste, avec quarante-cinq navires, et alla même bientôt en déclinant. Nous avons vu que les Hollandois en envoyoient cent dans les Antilles seules ; l'on peut comprendre combien la Compagnie profita de la diminution de concurrence, pour augmenter le prix relatif de toutes les marchandises qu'elle

---

(5) Voyez les lettres patentes du 11 Juillet 1664.

vendoit, et diminuer celui de toutes celles qu'elle achetoit; c'est-à-dire, augmenter les dépenses, et diminuer les revenus de la colonie. Mais ce mal, quelque prodigieux qu'il fût, ne pouvoit se comparer à celui qu'occasionnoit la privation absolue d'écoulement, pour les marchandises coloniales, et d'importation, pour celles dont l'Amérique avoit besoin. Cent vaisseaux ne suffisoient pas à ce double transport dans l'enfance des colonies; des quarante-cinq de la Compagnie, il n'y en avoit probablement pas vingt qui touchassent aux Isles, à l'époque où elles prenoient de la vigueur. Heureusement que cette Compagnie fut dissoute au bout de neuf ans; autrement on ne peut guère douter qu'elle n'eût absolument ruiné nos établissemens dans le Golfe du Mexique (6).

---

(6) Immédiatement avant la révolution, il entroit annuellement au port du Cap François 160 bâtimens, jaugeant depuis 150 jusqu'à 4 et 500 tonneaux; il en entroit autant entre les divers autres ports de St. Domingue : 200 touchoient chaque année à la Martinique, etc. ensorte que le commerce total des Isles

Le commerce avec les Isles fut rendu libre pour tous les François en Décembre 1674. La France qui se relevoit alors de l'épuisement où ses longues guerres civiles l'avoient jetée, faisoit des pas rapides vers la richesse, et se trouvoit dès cette époque, en état d'embrasser le commerce auquel on l'appeloit : quarante ans plus tard elle faisoit déjà celui des Antilles avec deux cents vaisseaux. L'exclusion des étrangers néanmoins, diminuoit considérablement l'échange des marchandises entre l'Amérique et l'Europe, au grand préjudice de l'une et de l'autre. Quant à l'Amérique, en réduisant le nombre des acheteurs, on restreignit certainement sa production, et l'on mit obstacle aux nouveaux défrichemens, aux nouvelles plantations, et à la multiplication des colons; quant à l'Europe, on la priva d'une partie de ses jouissances, et on lui fit payer l'autre bien plus chèrement.

Une colonie nouvelle est douée d'une

Françoises occupoit environ sept à huit cents vaisseaux. Dict. de la Géog. comm. de J. Peuchet.

si grande vigueur, qu'elle se relève le plus
souvent en dépit des erreurs de ceux qui
lui donnent des loix : elle peut presque
toujours payer des impôts très considérables,
sans qu'ils absorbent la totalité du surplus
de ses revenus sur ses dépenses, ou de ses
épargnes annuelles. Cependant on n'a levé
sur les colonies, et surtout sur celles de
la France, que des impôts tout à fait modérés au profit du fisc (7) ; mais l'on en a

---

(7) La colonie de St. Domingue payoit de con-
tributions. . . . . L. 5,000,000.
Celle de la Martinique. . . . . 800,000.
Celle de la Guadeloupe. . . . . . . 800,000.

TOTAL. L. 6,600,000.

Cayenne, Ste. Lucie, les Isles de France, et de
Bourbon, ne payoient aucune contribution. (Neck.
Adm. des Fin. T. I. Ch. XIII.) Mais le renchérissement occasionné par le régime exclusif sur les marchandises importées pour la consommation des colonies, alloit bien, au moins, à vingt-cinq pour cent de
leur valeur, dont une partie seulement tournoit au profit
du marchand, et le reste se perdoit en frais de transport inutiles. Les planteurs éprouvoient d'autre part,
à cause du même régime, une perte très considérable
sur les marchandises coloniales qu'ils vendoient. On

levé d'exorbitans au profit des marchands, en donnant à ceux-ci le double monopole, et de la consommation de la colonie, et de l'achat de ses productions. Pendant assez longtems, et jusqu'en 1722 au moins, le commerce des colonies Françoises en Amérique rapportoit un bénéfice de cent pour cent, et même davantage. Savary auteur du Dictionnaire du commerce, le plus judicieux et le plus exact écrivain qu'ait la France sur ce sujet, assure que de son tems il y avoit 400 pour cent à gagner sur la rubanerie et les modes qu'on portoit à Québec (8). Or les colonies Françoises n'étoient point assez éloignées, pour que leur distance pût légitimer un profit si prodigieux. Si le négoce avoit été absolument libre, il seroit probablement tombé entre

---

peut donc évaluer au tiers du capital sur lequel rouloit leur commerce extérieur, le dommage que le régime exclusif causoit aux colonies, ou l'impôt mis en faveur du commerçant monopoleur; ce tiers alloit annuellement à environ 50,000,000 Tournois pour les Isles Françoises.

(8) Dict. du comm. T. IV. p. 1016.

20 et 25 pour cent. Je ne crois pas que le bénéfice que font les Anglois dans leur commerce au Canada arrive à beaucoup près à 20 pour cent. Un impôt sur la consommation, qui s'élève à trois fois la valeur de la chose importée, est sans doute le plus exorbitant qu'on ait jamais payé : puisque les consommateurs pouvoient le supporter sans se ruiner, il est facheux qu'ils ne le payassent pas au fisc, plutôt qu'à des marchands, qui n'avoient aucun droit pour le percevoir.

Les colonies du Continent de l'Amérique peuvent supporter les profits exorbitans du monopoleur Européen, parcequ'à bien des égards elles peuvent se passer de lui; presque tout ce qui est nécessaire à la vie se recueille sur le Continent, et quant aux objets de luxe, les habitans n'en font qu'une consommation modérée; encore donc que l'on causât un dommage très considérable à ces colonies, soit en excluant de leur commerce toutes les autres nations, soit en soumettant le Canada, la Louisiane, et Cayenne, au monopole plus oppressif en-

core d'une Compagnie, le premier de ces
trois pays ne laissoit pas que de prospérer,
et les deux autres ne succomboient point
sous ce régime destructeur. Il n'en auroit
pas été de même, si l'on lui avoit soumis
pendant longtems les Antilles et St. Domingue : ces isles tirant de l'Europe les
objets de première nécessité, et ayant besoin d'un commerce maritime beaucoup plus
actif, payent beaucoup plus fréquemment le
profit du monopoleur, proportionnellement
à leur richesse.

Le monopole du commerce de l'Amerique,
fesoit également tort à la nation qui se
l'étoit attribué, parcequ'en assurant à un
commerce éloigné cent pour cent de profit au moyen du monopole, on attiroit vers
lui beaucoup plus de capitaux, qu'il n'en
auroit admis sans cela ; on enlevoit donc
aux manufactures, à l'agriculture, au commerce intérieur, une partie des fonds qui
leur donnoient de la vigueur; on changeoit le
profit légitime que faisoient ces capitaux,
en une extorsion arrachée à des François ;
enfin on les chassoit dans une voie où la

circulation étoit beaucoup plus lente, et où, à égalité de sommes, ils maintenoient beaucoup moins de travail productif.

Lorsque le commerce entre la métropole et les Colonies s'exerçoit avec la plus grande activité, sur un capital circulant de plus de 150 millions, quoique la perte résultant du monopole fut plus considérable pour les Colonies, qu'elle ne le seroit aujourd'hui que leur production et leur consommation sont si prodigieusement réduites, cependant l'on auroit pu hésiter à conseiller d'y renoncer, dans la crainte de paralyser, du moins momentanément, les nombreuses manufactures qui travailloient pour elles, et qui n'auroient peut-être pas pu supporter la rivalité libre des étrangers. Mais aujourd'hui nos manufactures ne travaillent plus pour les Isles, une longue guerre a suspendu leurs relations, et lorsque ce marché ne se rouvrira que pour les marchandises françoises qui peuvent se vendre au prix relatif libre, aucun artisan n'y perdra son gagne-pain, aucun atelier en activité ne se fermera, seulement il ne s'en ouvrira

aucun mal à propos ; la France ne prendra
point l'engagement onéreux de faire ce à
quoi elle ne peut pas suffire , et n'ôtera
point aux arts et à l'agriculture, les capitaux
qu'ils employent plus utilement, et qui ne
suffisent pas aux besoins actuels des manufactures qui travaillent déjà.

. Lors même que le commerce seroit parfaitement libre , nous vendrions toujours aux
Colonies, nos vins et nos eaux de vie , les
draps de ceux de nos Départemens qui travaillent meilleur marché que l'Angleterre ,
nos modes, nos soieries, nos montres , et
tant d'autres marchandises pour lesquelles
nous avons l'avantage sur les étrangers.
D'autre part les colons tireront leur blé
et leur bétail en droiture de l'Amérique ,
sur des vaisseaux Américains, et · continueront d'acheter des Anglois , plusieurs
marchandises qu'ils trouvent meilleur marché chez eux que chez nous.

Si nous considérons la position de chacune de nos colonies , nous verrons que
la politique nous conseille de renoncer avec
elles au système exclusif. Il faut user de

ménagemens avec la Martinique, la seule qui échappée aux convulsions révolution- naires, soit demeurée riche ; autrement elle regrettera d'être retournée sous la domina- tion de la France, et les plus riches plan- teurs la quitteront, pour suivre les Anglois sous lesquels ils prospéroient. La Guade- loupe et St. Domingue, ruinées par les suites d'une émancipation exécutée avec autant de démence, qu'on avoit mis de barbarie à rassembler les esclaves qu'elle affranchissoit, n'auront de long-tems des consommateurs riches ; mais ces isles seroient heureuses de former des relations de commerce avec les étrangers, et de trouver chez eux les capitaux nécessaires pour fermer les plaies que leur a fait la guerre. La constance des François des isles de la Réunion, mérite la reconnoissance nationale : c'est la leur prouver, et pourvoir en même tems aux intérêts de la République sur les mers de l'Inde, que de faire fleurir le cabotage parmi eux. Le moyen le plus sûr d'y trouver de bons corsaires dans une nouvelle guerre, c'est de leur laisser exercer librement le commerce pendant la paix.

Si l'on veut donc que nos Colonies se relèvent rapidement des désastres que leur a causé la guerre civile, que leur population s'accroisse, et qu'elles ajoutent réellement à la force et à la richesse de la France, on doit rendre le commerce libre dans tous leurs ports, et y admettre les vaisseaux de toutes les nations; mais l'on peut sans crainte d'être oppressif, faire payer un droit d'entrée assez considérable aux marchandises qu'on y introduira, sur quelques vaisseaux qu'elles y arrivent; cette taxe ne fera pas autant de tort à leur industrie que ne lui en fesoit le monopole national, et elle sera bien plus profitable.

Outre le monopole qu'on a assuré aux marchands nationaux contre les colons, on a de plus prétendu régler leur commerce d'une manière désavantageuse; c'est ainsi qu'on a souvent prohibé aux vaisseaux négriers, de prendre en retour des marchandises pour l'Europe, et qu'on s'est étudié en plusieurs occasions, à interdire aux marchands, le commerce d'une colonie à l'autre, les forçant de cette manière à revenir

à vuide, après avoir déposé leur cargaison.
Toutes les fois cependant qu'un vaisseau
revient à vuide, après avoir fait un transport quelconque, le consommateur qui a
acheté les marchandises qu'il a apportées,
est obligé de payer double frêt, celui de
l'allée, et celui du retour; c'est pour lui
une augmentation de dépense, qui ne tourne
à l'avantage de personne, ni à celui du
marchand, qui n'exige que le rembours de
ses frais de double voiture, ni à celui des
matelots, qui ne reçoivent leur solde qu'en
raison du travail inutile qu'ils ont fait,
et non point gratuitement.

L'on a découragé de même autant qu'on
l'a pu l'établissement des manufactures dans
les colonies, on auroit même été charmé
d'empêcher qu'elles produisissent du blé ou
du vin, afin de les tenir dans une dépendance absolue de la métropole, et d'augmenter le nombre des objets que ces deux
pays pourroient échanger ensemble; comme
si un pays n'offroit pas d'autant plus d'occasions d'échanges, qu'il est plus riche et plus
peuplé, et comme si la colonie de Saint-

Domingue par exemple, devoit faire un
moindre commerce avec la France, lorsqu'elle sera arrivée au point de prospérité
auquel l'appellent l'étendue et la fertilité
de ses terres, qu'elle ne fait aujourd'hui.
Au reste, lors-même que cela devroit arriver, puisque Saint Domingue fait partie de
la République Françoise, il est à désirer
que ses habitans se multiplient et s'enrichissent, et pour cela, qu'ils ne tirent pas
de loin ce qu'ils peuvent obtenir à meilleur
marché près d'eux, comme aussi qu'ils ne
cherchent point à faire chez eux, ce qu'ils
peuvent obtenir à meilleur marché du dehors. Le même système d'économie politique doit s'étendre sur les colonies comme
sur la métropole; liberté entière du commerce, pour que le vendeur se contente du
prix relatif libre, l'acheteur du prix intrinsèque, et que tous les deux y trouvent leur
avantage; le premier faisant entrer dans le
prix, un profit qui fait partie du revenu national, et le second épargnant sur ce prix,
une dépense qui fait partie de la dépense
nationale. Mais c'est en partant de ces
principes

principes mêmes que l'on sent la nécessité de modifier selon les circonstances les loix financières. Les colonies peuvent supporter des impôts plus considérables peut-être que la métropole, mais ceux qu'on assied sur leur consommation, ne peuvent être les mêmes, que ceux qu'on assied sur la nôtre, vu que les objets qui chez nous sont susceptibles de douane, ne sont souvent chez elles susceptibles que d'excise, et *vice versa*; ce que leur climat produit étant justement ce qui manque au nôtre. Il conviendroit donc que l'Assemblée de chaque colonie, indiquât les objets les plus susceptibles d'être taxés à leur importation, et qu'à ce prix elle achetât une liberté absolue pour le commerce.

L'abandon du système exclusif procureroit aux colonies Françoises un autre avantage; elles sont parfaitement à portée de faire le commerce interlope des colonies Espagnoles, l'un des plus riches et des plus lucratifs de l'Univers. Des régions immenses, d'une fertilité admirable, et qui, quoique moins prospérantes que les autres colonies

Tome II. A a

du Nouveau Monde, sont cependant peuplées de riches habitans, appartiennent en
Amérique à la couronne d'Espagne ; celle-ci
maintient son monopole avec plus de sévérité qu'aucun autre Gouvernement de l'Europe, et cependant le capital ni l'industrie
de l'Espagne, ne sont nullement proportionnés au commerce qu'elle veut s'arroger exclusivement. Tous les échanges de cet
Empire immense avec l'Orient et les Phi-
lippines, se sont faits pendant long-tems, par
deux galions seulement, qui partoient chaque année d'Acapulco pour Manille; presque
tous ceux du Mexique avec le Pérou, se faisoient par un seul galion, qui partoit d'Acapulco pour Lima ; enfin le commerce entre
l'Europe et l'Amérique Espagnole, se faisoit
par huit galions, et douze ou seize vaisseaux marchands, ou de registre, qui partoient de Cadix pour le Pérou, et quatre
galions, avec douze ou quinze vaisseaux
marchands, qui partoient chaque année de
Cadix pour le Mexique. Si le commerce
étoit libre, deux mille vaisseaux suffiroient
à peine pour faire tous les échanges de ces

vastes et riches régions. Nous avons vu qu'on pouvoit trouver des sophismes pour justifier tous les autres monopoles, et que les Gouvernemens pouvoient être induits en erreur par des raisonnemens captieux, sur un sujet qu'ils n'entendent pas, et qui de sa nature est abstrait ; mais la politique de l'Espagne, qui pendant trois siècles s'est obstinée à écraser le commerce, et à ruiner ses sujets dans les deux mondes, sans profit ni pour le fisc, ni pour aucune classe de particuliers, est une chose absolument inexplicable.

Ce n'est qu'en 1778 que la liberté du commerce fut accordée aux colonies continentales de l'Espagne. Porto-Rico commença à en jouir dès 1765, et les autres possessions Espagnoles à différentes époques, toutes postérieures à celle-là. Cette liberté n'est autre chose que la suppression des entraves, mises dès le tems de Philippe second, sur le commerce entre la métropole et ses colonies ; la communication de ces dernières avec tous les autres États, n'en est pas moins sévèrement interdite ; le pourvoyeur du marché le plus riche et le plus vaste de l'Univers, n'en est pas moins le peuple le plus dépourvu de capitaux, de manufactures, et d'activité de l'Europe; en sorte qu'il est de toute impossibilité que son commerce soit aucunement proportionné, à l'étendue des États qu'il devroit vivifier.

Il résulte de cette disproportion entre les besoins du commerce, et son état actuel, que toutes les marchandises de l'Amérique destinées pour l'Europe, l'or, l'argent, les perles, le cacao, l'indigo, la cochenille, etc. sont infiniment au-dessous de leur prix dans les établissemens Espagnols; que toutes celles de l'Europe, dont les consommateurs Américains ont besoin, se vendent beaucoup plus qu'elles ne valent; et que les vaisseaux interlopes, qui font le commerce de contrebande entre les nations de l'Europe et les colons Espagnols, font un bénéfice de cent et deux-cents pour cent. Il est vrai que leur métier est rendu dangereux par la vigilance des Gardes-côtes, ou dispendieux par la nécessité de les corrompre, ainsi que les Gouverneurs des Ports de

mer ; mais en toute occasion, c'est toujours
le consommateur qui paye l'assurance de la
contrebande ; aussi la nation qui s'attribue
un monopole, accorde-t-elle par cette imprudence, des bénéfices encore plus considérables aux marchands des nations rivales, qu'elle n'en réserve aux siens propres.

Ce n'est pas que le changement introduit
en 1778 dans le régime des colonies Espagnoles, ne leur ait été extrêmement favorable, et n'ait fort accru leur prospérité,
dans le court espace de tems qui s'est
écoulé depuis lors jusqu'à la guerre maritime. Autant que l'on peut prêter de foi
à ces registres fastueux des importations et
exportations, et à ces relevés de bureaux,
que l'on donne comme des faits irrécusa-
bles, la différence entre l'année 1778, et
l'année 1788, est comme suit (9).

Exportation de l'Espagne en Amérique en
  1778. Argt. de France.   L. 19,000,000.
Idem en 1788. .   .   .   76,000,000.
Retours de l'Amérique en Es-

----

(9) De Pradt, trois âges des Colonies. Vol. I. p. 219.

pagne en 1778. . . 18,000,000.
Idem en 1788. (10) . . 201,000,000.
Droits à l'entrée et à la sortie
  en 1778. . . . 2,000,000.
Idem en 1788. . . . 15,000,000.

---

(10) Une si grande disproportion entre la valeur des importations, et celle des exportations de l'Amérique Espagnole, peut]être aisément expliquée. D'abord il faut remarquer que l'on comprend parmi les retours en Espagne, 50 millions pour montant des contributions, que le Roi retire de ses domaines d'outre-mer, et une somme peut-être égale, qui est due annuellement à un très grand nombre de propriétaires fonciers, de Seigneurs, et de petits Princes, tous domiciliés en Espagne, et dont les immenses possessions sont situées en Amérique. Ensuite, ainsi que nous l'avons vu, Liv. I. Ch. VII. tout commerce produisant un avantage aux deux pays qui négocient ensemble, et les frais de port unis à ceux de douane, étant compris avec les profits des négocians, dans le prix des marchandises importées en retour, toutes les fois que l'on évalue les objets échangés selon leur prix au lieu du chargement, l'on trouve que l'importation surpasse de beaucoup l'exportation. Le chargement fait à Cadix pour l'Amérique, vaut dans cette ville 76 millions; mais si l'on y ajoute le profit mercantile, augmenté par le monopole, les frais de port et les doua-

Comme les mêmes causes d'inexactitude et d'erreur, doivent avoir influé sur l'un et l'autre calcul ; comme tout au moins celui du produit des douanes, doit être fondé sur des faits positifs ; cette comparaison, sans nous donner la mesure du commerce de l'Espagne, nous donne une approximation de l'influence qu'a eu sur sa prospérité la

---

nes Espagnoles, dont le tarif est très élevé, et monte même pour quelques objets à 70 pour cent de la valeur ; on verra que ces marchandises vendues sur les ports d'Amérique, valent au moins l'une portant l'autre, 50 pour cent de plus, soit 114 millions, avec lesquels on achètera un retour pour l'Europe, qui lorsqu'il y sera rendu, vaudroît aussi 50 pour cent de plus, n'étoit qu'une grande partie de ce retour sera en numéraire, dont l'augmentation de valeur, quoique réelle, ne peut s'exprimer par des nombres, et doit se trouver toute entière sur la première opération, ou la cession à un prix plus élevé des marchandises avec lesquelles on l'achète.

Au reste, les relevés de bureau, ainsi que les autres bases numériques de l'arithmétique politique, sont sujets à tant d'erreurs et d'inexactitudes, qu'il faut les considérer plutôt comme des hypothèses, que comme des faits.

liberté qu'on lui a accordée, quelque cir. conscrite qu'elle soit. L'accroissement que lui donneroit une entière liberté de commerce, seroit encore bien plus considérable, non-seulement en raison du peu d'activité de la marine Espagnole, et du peu de capitaux dont dispose cette nation, mais plus encore, en raison du caractère de lenteur et de nonchalance, que le Gouvernement et la religion lui ont imprimé, dans les colonies comme dans la métropole, et qui ne peut être détruit que par son mélange avec d'autres nations, ou par l'activité des commerçans aventuriers, qui parcourroient ces vastes contrées, pour découvrir les trésors qu'elles recèlent, et appeler leurs habitans, par l'offre de jouissances et de richesses, à les exploiter pour le service de l'Univers. Le génie des Anglois et des Hollandois, porté au Pérou et au Mexique, feroit plus pour ces deux contrées, que les capitaux mercantiles de ces deux Peuples opulens.

La nation qui pourroit le plus gagner à affranchir le commerce de ses colonies, c'est l'Espagnole. Si elle substituoit des droits d'entrée modérés, à la prohibition qu'elle s'efforce de maintenir, elle retireroit de ses États du Nouveau Monde un revenu si considérable, qu'il suffiroit seul pour rendre toute sa vigueur à ce Gouvernement dès long-tems épuisé. Mais l'Espagne a prodigieusement de chemin à faire, avant d'avoir réglé son économie politique sur les principes de la raison.

CHAPITRE VIII.

Des Traités de commerce.

Depuis que pour le malheur du commerce et de l'industrie, aussi bien que pour celui du consommateur, chaque Gouvernement de l'Europe a pris la manie de vouloir favoriser les négocians; la principale étude des hommes d'État, cessant de se diriger vers les moyens d'augmenter la force de la nation, et le bonheur des citoyens, s'est limitée à trouver ceux d'acheter bon marché, et de vendre chèrement. L'on a vu entreprendre des guerres de commerce, pour obtenir par leur moyen des traités de commerce; l'on a vu prodiguer le sang et les trésors des nations, pour que quelques particuliers trouvassent plus de profit dans leurs spéculations; l'on a vu de graves personnages, des Ambassadeurs respectables, jouer un rôle que les bons négocians regardent comme fort au dessous d'eux ; celui de courtiser leurs pratiques pour les engager à acheter de leur nation ; et par une suite de ce même esprit de notre siècle, qui admire toujours ce qui est extraordinaire, on a trouvé je ne sais, quélle grandeur, à l'attention minutieuse que les Gouvernemens donnoient à des vétilles.

Ce n'est pas que la Législation commerciale d'une nation, ne puisse devenir préjudiciable à ses voisines ; surtout lorsque celles-ci sont déjà arrivées au degré d'opulence, où il seroit désirable pour elles de pouvoir se livrer au commerce extérieur. Comme le commerce libre est avantageux pour les deux personnes qui contractent, toutes les fois qu'on les empêche de contracter, on nuit à l'une et à l'autre : tous les règlemens des nations Européennes qui sont désavantageux à leurs sujets, le sont aussi par contrecoup à ceux qui négocieroient avec eux. Ainsi, lorsque les Espagnols ont exclu les nations Européennes de leurs colonies d'Amérique, ils n'ont pas seule-

ment fait du tort à leurs colons et à eux-
mêmes, ils en ont fait aussi aux fabricans
étrangers, qui auroient travaillé pour eux,
avec plus d'activité, et pour de plus fortes
sommes, qu'ils ne le font aujourd'hui. Ce
profit qu'on leur enlève n'est pas compensé
par le profit supérieur que font les interlopes, dans leur commerce de contrebande.
Mais outre qu'on peut douter si ces inconvéniens sont égaux à ceux qu'entraîne une
guerre de commerce, ce n'est pas pour
soutenir une demande aussi raisonnable
que celle de la liberté du négoce, qu'on
a livré des batailles, ou négocié des traités;
c'est pour extorquer des autres Peuples, des
avantages déraisonnables, et souvent onéreux pour celui qui les accorde, en même
tems qu'inutiles pour celui qui les obtient.

Les négociateurs qui ont conclu des traités de commerce, ne se sont pas tous proposé le même but; les uns ont procuré
à leurs marchands un monopole, dans le
pays avec lequel ils traitoient; les autres
sans considérer autant l'intérêt des marchands, ont voulu s'assurer la pratique des

pays, avec lesquels la balance du commerce étoit supposée favorable ; d'autres enfin plus raisonnables , ne se sont proposé que d'ouvrir aux productions de leur pays, un marché libre et étendu dans un pays voisin, de manière à multiplier les échanges, et à animer l'industrie. Examinons l'effet de ces trois sortes de traités.

Pour procurer aux marchands nationaux le monopole d'un pays étranger , l'on n'ira pas jusqu'à demander que la nation avec laquelle l'on traite, exclue de ses marchés tout autre négociant ; mais l'on a obtenu, et l'on peut obtenir encore, qu'elle exempte les premiers des droits que payent toutes les autres nations, ou qu'elle surcharge les autres nations de droits supérieurs à ceux que paye la plus favorisée. C'est ainsi que les marchands Suisses obtinrent dès l'année 1571 , par le traité du corps Helvétique avec Charles IX , d'être exemptés de tous les droits de la douane du Roi , pour tou-tes, ou presque toutes les marchandises sur lesquelles ils négocioient ; c'est de même, que les Portugais obtinrent par leur traité

de 1703 avec l'Angleterre, lequel sera bien‑
tôt examiné sous un autre rapport, que les
vins de France payeroient toujours à leur
entrée en Angleterre, un tiers de plus que
ceux de Portugal.

Une pareille stipulation, dérange l'équili‑
bre du commerce, et établit une espèce
de monopole ; elle enlève aux uns ce dont
elle fait un profit pour les autres, et elle
cause à tout prendre, plus de perte que
d'avantage.

Si la nation favorisée est absolument af‑
franchie de l'impôt que payent les autres,
comme l'étoient les Suisses par leur capi‑
tulation avec la France ; le Fisc perd tout
l'impôt qu'il auroit pu percevoir sur le com‑
merce de cette nation ; le prix des mar‑
chandises pour les Suisses, se trouvant alors
moins élevé, que le prix des mêmes mar‑
chandises importées par des Allemans ou
d'autres étrangers, les premiers pouvoient
les céder au consommateur à meilleur
compte : ce n'est pas cependant qu'ils les
cédassent au prix intrinsèque, car leur nom‑
bre ni leurs capitaux n'étant pas propor‑

tionnés au nombre des consommateurs, ils ne pouvoient suffire seuls à les fournir. Ils forçoient donc les autres marchands à rabattre quelque chose de leur prix, tandis qu'ils élevoient le leur au même niveau; tout ce qu'eux-mêmes faisoient payer aux François de plus que le prix intrinsèque, pour les marchandises qu'ils leur vendoient, étoit une perte pour ceux-ci, car c'étoit un profit de monopoleur, qui parvenoit aux marchands suisses, au lieu de parvenir au fisc.

Il n'est pas douteux que les marchands suisses ne gagnassent à une exemption qui augmentoit leur profits, mais pour savoir si leur nation y trouvoit elle-même son avantage, il faudroit connoître quelle étoit à cette époque l'état de ses capitaux, et s'assurer qu'elle en eût déjà alors de surabondans à sa circulation intérieure; autrement, en attirant vers un commerce étranger plus de fonds qu'il n'en auroit admis sans cette faveur, on pouvoit faire un plus grand mal au gros de la nation, qu'on ne faisoit de bien à quelques particuliers; car on pouvoit faire languir les manufactures et l'agriculture du pays, où le capital suisse ne maintenoit que des ouvriers suisses, pour mettre en activité par une circulation plus lente, un plus petit nombre d'ouvriers moitié Suisses moitié François.

L'avantage que le traité négocié par M.ᵣ Methuen a procuré aux Portugais sur les Anglois, est d'une autre nature. Ce ne sont pas les marchands Portugais qui sont favorisés, mais les marchandises de leur pays, en sorte qu'au lieu d'attirer leurs capitaux hors de Portugal, on les fixe en plus grand nombre chez eux, en y favorisant la culture de la vigne. L'animosité des Anglois contre les François, leur a fait outrepasser la promesse qu'ils avoient faite au Portugal; car en réunissant tous les subsides sur le vin, celui de Portugal entré au port de Londres sur un vaisseau Anglois, y paye à peine la moitié de ce que paye le vin François; et ces impôts sont si exorbitans, qu'ils ne laissent plus de choix au consommateur entre les vins des deux pays : l'impôt seul est si fort supérieur au prix d'achat, et aux frais de port de l'un et l'autre vin,

que

que ces dernières circonstances sont celles qui influent le moins sur la vente. Les Anglois pour favoriser le Portugal ont donc pris l'engagement de payer à un plus haut prix, un vin qu'en général ils estiment moins, et de le transporter chez eux à plus grands frais, plutôt que d'admettre celui qu'ils ont à leur porte. Toute la perte que fait à cet égard l'Angleterre, ne tourne pas au profit du Portugal ; le seul avantage réel que celui-ci recueille du traité, c'est que la demande de l'Angleterre faisant hausser le prix relatif de ses vins, au - dessus de l'intrinsèque, ses marchands obtiennent sur les Anglois le bénéfice du monopoleur, et trouvent, ou du moins peuvent trouver, un plus grand profit dans la culture de la vigne, que dans le déployement d'une autre branche d'industrie.

Ce traité que M.ʳ Methuen conclut avec le Portugal en 1703, est cependant considéré par quelques personnes, comme le fruit de la plus admirable politique de la part de l'Angleterre, laquelle obtint à cette occasion, que la prohibition de ses draps seroit supprimée, et qu'on les admettroit en Portugal sur le même pied que ceux de toute autre nation. Ceux qui en jugent ainsi, n'estiment dans le commerce, que l'avantage de traiter avec des nations qui payent en or ou en argent, et dont la balance est par conséquent à leurs yeux toujours favorable; tel est le Portugal, qui n'a pour principale marchandise que les métaux précieux qu'il tire du Brésil. A quelque prix qu'on pût s'assurer une aussi excellente pratique, on ne croyoit pas devoir marchander avec elle.

De tous les avantages cependant que l'on peut rechercher dans le commerce, le plus futile, le plus vain, c'est celui de vendre à une nation qui paye en numéraire, et non par d'autres marchandises. Je crois avoir suffisamment démontré dans le premier livre de cet ouvrage, que l'or n'étoit point ce qui constituoit la richesse réelle d'une nation, mais qu'il étoit seulement le signe de cette richesse, signe au moyen duquel elle étoit transportée d'une main à une autre, et mise en activité; que si l'on pouvoit entasser sur un seul pays tout le numéraire de l'Univers, et l'empêcher d'en sortir, ce numéraire ne le rendroit pas plus riche ; que si pour l'obtenir, on l'avoit échangé contre la richesse réelle, ou les objets servans à la consommation des hommes, le pays seroit fort appauvri par un pareil échange, puisque la valeur du numéraire ne se proportionne ni à son poids, ni à sa quantité, mais à la valeur de la richesse mobiliaire qu'il fait circuler; qu'une nation qui seroit privée de la richesse réelle, et n'en auroit que le signe, si elle ne pouvoit échanger ce signe chez les nations voisines, verroit cesser son industrie et ses moyens d'exister ; qu'enfin le numéraire n'avoit de valeur, qu'autant qu'on s'en défesoit, puisqu'on ne pouvoit le garder sans perte, ni l'employer à son propre usage.

Nous avons vu également que par une conséquence nécessaire de l'empressement de tout détenteur de numéraire à ne point le laisser chômer entre ses mains, il n'en restoit jamais dans un pays au delà de la quantité requise pour faciliter la circulation de sa richesse, et de plus que cette quan-

tité ne changeant qu'imperceptiblement ;
lors même que la richesse totale change
beaucoup, il devoit ressortir chaque année
de chaque pays , à très peu de chose près,
autant de numéraire qu'il en entroit ; en sorte
que si on ne s'occupe que du numéraire
dans la balance du commerce, elle doit
toujours être égale , chaque pays en expor-
tant, à très peu de chose près, autant qu'il
en importe ; d'où vient que si l'on en importe beaucoup d'un pays particulier, on
en exportera beaucoup à tous les autres.
Si par exemple l'Angleterre recevoit, comme
on l'a prétendu , 5o,ooo liv. sterl. chaque
semaine en or par le paquebot de Lisbonne,
elle devoit exporter chaque semaine 5o,ooo
liv. sterl. entre les Indes , l'Amérique , le
Levant, l'Allemagne , l'Italie , et la France.
En effet, comme on a donné le nom de balance favorable , au résultat d'un commerce
qui produit un retour en numéraire, et de
balance défavorable, à celui d'un commerce
qui occasionne une exportation d'espèces ;
ceux qui se sont occupés de ce futile calcul,
ont constamment déclaré en Angleterre,

que la balance de son commerce avec le
Portugal étoit favorable , et celle du commerce avec toutes les autres nations défavorable. Remarquons en passant que ces
calculs sont aussi inexacts qu'inutiles ; les
Anglois ont toujours cru que la balance
étoit contr'eux dans leur commerce avec la
France , et les François n'ont pas vu de
meilleur œil leur commerce avec l'Angleterre. D'après les principes du système mercantile, il est cependant impossible que ces
deux nations y perdissent toutes deux ;
d'après celui de la raison, on ne peut douter que toutes deux n'y gagnassent.

L'or que les Anglois exportent de Lisbonne , n'est point un profit qu'ils fassent
sur le Portugal, c'est une marchandise qu'ils
ont achetée , et aussi bien payée qu'aucune
autre que le commerce puisse procurer en
échange ; ils n'ont certainement pas donné
moins de leurs étoffes , ou de leur quincaillerie, pour avoir mille livres sterling en
or, que pour en avoir la valeur dans le
même lieu, en vins, en oranges, ou en autres marchandises du cru du Portugal ; leur

bénéfice sur la vente est précisément le même. Mais à leur retour en Angleterre, ils font un bénéfice sur la vente des vins qu'ils rapportent, il convient donc qu'ils en fassent aussi un, sur le numéraire, lorsqu'ils en forment leur cargaison, autrement ils perdroient à se charger de ce retour-là, plutôt que de tout autre. En effet, l'or obtenu en Portugal de la première main, y vaut moins qu'ailleurs, et il y a un bénéfice à faire sur son exportation, qui se proportionne exactement au bénéfice qu'on peut faire sur celle de toute autre marchandise du pays. On cesseroit de faire un pareil commerce, si ce profit n'étoit pas égal à celui que procure toute autre cargaison; on ne feroit plus d'autre exportation que celle-là, si ce profit étoit plus considérable que les autres. Dès l'instant qu'on trouveroit moyen d'empêcher la réexportation de l'or qui vient aux Anglois de Lisbonne, son importation cesseroit aussi-tôt, parce qu'au lieu d'y avoir du profit à faire un pareil commerce, il n'y auroit plus que de la perte.

Le commerce des matières fines ne mérite donc pas plus qu'un autre les faveurs du Gouvernement, car il ne procure pas plus d'avantages à la nation qu'un autre, et n'augmente pas plus ses revenus. Au contraire, comme ce n'est jamais qu'un commerce de transport, qui consiste à tirer les métaux d'un pays, pour les réexporter dans un autre, sans jamais les appliquer à l'usage propre du pays commerçant ; il est dans la classe de ceux qui contribuent le moins à la prospérité d'un État, puisque les deux capitaux qu'il remplace alternativement, sont tous deux étrangers, et qu'il met en mouvement moins d'industrie nationale qu'aucun autre.

Le Gouvernement François sera peut-être appelé à négocier quelque traité de commerce avec l'Espagne ; ce pays ainsi que le Portugal, distribue du numéraire à toute l'Europe, et lorsqu'il aura reçu celui qui s'accumule pour lui en Amérique, il en aura une très grande quantité à exporter (1).

_____

(1) L'Espagne vendoit chaque année beaucoup de

Si le Ministère François prête l'oreille aux
fauteurs du système mercantile, il ne s'oc-
cupera peut-être que des moyens de favoriser l'entrée des piastres Espagnoles dans
notre pays. Nous avons vu que la sura-

---

numéraire, et paroissoit cependant toujours en être
dépourvue : ce dénuement peut fort bien s'accorder
avec le bas prix des matières fines : deux causes con-
courent à l'expliquer. Premièrement, l'Espagne est
demeurée si pauvre, elle a si peu de commerce, et
les échanges y sont si peu fréquens, proportionnellement à son étendue, qu'elle n'a besoin pour sa circulation, que d'une bien moindre masse de numéraire
que tout autre pays. Secondement, elle a tellement
multiplié sa monnoie de billon, que le cuivre a dû
nécessairement chasser l'or et l'argent de chez elle :
dès que la quantité de monnoie de cuivre cesse d'être
proportionnée à la masse totale du numéraire, elle
a précisément le même effet qu'un papier-monnoie,
dont elle ne diffère point, sa valeur étant également
fictive, indépendante du travail accumulé en elle,
et méconnue hors des Etats d'un seul Souverain.
Tout ce que nous avons dit, Liv. I. Chap. VI. du
papier-monnoie, peut s'appliquer au billon, et suffit
pour faire comprendre comment celui-ci chasse d'un
pays, les espèces d'or et d'argent qui y circulent con-
curremment avec lui.

bondance des espèces en Espagne , y avoit
fait baisser leur valeur relative , ce qui est
la même chose que de renchérir tout ce qui
peut s'échanger contr'elles ; en sorte que la
prohibition d'exporter le numéraire, lui avoit
occasionné une perte habituelle, sur la valeur avec laquelle elle paye la plus grande
partie de ses achats , sur le numéraire, qui
est la principale marchandise qu'elle destine
à l'exportation. En engageant l'Espagne à
abolir cette prohibition , on procureroit
l'avantage de cette nation alliée, sans causer
à la France ni lucre ni préjudice ; mais si
l'on s'efforçoit ensuite de retenir à nos autres frontières le numéraire qui seroit entré
par celle-là, on feroit à la France le mal
que la même prohibition a fait à l'Espagne;
on feroit baisser le prix de l'argent, ce qui
est la même chose que de faire hausser le
prix de la main d'œuvre, et celui de toutes
les marchandises qui s'échangent contre cet
argent, et l'on partageroit avec l'Espagne,
une perte qu'elle fait aujourd'hui toute
seule (2).

_____

(2) D'après Peuchet. Diction. de la Géog. comm.

Le Gouvernement François a annoncé aux
négocians, qu'il n'étoit point encore disposé à conclure des traités de commerce ;
sans doute il a raison de différer, pour se
donner le tems de connoître les vrais besoins de la France, et de distinguer les
clabauderies de quelques fabricans, d'avec
le vœu général du commerce et des consommateurs : mais si après cette étude préa-
lable, il vient à en conclure, il faut espérer
que ce ne sera point sur les bases étroites
et mesquines dont nons venons de rendre
compte, et que la faveur qu'il procurera
au commerce, ce sera celle d'être libre, et
rendu à ses propres forces.

Le projet d'affranchir le commerce, est
celui que s'est proposé la troisième classe
de négociateurs, dont nous avons encore à
parler. Le commerce est un avantage pour

Tom. IV. p. 419. à l'époque qui a précédé la révolution, la France tiroit d'Espagne annuellement des espèces d'or ou d'argent, pour la valeur de 62,500,000 fr.
Il est probable que dans peu d'années ce commerce se
rétablira sur le même pied.

chaque particulier ainsi que pour chaque Peuple, soit au moment où il achète, soit en celui où il vend : dans le premier cas, il lui procure ce dont il a besoin, à un plus bas prix relatif qu'il ne l'auroit eu sans le commerce, dans le second, il lui fait vendre ce qu'il a de trop, à un plus haut prix relatif qu'il ne l'auroit fait sans son secours ; la première opération diminue ses dépenses, la seconde augmente ses revenus. Plus le commerce sera libre et étendu, et plus la France pourra acheter à bon marché des autres nations ce dont elle a besoin pour sa consommation, ou ce qu'elle peut appliquer à son usage, plus par conséquent les épargnes qu'elle pourra faire sur ses dépenses seront grandes. Plus d'autre part sera multiplié le nombre des chalands qui acheteront d'elle ce qu'elle produit de superflu à sa consommation, plus elle produira pour eux, en raison de l'augmentation de leur demande, et plus elle pourra en même tems hausser son prix relatif, en raison de l'augmentation du nombre des acheteurs, comparé à celui des producteurs ;

en sorte que son revenu sera augmenté, soit par une production plus considérable, soit par un plus' grand profit sur cette production. C'est parceque le commerce fait l'avantage des deux parties contractantes, que la suppression de toutes les entraves qui gênoient la circulation d'une province à l'autre, contribue puissamment à la prospérité de toutes deux. Si l'on supprimoit les obstacles qui gênent le passage des marchandises d'un Etat dans un autre, on rendroit au commerce de l'Europe, le même service qu'on a rendu au commerce intérieur de la France, en portant aux frontières tous les bureaux des fermes, qui arrêtoient la circulation intérieure des Provinces.

Lorsque deux Peuples en contractant un traité de commerce, conviennent d'abolir les entraves qui gênent leur communication, sans profit pour le fisc, ils font à tout prendre un bénéfice égal, encore que l'un des deux achète beaucoup plus de l'autre qu'il ne lui vend. Dans ce cas, le bénéfice du premier sera surtout à l'avantage du consommateur, et en diminution de dépenses,

et le bénéfice du second sera principalement
à l'avantage du producteur, et en augmentation de revenu (3) : mais à ne considérer

_____

(3) C'est sous cette catégorie qu'il faut ranger le
traité de commerce conclu entre la France et la Russie,
le 11 Janvier 1787. Les principes qui ont dirigé les
négociateurs de ce dernier, et de celui entre l'Angleterre et la France, conclu peu de tems auparavant,
sont les mêmes. Les effets des deux traités ne se sont
point cependant fait sentir également, parce que la
France ne peut entretenir avec la Russie qu'un commerce d'une nature bien différente de celui qu'elle
entretient avec l'Angleterre. Par le traité de Pétersbourg, les marchands Russes négocians en France,
sont affranchis du droit de frêt, et de celui de vingt
pour cent sur les marchandises débarquées à Marseille, leurs cires et leurs suifs obtiennent une réduction de vingt pour cent sur les droits portés par le
tarif, et leurs fers sont admis sur le pied de ceux des
nations les plus favorisées; (art. X, XI et XII.)
En revanche, l'Empereur Russe accorde aux François
dans ses ports les mêmes avantages qu'à ses propres
sujets, et il diminue les droits perçus sur les vins et
les savons de France. (Art. XII.) Ce traité ne statue
rien quant aux manufactures de l'une et de l'autre
nation, tandis que par celui du 20 Juin 1766, entre
l'Angleterre et la Russie, les droits sur les draps et les
étoffes angloises sont fixés d'une manière modérée.

que l'extension donnée au marché du vendeur, tout traité de commerce dont la li-

---

Le traité de Pétersbourg pouvoit être beaucoup plus
avantageux à la France et à la Russie, puisqu'il pouvoit accorder à leur commerce réciproque une liberté
beaucoup plus grande. Tel qu'il étoit, il contribuoit
déjà sans doute à augmenter les revenus, à diminuer
les dépenses de l'une et de l'autre. Il donnoit aux
Russes plus de facilité pour obtenir un bon prix de
leurs matières premières, et pour s'approvisionner
sans trop de frais des produits du sol ou de l'industrie françoise; il donnoit aux François plus de facilité pour se pourvoir à bas prix des matières premières que leur fournit le Nord, et pour y vendre
d'une manière profitable leurs vins et leurs savons.
Mais ceux qui adoptent le système mercantile, considèrent les avantages que la Russie retiroit de ce traité,
plutôt comme des pertes, tandis qu'ils regardent
comme d'une haute importance ceux qui en résul-
toient pour la France; aussi le traité avec la Russie
est-il hautement approuvé par les mêmes gens qui
condamnent celui avec l'Angleterre. Nous les regardons tous deux comme avantageux, et ces deux commerces comme profitables; cependant celui des deux
qui convient le mieux aujourd'hui à la nation Françoise, n'est point le commerce Russe, mais le commerce Anglois; car le premier consiste principalement
en ventes à crédit, et en achats pour comptant, ce
qui constitue un prêt des capitaux françois à la Russie,

berté est la base , est encore constamment avantageux aux producteurs des deux nations qui contractent , parce qu'il n'arrive jamais qu'une nation achète d'une autre uniquement à crédit ou en numéraire , et sans lui vendre quelque chose en retour. Quant aux producteurs cependant, ceux-là y trouvent le plus grand avantage, qui appartiennent à la nation la plus petite et la plus pauvre des deux , parce que le marché qui leur est ouvert, est d'autant plus avantageux, qu'il est plus vaste et plus riche.

Je ne puis me refuser à extraire à cette occasion, le discours par lequel M.ʳ Pitt défendit en Parlement le 12 Février 1787, le traité de commerce qu'il venoit de conclure avec la France : ce discours est également

---

et présente ce que les calculateurs politiques appellent une balance favorable; tandis que le commerce avec l'Angleterre, vu le taux de l'intérêt et l'état des fabriques dans les deux pays , sous l'apparence d'une balance défavorable , se composeroit de ventes pour comptant et d'achats à crédit; de telle sorte que la France attireroit à elle à titre d'emprunt, pour une somme considérable de capitaux anglois.

curieux par sa bonne logique, et par la
comparaison qu'on en peut faire avec la
conduite subséquente de ce Ministre, alors
tout fraîchement entré dans l'administration.
» Il n'est point vrai, disoit-il, qu'une na-
» tion doive être l'ennemie naturelle et inal-
» térable d'une autre, cette inimitié n'est
» point confirmée par l'expérience des na-
» tions ou l'histoire des hommes ; c'est ca-
» lomnier la constitution des sociétés politi-
» ques, et supposer l'existence d'une ma-
» lignité infernale dans le caractère humain.
» Les François dans la plupart de nos
» guerres avec eux, ont été il est vrai, les
» agresseurs, mais leur franchise dans la
» négociation actuelle, mérite de notre part
» une égale confiance. Il seroit ridicule d'es-
» pérer que les François consentissent à
» nous céder des avantages, sans obtenir de
» compensation ; aussi le traité conclu avec
» eux, leur sera-t-il sans doute avantageux ;
» mais il le sera plus encore à nous-mêmes.
» La France obtient pour ses vins et pour ses
» autres productions, l'entrée d'un riche et
« vaste marché ; nous obtenons pour nos
　　　　　　　　　　　　» manufactures

» manufactures le même avantage, mais
» dans un degré bien supérieur. La France
» acquiert huit millions de consommateurs,
» nous en acquérons vingt-quatre millions;
» il faut profiter du moment où les deux
» nations sont disposées à former des rela-
» tions si avantageuses. La France doit aux
» bienfaits de la Providence, le meilleur
» sol, le plus beau climat, les plus riches
» productions ; elle possède plus qu'aucune
» autre contrée, dans ses fertiles vignobles
» et ses abondantes moissons, tout ce qui
» peut rendre la vie heureuse. L'Angleterre
» d'autre part, moins favorisée par la na-
» ture, doit à son heureuse liberté, à sa
» constitution, à l'égalité de ses loix, et à
» la sûreté qu'elles procurent, de s'être éle-
» vée au plus haut degré de grandeur com-
» merciale, et de s'être mise en état de
» fournir à la France, les commodités de la
» vie, en échange des précieuses produc-
» tions de son sol (4).

_____

(4) Lloyd history of England from the peace in 1783
Chapt. II. §. 27.

Tome II. Cc

Le traité de commerce signé le 26 Sept.
1786 étoit en effet, quelques réclamations
qu'il ait excitées, avantageux pour les deux
nations; et il l'étoit pour les producteurs
de chacune, comme le remarque M.ʳ Pitt,
(qui, ainsi que les autres politiques, compte
ici pour rien l'intérêt des consommateurs,)
en raison de l'étendue du marché qu'il offroit à l'une chez l'autre; c'est-à-dire, en
raison de la population et de la richesse
de la nation avec laquelle elle contractoit.
Le principe général de ce traité, étoit d'admettre mutuellement l'importation et l'exportation des marchandises de l'un et de l'autre
pays, moyennant une contribution modique,
et proportionnée à leur valeur, qu'elles payeroient à leur entrée (5). Les François avoient

_____

(5) Pour la plupart des objets manufacturés, cette
contribution ne s'élevoit que de dix à quinze pour
cent de la valeur des marchandises. La quincaillerie et
les gazes étoient taxés à dix pour cent. (§ VI. du
Traité, Art. 6 et 10.) les cotons, les modes, la porcelaine et les glaces payoient douze pour cent,
(Art. 7. 11, 12 et 13.) la sellerie payoit quinze pour
cent de la valeur, (Art. 9.) et les batistes cinq schel-

eü la condescendance de consentir à ce que les Anglois, pour maintenir le traité de

---

lings par demi-pièces de sept verges et trois quarts. (Art. 8.) Les droits sur les vins, les eaux-de-vie, les vinaigres et les huiles, quoique fort réduits, ne l'étoient pas autant à beaucoup près : les uns égaloient, d'autres surpassoient même la valeur première de la marchandise. (Art. 1. 2. 3 et 4.) Celui sur la bière étoit fixé à trente pour cent. (Art. 5.) Si la réduction des droits perçus par les Anglois, sur les boissons fournies par la France, avoit été proportionnée à la réduction des droits perçus par la France, sur les marchandises de fabrique angloise, il est probable que de part et d'autre les importations auroient égalé les exportations ; tandis que d'après les relevés des douanes Françoises, on calcule que les importations de marchandises angloises se sont élevées,

pour l'an 1787 à 58,500,000 francs.
1788 63,000,000
1789 58,000,000

Et les exportations des marchandises françoises en Angleterre ont monté

en 1787 à 38,000,000
1788 34,000,000
1789 36,000,000

Il faut remarquer qu'en 1789 l'Angleterre fournit à la France pour 18,000,000 de grains, farines ou lé-

Cc 2

Methuen, ne fissent payer aux vins de Portugal, que les deux tiers des droits d'entrée qu'ils leur faisoient payer à eux-mêmes, ce qui n'étoit pas juste, mais ne leur devenoit défavorable, qu'autant que ces droits étoient fort élevés.

Mr Pitt en exposant les avantages com-

---

gumes. En retranchant cet article absolument accidentel, de la valeur des ventes de l'Angleterre, elle se trouve à peu près au niveau de la valeur de ses achats.

En 1789, le taux de l'intérêt étoit à peu près le même en France et en Angleterre; nos capitaux avant la révolution suffisoient à notre industrie, il n'y avoit donc pas de raison pour que l'Angleterre fût constamment prêteuse, la France constamment emprunteuse; après que le mouvement extraordinaire produit par le traité de commerce auroit été calmé, l'équilibre se seroit peu à peu rétabli entre les achats et les ventes.

Il n'en seroit pas de même aujourd'hui dans nos relations avec l'Angleterre, nous avons trop besoin d'emprunter d'elle des capitaux, elle a trop d'intérêt à nous en prêter, pour que ses ventes a crédit ne surpassent pas ses achats, d'une somme d'autant plus forte, que nos relations commerciales avec elle se resserreront davantage.

parés du traité de commerce, pour l'Angleterre et pour la France, s'étoit étudié à
relever les premiers, à diminuer les derniers; il ne voyoit d'un côté que huit millions de consommateurs, et de l'autre vingt-
quatre millions. Dans le fait, la France obtenoit un marché tout aussi avantageux que
la Grande-Bretagne; outre que l'on ne voit
pas trop pourquoi il ne faisoit entrer dans
son calcul que l'Angleterre seule, d'entre
les trois Royaumes unis, le marché ouvert
à la France étoit bien plus riche que celui
qu'elle offroit. Les consommateurs riches
ont des besoins beaucoup plus étendus que
les consommateurs pauvres, et font des
achats beaucoup plus considérables. De plus,
tous les sujets de la Grande-Bretagne dans
l'un et l'autre hémisphère, devenoient indirectement les consommateurs de la France;
car tous les produits de notre industrie, qui
peuvent convenir à l'Inde ou aux Colonies
Angloises, auroient été achetés pour elles
par les Anglois, dès l'instant qu'ils n'auroient plus été accablés de droits.

La France peut produire une quantité

prodigieuse de vin au delà de sa consommation ; elle en produit souvent au delà de
ce que le commerce en peut placer, au
point de faire baisser le prix relatif de cette
denrée au-dessous de son prix intrinsèque,
et c'est ce qui a fréquemment réduit à la
misère les vignerons et les propriétaires de
vignobles ; mais si la vaste et riche contrée
qui avoisine la France, et qui pourroit avec
tant d'avantage profiter de ses vins, lui étoit
ouverte, leur prix relatif se soutiendroit toujours, et la culture de la vigne, qui est
celle de toutes où le produit brut est le
plus considérable , proportionnellement à
l'étendue du terrain, celle qui met en mouvement le plus de main d'œuvre , qui fait
vivre la population la plus nombreuse ,
seroit encouragée , parce qu'elle rendroit un
profit net au moins égal à celui d'aucune
autre culture ; tous les coteaux qui ne sont
aujourd'hui couverts que de broussailles,
pourroient être convertis en vignobles, et
peuplés d'habitations ; une plus grande demande de blé pour nourrir tant de vignerons, encourageroit aussi la culture de cette

denrée, et les landes ni les jachères ne
feroient plus honte à notre système d'agriculture. La population de la France s'ac-
croîtroit, mais ce ne seroit qu'en raison de
l'accroissement de son revenu, et par conséquent d'une manière qui ne pourroit être
à charge. Telles sont les espérances que l'on
pourroit fonder sur l'affranchissement de
notre commerce avec l'Angleterre, comme
aussi sur l'augmentation de notre exportation de vins en Amérique, jusqu'à ce que
ce vaste continent soit assez peuplé, pour
que le prix excessif de la main d'œuvre, n'y
empêche pas la culture de la vigne : tel
étoit le bénéfice que nous pouvions recueil-
lir du traité de commerce de 1786. Mais
les Gouvernemens ont toujours donné moins
d'attention aux réclamations des paysans et
des propriétaires de terre, qu'à celles des
marchands; soit parce que les premiers
n'étant point animés par un esprit de corps,
se forment plus difficilement une idée de
leurs propres intérêts, soit parce qu'ils mettent moins de chaleur à les poursuivre, et
se distinguent par un plus grand désinté-

ressement, dont ils donnent tous les jours
des preuves, en sacrifiant leur propre avantage à ce qu'ils croient être celui du commerce.

Les entrepreneurs de plusieurs manufactures se plaignirent amèrement, de ce qu'en
ouvrant l'entrée de la France aux produits
de l'Angleterre, on faisoit tomber les profits qu'ils ne devoient qu'au monopole. Tous
ceux des ateliers dont l'existence étoit artificielle, qui travailloient chèrement, et dont
le prix intrinsèque étoit plus élevé que le
prix relatif libre, furent en effet ou fermés,
ou du moins ralentis. Quoique ces ateliers
ne fussent pas nombreux, et que leurs produits ne fussent que très peu de chose, com-
parés au produit total de l'industrie Françoise, leurs clameurs se firent entendre
d'un bout de l'Empire à l'autre. Si l'on avoit
comparé l'industrie en souffrance, avec celle
dont on avoit augmenté la prospérité, on
auroit trouvé que les fabricans qui réclamoient, ne produisoient pas dans l'année
pour quinze millions de marchandises ; tandis que la France produit, année commune,

par le calcul le plus modéré, au moins pour
trois cent millions de vin (6); et que cette

___

(6) En supposant que le nombre des étrangers qui
boivent des vins de France, ne fasse que compenser
celui des François qui font usage de toute autre
boisson que de vins de notre cru, nous pouvons
partir d'une consommation de trente millions d'individus. Or, on ne peut certainement pas évaluer la
consommation annuelle de chaque individu en boisson, l'un compensant l'autre, à une valeur moindre de
10 fr., ce qui donne tout au plus à chacun une pinte
de vin par semaine. La consommation annuelle de la
France en boissons sera donc de 300 millions, et
nous la supposons égale à sa production. Cette
dernière pourroit être plus que doublée. Il ne s'agit
point dans ce calcul, d'exportation mais de production, parce que les manufactures qui redoutent la
liberté du commerce, et auxquelles nous comparons
les vins, ne peuvent être exportées, puisqu'elles
trouveroient en pays étranger la concurrence des Anglois, dont elles cherchent à se mettre à couvert dans
le leur propre.

Quant à l'exportation de nos vins et eaux-de-vie
pour l'Angleterre, elle s'élevoit pour l'année 1788, à
la valeur de 13,500,000 francs, et si par le traité de
commerce on avoit obtenu, comme il étoit juste,
que les vins de France fussent admis aux mêmes conditions que ceux de Portugal, l'importation annuelle

production étoit bien autant favorisée, que la première étoit découragée. Au reste, nous avons examiné dans le Chapitre second de ce livre les réclamations de ces fabricans, et nous avons fait voir, que loin qu'il fallût s'étudier à leur conserver l'avantage que leur donnoit notre tarif des douanes, cet avantage étoit une perte pour toute la nation, et qu'il falloit le détruire, non-

---

de 12,000 tonneaux de mer, de vin d'Oporto en Angleterre, auroit été remplacée par une importation au moins égale de vins de France. Ces douze mille tonneaux sont payés par l'Angleterre un million et demi sterling.

Rien n'est au reste plus difficile à déterminer, que la quantité de vin produite annuellement par la France. La plus basse estimation que je connoisse, est celle que rapporte l'Abbé d'Expilly sans l'adopter, qui partant d'une étendue supposée de 1,600,000 arpens destinés à la culture de la vigne, donne pour produit 6,400,000 muids de vin, lesquels à 30 fr. seulement, valent 192,000,000. La plus élevée est peut-être celle du Maréchal de Vauban, qui partant d'un autre calcul approximatif sur l'étendue des vignes, donne à la France 36,000,000 de muids de vin, lesquels à 30 fr. valent, 1,080,000,000 fr.

seulement si par là on pouvoit obtenir une faveur pour une industrie infiniment plus étendue ; mais encore, lors même qu'on n'obtiendroit point de retour, et seulement en considération du mal qu'il occasionne à nos consommateurs, dont l'intérêt, ainsi que nous l'avons démontré, est le même que celui de la nation.

Il faut espérer que le moment n'est pas éloigné, où la France donnera aux autres nations, l'exemple d'affranchir tout ensemble leur commerce et le sien; où elle les appellera sans scrupule dans ses ports, et où elle ne demandera d'autre faveur aux nations voisines ou rivales, que celle de ne pas se refuser à leur propre avantage, en lui fermant les leurs. La Suisse est jusqu'à ce jour la seule nation un peu considérable, qui ait adopté constamment pour règle de conduite, cette politique philanthrope. Jamais il n'a existé de tarif des douanes dans les bureaux des divers États de la Suisse ; jamais on n'a cherché à y protéger l'industrie nationale, par l'exclusion de l'industrie étrangère, et aux dépens des con-

sommateurs. Toutes les portes de l'État
sont ouvertes, et si l'on y perçoit des droits,
ce sont des péages pour la réparation des
chemins, et non point des douanes. On n'y
a jamais fondé aucune manufacture qui ne
pût soutenir la plus libre concurrence, mais
aussi toutes celles que la Suisse possède
sont prospérantes, et ne contribuent pas
moins à l'avantage du consommateur, qu'à
celui du fabricant. Les capitaux de la
Suisse ont suivi la direction naturelle que
nous avons indiquée dans le premier livre.
Ils ont avant toute chose alimenté l'agriculture, et l'ont portée au plus haut point
de perfection peut-être, où elle soit arrivée
dans aucun pays du monde. Il faut se rappeler quel rude climat habitent les Helvé-
tiens, et combien d'obstacles ils rencontrent,
dans la rigueur des frimats, et dans l'âpreté
du sol. Ils n'ont point pu, comme dans les
belles plaines de la Lombardie, ou les heureuses collines de la Toscane, faire succé-
der une récolte à une autre ; mais ils ont
toujours su connoître ce qui étoit le plus
propre à leur terre, ils ne lui ont demandé

que cela , et ils l'ont obtenu avec un degré de perfection qu'aucun autre peuple n'a su atteindre. Plus de la moitié de la Suisse ne peut produire que de l'herbe, mais nulle part on n'a mieux entendu l'art de faire produire en abondance à la terre de la bonne herbe , de conserver aux foins toute leur saveur et toute leur vertu , d'élever de beau bétail, et de tirer un grand parti de son laitage. Quelques collines d'un sol stérile d'ailleurs, se sont trouvées propres à la vigne , on les en a couvertes , et il n'existe pas dans l'Univers de plus beau vignoble , dont la culture soit mieux entendue , dont le produit soit plus prodigieux, et rembourse plus régulièrement les frais exorbitans qu'on ne regrette point de faire pour son exploitation , que celui des bords du lac Léman , et surtout de la Vaux. Peu de terres sont propres au blé ; on n'a point cherché à en faire produire à celles qui s'y refusent , mais toutes les fois qu'on leur en demande, on leur prodigue tant de soins, qu'on est assuré d'obtenir d'elles d'abondantes récoltes.

Après que la plus productive de toutes les

industries, l'agriculture, à été complètement
aturée de capitaux, les Suisses ont destiné
les leurs à commercer sur ses produits; un
fonds très considérable est consacré à ce négoce ; on en pourra juger en apprenant que
le seul petit Canton de Schwitz , qui n'a pas
quinze lieues quarrées de superficie , dont
près de la moitié peut-être est occupée par
des rochers stériles, ou des glaces éternelles,
exporte chaque année par son port de Brun-
nen , trois mille vaches d'une si belle race ,
qu'elles ne se vendent pas moins de quinze
louis , l'une dans l'autre ; en sorte que son
exportation en bétail seulement , qui passe
presque tout en Italie, s'élève à 1,080,000 fr.
Il faut y ajouter celle en fromages , en bois
et en merrains , qui est aussi très considérable. Les autres Cantons font aussi bien
que celui-là un commerce immense sur les
productions de la terre.

Pour faciliter les transports , les Suisses
ont ouvert dans tous les sens , des chemins
au travers de leurs montagnes ; on ne peut
les traverser, sans admirer l'immensité du
travail qui les a tracés, et leur parfaite con-

servation ; mais ces industrieux monta-
gnards ne pouvoient vaincre complètement
la nature ; plusieurs de leurs chemins ne
sont point praticables pour des chars ; cette
difficulté a renchéri les frais de voiture. Les
marchandises les plus précieuses sont celles
qui peuvent le mieux supporter ces frais considérables, et c'est sans doute pour cette
raison, qu'il a convenu aux Suisses, lorsqu'ils
ont entrepris des manufactures , de s'attacher à celles d'un prix élevé , et qu'on pouvoit transporter plus au loin : les montres et
la joaillerie du Locle et de la Chaux-de-
Fond , les indiennes et les toiles de coton
d'Appenzell, de Saint-Gall , de Zurich, etc.
vont chercher des consommateurs jusqu'aux
extrémités de l'Europe.

Le commerce intérieur, dont l'importance
est si grande, et qu'on n'estime jamais à sa
vraie valeur , est porté en Suisse au plus
haut degré d'activité. Quel doit être l'éton-
nement du voyageur qui suit pour la première fois les bords du lac Léman, et qui
rencontre de deux lieues en deux lieues , des
petites villes , toutes florissantes, où tous

les habitans respirent l'aisance, sont bien nourris, bien vêtus, bien logés, et où presque toutes les maisons contiennent des magasins et des boutiques, qui ne redouteroient point la comparaison avec celles des villes les plus marchandes de la France. Tout commerce y est également libre, celui d'importation n'est point regardé de mauvais œil; aussi le consommateur Suisse peut-il obtenir à meilleur marché ses habits, ses instrumens, et tout ce qui lui vient du dehors, qu'aucun autre peuple de la terre.

Après que toutes les voies de la circulation ont été saturées de capitaux, il en a surabondé encore, et les Suisses, outre le commerce étranger d'importation et d'exportation, ont entrepris aussi celui de transport. Des capitaux de Neuchâtel, de Bâle, de Lausanne, de Genève, étoient destinés à faire les échanges des François entr'eux, ou avec d'autres nations; ceux des villes de Zurich, Schaffhausen, et Saint-Gall, rendoient le même service aux Allemands; ceux d'Altorf, de Lucerne, de Coire, et d'une foule de villages semés sur la pente méridionale

méridionale des Alpes, en faisoient autant
pour l'Italie, où l'on trouve un nombre prodigieux de riches négocians Grisons, sortis
de villages à peine connus. Dans tous ces
Etats, l'on voit des colonies Suisses et Gene-
voises ; colonies d'un genre bien différent de
celles dont nous avons parlé au Chapitre
précédent', puisqu'elles ne viennent s'établir chez les Peuples, que pour les assister
de leurs richesses et de leur industrie.

La Suisse cruellement dévastée par une
guerre aussi injuste que ruineuse, se relève
du milieu de ses désastres, avec une force
que personne n'attendoit d'elle. Dans tout
le Canton de Schwitz, théâtre de la déroute
des Russes, on ne rencontre plus de ruines :
Stantz, et Stantzstadt dans Underwald, qui
avoient été barbarement brûlés, sont plus
qu'à moitié rebâtis : le Canton d'Ury, où un
incendie général mais accidentel, avoit ag-
gravé les malheurs de la guerre, répare
avec activité ses pertes; ceux de Berne, de
Lucerne, de Fribourg, le Vallais lui-même,
sont prêts à oublier leurs maux passés,
pourvu qu'on ne les redouble pas par de

nouvelles calamités. La Suisse est encore riche, et le capital prodigieux qu'y avoit accumulé l'industrie humaine, ferme partout les plaies qu'on lui a infligées. C'est un grand exemple que le sien à citer en faveur de la liberté du commerce, et de l'abolition de toutes les barrières, qui sous prétexte de balances défavorables, empêchent l'entrée des produits d'une industrie étrangère.

Ce n'est pas, il est vrai, à la liberté du commerce, mais à la liberté civile, qu'il faut attribuer la longue prospérité de la Suisse : c'étoit l'effet du Gouvernement le plus sage, le plus juste, le plus égal, le plus paternel, que l'Univers eût encore connu. Mais parmi les bienfaits d'un Gouvernement si respectable, celui d'avoir affranchi l'industrie, de toutes les entraves, et de tous les monopoles, auxquels les vues étroites des autres Gouvernemens l'ont asservie, n'étoit pas un des moins importans. Puisse le Peuple Suisse retrouver le bonheur dont il étoit si digne ! et puissions-nous apprendre de lui quel est le prix de toute espèce de liberté ! (7)

_____

(7) L'auteur a parcouru la Suisse à plusieurs re-

CHAPITRE IX.

Des Ports Francs.

Il est tems d'arriver à la fin à quelque expédient employé par les Gouvernemens de
l'Europe pour favoriser le commerce, qui
n'ait pas agi à fins contraires, de ce que ces
Gouvernemens s'étoient proposé. Nous les
avons vu se combattre à l'intérieur comme
au dehors par des monopoles; ils ont aussi
songé quelquefois à appeler la liberté à

---

prises, mais c'est d'après ce qu'il a vu, en en faisant
le tour l'automne de l'an X, avec deux hommes distingués que la République vient de perdre, l'illustre
Dolomieu, et l'aimable Préfet du Léman A. M. d'Ey-
mar, qu'il en parle aujourd'hui. Cependant les nouvelles convulsions de la Suisse, et les calamités du
Vallais, doivent emporter chaque jour quelque reste de
cette antique opulence, qui frappoit encore alors les
voyageurs.

leur secours, et c'est dans l'établissement des ports francs, que les Législateurs du commerce ont fait usage de son assistance.

Un port franc est un port où il est libre à tous marchands, de quelque nation qu'ils soient, de décharger leurs marchandises, et d'où ils peuvent les retirer, lorsqu'ils ne les ont pu vendre, sans payer aucun droit d'entrée ni de sortie.

Il faut attribuer l'établissement des ports francs au désir de favoriser le commerce de transport, lequel, ainsi que nous l'avons vu, est considéré par les sectateurs du système mercantile, comme le plus avantageux de tous ; ceux-ci ayant pris l'effet de l'opulence d'une nation pour sa cause.

Lorsque, comme nous l'avons dit plusieurs fois, les premiers canaux de la circulation sont saturés de capitaux, que l'agriculture, les manufactures, et le commerce national, n'offrent pas d'emploi profitable pour des sommes plus considérables, les capitalistes, plutôt que de laisser chômer leurs fonds, les destinent à faire les échanges des autres nations ; ils portent au nord les vins, les fruits, et les huiles du midi; au midi les bois, les chanvres, et les fers du nord; sans que leur nation retire d'autre avantage de ce commerce, que le profit qu'eux-mêmes font dessus; leurs capitaux ne remplaçant jamais que des capitaux étrangers, et ne mettant en mouvement qu'une industrie étrangère. Cependant, aussitôt qu'une nation est assez riche pour que ce commerce soit pour elle le plus profitable de tous, il convient qu'elle le fasse, sous peine de voir chômer son capital, et de perdre une partie de son revenu.

Le commerce de transport peut bien se faire en droiture, par les Hollandois par exemple, des ports de la mer Baltique à ceux de l'Italie, sans décharger les marchandises nulle part sur la route, cependant le marchand qui l'entreprendroit, se trouveroit ainsi dans l'impossibilité de voir jamais la denrée sur laquelle il trafiqueroit. Il ne pourroit que plus difficilement faire des achats, dans le dessein d'attendre que ses marchandises - eussent haussé de prix pour les revendre, ou veiller l'occa-

sion de les envoyer dans celles des contrées
où cette hausse seroit le plus considérable.
C'est d'après ces considérations, que les
marchands Hollandois, qui faisoient le plus
grand commerce de transport de l'Univers,
déchargeoient dans les magasins de la Hollande, un si grand nombre d'entre les marchandises qu'ils transportoient d'une contrée
à une autre, qu'on pouvoit à bon droit appeler les ports de leur République, le
marché général du monde commerçant.
L'étape des marchandises des Indes, du
Levant, de l'Espagne et de la mer Baltique se trouvoit à Amsterdam, celle de
l'Amérique à Flessingue; celle des vins de
France à Middelbourg et Rotterdam; celle
des manufactures Angloises, aussi à Rotterdam; et celle du commerce d'Allemagne à
Dordrecht. Toutes ces marchandises étrangères étoient bientôt réexportées à l'étranger, pour pourvoir aux besoins des autres
nations; et les négocians Hollandois, pour
avoir l'avantage de posséder leurs marchandises sous leurs yeux, et dans leurs magasins; pour y attendre ensuite l'occasion

favorable de les vendre, se soumettoient
à payer les droits d'entrée et de sortie qu'on
exigeoit en Hollande; toutes ces marchandises avoient payé en effet, deux pour cent
de leur valeur, lors de leur introduction
dans le port, et elles devoient payer encore
un pour cent, lors de leur réexportation :
cependant leur valeur n'étoit point augmentée aux yeux du consommateur étranger,
pour avoir été déposées dans les magasins
des Hollandois, il ne les payoit pas plus
cher pour cela, que si elles étoient venues
en droiture de leur lieu natal; il falloit donc
que cette différence de trois pour cent, ainsi
que les frais de chargement et déchargement,
se retrouvât sur la facilité que donnoit au
marchand, pour profiter des occasions, et
attendre les bonnes chances, la division du
commerce en deux branches indépendantes,
l'une de la Hollande à la Baltique, l'autre
de la Hollande à l'Italie.

Les Vénitiens, qui faisoient autrefois un
immense commerce de transport, et qui en
font encore un considérable, avoient également dans leur ville un entrepôt de toutes.

les marchandises du Levant et du midi de l'Europe ; cependant ils prélevoient aussi un droit d'entrée d'un pour cent, et un droit de sortie de demi pour cent, sur toutes les marchandises dont on trafiquoit dans leur port.

Malgré ces deux exemples, on sent fort bien que tout droit prélevé sur des marchandises, qui entrent dans un lieu destiné à servir d'entrepôt au commerce étranger, doit nuire essentiellement à ce commerce. La nation qui l'entreprend, a déjà du désavantage, lorsqu'elle doit soutenir la concurrence de la nation qu'elle approvisionne, si celle-ci fait pour son propre compte, un commerce d'importation et de consommation ; elle ne peut soutenir cette concurrence, qu'en se contentant d'un moindre profit que les marchands importateurs ; mais si une partie de ce profit lui est encore enlevée par un impôt, qu'elle n'a aucun moyen de se faire rembourser par les consommateurs, elle devra bientôt renoncer à les approvisionner. L'expérience a prouvé, que le commerce de transport des Hollandois, pouvoit supporter un impôt de trois pour cent , dans un tems où ils étoient presque les seuls Peuples de l'Europe, dont le capital fut assez considérable pour l'entreprendre ; il est douteux qu'il pût supporter encore aujourd'hui une taxe si forte ; il est certain du moins que tout autre Peuple moins riche ne pourroit pas la payer.

Cependant les douanes de presque toutes les autres nations, prélèvent des droits bien supérieurs à ceux-là; rarement ils sont moindres du dix pour cent , souvent ils vont fort au delà. Il seroit absolument impossible , que des marchandises débarquées aujourd'hui à Nantes, à Bordeaux, etc. après avoir payé les droits selon le tarif, pussent être ensuite réexportées et vendues à des étrangers ; cela seroit encore impossible, pour toutes celles qui resteroient assujetties à l'impôt, quand même on auroit réduit la douane à n'être plus qu'une contribution. La perte du marchand seroit trop considérable, car l'étranger n'étant point soumis à notre monopole, notre prix accidentel ne règle point son prix relatif.

C'est pour parer à cet inconvenient, que
plusieurs Gouvernemens ont pris le parti
de mettre quelques villes, ou quelques ports
de mer, en dehors de l'Etat, s'il est permis
de s'exprimer ainsi, ou du moins en dehors
de l'enceinte de ses douanes; de telle sorte
que leur impôt se perçoive, non point pour
eutrer dans ces villes, mais pour passer de
ces villes dans le reste de l'Etat. Les Anglois ont dans le même but, mis en usage
un autre expédient, c'est de rendre à la
sortie, sous le nom de *drawback*, l'impôt
qu'ils ont prélevé à l'entrée. Cette restitution
est quelquefois désignée sous le nom impro-
pre de *prime*, par les économistes François.

Les principales villes auxquelles on a
accordé le privilége de *Port franc*, sont
Baïonne, Dunkerque, Marseille, Gênes,
Livourne, Ancone, et Trieste : leur franchise n'a pas plutôt été assurée, qu'on a vu
les capitaux mercantiles s'y multiplier, et
les dernières de ces villes devenir l'entrepôt de tout le commerce de la méditerranée.
Jamais le succès n'avoit répondu plus pleinement aux vues du Gouvernement. M.^r

Herrenschwand a pris acte de cette prospérité des ports francs pour les décrier.
» L'établissement prématuré des ports francs,
» dit-il, tend directement à faire descendre
» la nation, du degré de prospérité dont
» elle jouit au moment où les ports francs
» s'ouvrent; car les commerçans nationaux,
» pour pouvoir entreprendre le commerce
» extérieur de transport, auquel ils seront
» invités par les ports francs, seront obligés
» de retirer graduellement leurs capitaux,
» soit des branches du commerce intérieur,
» soit de celles du commerce extérieur de
» consommation (1) ». Mais dans cette occasion comme dans bien d'autres, M.ʳ Herrenschwand en adoptant les principes d'Adam
Smith, se trompe sur les faits auxquels il
en fait l'application. L'établissement d'un
port franc n'invite aucun capital à faire le
commerce de transport; car il ne lui assure
ni monopole, ni bénéfice supérieur à tout
autre; il le décharge seulement d'une perte
que ce commerce ne pourroit supporter.

_____

(1) Herr. Disc. sur la popul. p. 94.

Le marché général du monde commerçant, dans lequel il ne peut y avoir ni privilége exclusif, ni monopole, offre nécessairement un bénéfice moins considérable,
que le marché d'un pays particulier, où les
capitaux manquent, et où les capitalistes
profitent de leur petit nombre pour élever
le taux de leurs gains. Lorsque Louis XIV
accorda au mois de Mars 1669 une franchise générale au port de Marseille, il ne
donna, ni ne put donner par là, aucun avantage aux Marseillois sur les Hollandois, qui
étoient déjà en possession du commerce de
transport. Si les derniers se contentoient à
cette époque d'un bénéfice de dix pour cent,
et que les premiers en trouvassent quinze
ou seize, dans les manufactures de Provence, le commerce intérieur, ou le commerce extérieur de consommation; on ne
peut croire que les Marseillois renonçassent
au bénéfice le plus considérable, pour se
contenter du moindre, afin de profiter de
la franchise de leur port. En effet le commerce de Marseille, autant qu'il étoit fait
par des François, n'étoit point un commerce

de transport, mais un commerce éxtérieur de consommation, quelquefois direct, et quelquefois circuiteux. Cependant s'il étoit arrivé que les Marseillois ne trouvassent dans aucun commerce national, les mêmes bénéfices qu'ils pouvoient trouver dans le commerce de transport; c'auroit été un signe certain, qu'ils étoient plus riches que toutes les nations avec lesquelles ils se trouvoient en concurrence, et par conséquent, qu'ils étoient en état de faire le commerce de transport. La proportion des profits au capital va en décroissant, ainsi que nous l'avons vu, comme les capitaux augmentent; et la nation qui se contente des moindres profits, doit toujours être la plus riche.

Loin que l'établissement d'un port franc ait fait prématurément passer les capitaux à un commerce de transport, il a eu le plus souvent l'effet contraire, celui d'attirer des capitaux étrangers vers le commerce intérieur. Les nations capitalistes, qui sont toujours en cherche d'un trafic nouveau, dans lequel elles puissent employer leurs fonds

surabondans, regardent tous les ports francs
comme étant pour elles une seconde patrie.
En effet, l'on trouve à Livourne, à Gênes,
à Ancone, à Trieste, et même à Venise,
des colonies de riches marchands Hollandois, Anglois, Hambourgeois, Genevois,
Levantins, qui y ont fixé leur habitation,
et qui font de ces ports le centre de leur
commerce. Outre les fonds qui leur appartiennent en propre, ils négocient souvent
aussi sur des capitaux qu'ils ont obtenu
dans leur pays, au moyen de leur crédit.
Les cinq sixièmes des capitaux du commerce de Livourne, sont étrangers à la Toscane ; il est probable qu'il en est de même
dans les autres ports francs, excepté cependant celui de Gênes ; cette République
ayant accumulé depuis long-tems des capitaux immenses, qu'elle ne peut employer
autrement que dans le commerce extérieur.

Les étrangers qui s'établissent dans les
ports francs, ne se bornent point à y faire
le commerce de transport, ils s'y trouvent
placés avantageusement pour le commerce
d'exportation et d'importation ; en sorte que

leurs capitaux remplacent alternativement,
ceux de la nation au milieu de laquelle ils
sont établis, et ceux des étrangers ; la cer-
titude de trouver un marché si rapproché,
si vaste, et si bien fourni, augmente la
rapidité de la circulation dans les Provinces
voisines, et y procure un grand avantage,
soit aux consommateurs, soit aux artisans.
Les marchands étrangers domiciliés dans
les ports de mer, se laissent même souvent
tenter de retirer leurs capitaux du commerce
extérieur, pour les destiner uniquement à
maintenir l'industrie du pays au milieu duquel ils s'établissent : c'est ainsi que j'ai
vu à Livourne, des capitaux considérables
d'Anglois et d'Allemans, employés par des
marchands de ces deux pays à des défrichemens de terre ; et que des Marseillois
que la révolution avoit forcé de se réfugier
également à Livourne, ont employé dans
le voisinage de cette ville, les fonds qu'ils
avoient tiré de France, à y établir un très
grand nombre de savonneries, et d'autres
manufactures (2). En général tout le pays

_____

(2) La liberté du commerce étoit appréciée à sa

qui avoisine un port franc, est bientôt saturé
de capitaux; car ceux que les étrangers y

---

juste valeur, par le bienfaiteur de la Toscane, le Grand-
Duc Pierre Léopold. Il a confié la conservation de ses
principes à la garde des Sociétés savantes, et des Aca-
démies de Florence; celles-ci se sont fait un devoir
de les rendre populaires, en les soumettant à plusieurs
reprises à l'examen des savans, et à la méditation des
amis de leur pays. L'Académie Royale des Géorgofiles proposa en 1791 dans ce but, le problème suivant,
qui donna naissance à un grand nombre de bons
écrits. " Se in uno stato suscettibile di aumento di
„ popolazione, e di produzione di generi del suo
„ territorio, sia piu vantaggioso e sicuro mezzo, per
„ ottenere i sopradetti fini, il dirigere la Legislazione
„ a favorire le manifatture, con qualche vincolo sopra
„ il commercio dei generi greggi, ovvero il rilasciare
„ detti generi, nell' intera e perfetta libertà di com-
„ mercio naturale? „
Le mémoire de Francesco Mengotti, intitulé, il
Colbertismo, et couronné le 13 Juin 1792, soutient la
cause de l'affranchissement du commerce. Au reste,
le Prince Philosophe qui avoit rendu à ce commerce
sa liberté, l'avoit mieux assurée encore, en lui donnant pour appui l'attachement du Peuple, fondé sur
l'expérience de sa prospérité. Au tems de la République Florentine, la Toscane avoit été soumise au ré-
déposent

déposent, refluent rapidement vers le commerce intérieur, les manufactures, et l'agri-

---

gime des prohibitions. Celles qui limitoient le commerce des grains occasionnèrent un grand nombre de
famines, et particulièrement celle de 1766, qui causa
une grande mortalité, surtout à Sienne et à Arezzo,
et à laquelle on ne put mettre un terme qu'en abolissant toutes les entraves. La sortie des soies crues,
des laines et des cuirs, est encore prohibée à la vérité,
mais les capitaux mercantiles ont tellement augmenté
dans le pays, depuis qu'il jouit d'une plus grande liberté, que ces divers objets s'y vendent bien plus
cher que dans les Etats voisins, en sorte que la prohibition est absolument inutile, et ne pèse point sur
le producteur comme une contribution. Ces dernières
qui sont en grand nombre, sont toutes levées au
profit du fisc, aucune n'appuye un monopole mercantile, aussi aucune ne met obstacle à la prospérité
nationale. En rapprochant la Toscane de la France,
on peut comparer l'effet des deux régimes pour l'encouragement du négoce. Au moment même où la
paix maritime a été signée, le port de Livourne s'est
rempli de vaisseaux, les capitaux mercantiles ont
afflué, toutes les manufactures se sont ranimées, les
demandes de savons, de papiers, etc. se sont suc-
cédées avec rapidité, l'huile a augmenté d'un tiers de
valeur, et le cultivateur dans les hameaux les plus

culture, si ces diverses branches leur offrent de plus grands profits que le commerce de transport.

L'ouverture d'un port franc procure aux consommateurs de l'intérieur du pays, un autre avantage d'une haute importance, c'est celui de diminuer l'avance de l'impôt qu'ils ont à rembourser sur les objets qu'ils consomment. Lorsque la douane sur les

---

reculés, a ressenti les effets de la prospérité générale, par la diminution de prix de tout ce qu'il achète, par l'augmentation de valeur de tout ce qu'il vend. En France, au contraire, si lors de cet heureux événement les marchands de quelques ports de mer ont entrepris des expéditions lointaines, ce n'est que par des sacrifices pénibles qu'ils se sont procuré les capitaux nécessaires ; par tout l'on sent le vide, et la tension du besoin, et les négocians de la plupart des villes de l'intérieur, s'étonnent que la paix, loin de ranimer le commerce, ait étouffé le foible mouvement qui lui restoit encore. Ah! qu'un Gouvernement qui désire ardemment le bien, qui ne pleure aucun sacrifice pour le procurer au Peuple, réfléchisse encore sur la routine à laquelle il se livre, et qu'il profite des leçons muettes mais énergiques de l'expérience.

marchandises taxées est payée à l'entrée du
port, le marchand importateur fait l'avance
de l'impôt, et se fait ensuite rembourser,
avec un profit proportionné, par le marchand en gros, celui-ci par le marchand
en détail, et ce troisième par le consommateur. Cette triple avance, en ne la comptant
qu'à dix pour cent, ajoute 33 fr., dix cent.
pour cent à la somme de l'impôt que le
consommateur est forcé de rembourser ;
mais si l'importateur décharge ses marchandises dans un port franc, il y trouve aussi
à les vendre à des marchands en gros, qui
se chargent d'en faire la distribution à tous
les boutiquiers de la nation. Ni l'un ni
l'autre ne fait point l'avance de l'impôt,
qui n'est déboursé qu'au moment où la marchandise part du port franc, pour être transportée dans le magasin où elle doit être
vendue en détail. Alors le consommateur
ne doit rembourser qu'une seule avance
d'argent, celle du marchand en détail ; en
sorte qu'il ne sort de la bourse du contribuable, que dix pour cent de plus qu'il
n'entre dans le trésor public ; et si, comme

on le fait en Angleterre, la douane accorde
un crédit de six ou neuf mois au marchand
en gros, pour payer sa contribution, celui-ci
faisant jouir de cette faveur le marchand en
détail, le dernier n'exige du consommateur,
rien au delà du remboursement de l'impôt
perçu sur la consommation ; en sorte qu'on
atteint alors au moyen des ports francs, le
but qu'on doit se proposer dans tout impôt,
de ne faire payer au contribuable que le
moins qu'on peut au delà de ce qui entre
dans le trésor public. C'est bien aussi en
rabaissant considérablement le prix de
toutes les marchandises taxées, que l'ouverture du port de Livourne, dont les
franchises sont parfaitement bien réglées,
a contribué à la prospérité de la Toscane.

L'affranchissement d'un port, produit, il
est vrai, une inégalité dans la répartition des
impôts sur la consommation, ceux qui habitent le port franc n'étant point soumis à
la taxe que payent tous leurs concitoyens.
Cette légère inégalité produit à peine quelque différence sur les revenus de l'Etat.

La franchise d'un port peut contribuer aussi
à faciliter la contrebande, et l'entrée dans le
pays des marchandises prohibées ; c'est l'objection du C. Magnien (3) ; c'est aussi la
principale de celles du C. Mosneron dans
son rapport du 28 Mai 1792, sur les inconvéniens des franchises ; et elle aura de la
force, aussi long-tems que le Gouvernement
continuera à se faire des monstres pour les
combattre, qu'il donnera de l'activité à la
contrebande, en la rendant nécessaire au consommateur, et lucrative au marchand, et
qu'il ne présentera d'autre encouragement
au commerce, qu'un monopole également
ruineux pour le consommateur et pour le
producteur. Si toutes les prohibitions sont
supprimées, si nous cherchons à élever
notre commerce, non à rabaisser celui de
nos rivaux, si aucun droit d'entrée n'est
assez exorbitant, pour déterminer à l'éviter
à tout prix par la contrebande, on ne verra
point que l'ouverture d'un port franc dimi-

---

(3) De l'influence que peuvent avoir les douanes,
etc. p. 30.

Ee 3

nue les revenus nationaux. Au contraire, l'administration des douanes sachant mieux de quelle part elle doit attendre les attaques des contrebandiers, et sur quels points elle doit se prémunir, s'opposera avec plus de succès à leurs fraudes. Les deux villes de Bayonne et de Dunkerque réclament avec chaleur le rétablissement de leurs franchises, et l'Administrateur des douanes les somme avant que d'y prétendre, de réfuter les faits et les principes qui servirent de base à l'opinion des Comités de Marine et de commerce, d'après laquelle on rendit le décret du 11 Nivose an III. Ayant prouvé, ce me semble, que l'importation des marchandises étrangères, qu'une fausse politique a fait prohiber, étoit un bienfait pour le consommateur, et ne portoit point de préjudice au commerce, je crois avoir suffisamment répondu à la sommation du C. Magnien.

Il y a peu de pays en effet, auquel il convienne aujourd'hui plus qu'à la France, de multiplier ses ports francs, elle a besoin, non point de faire elle-même le commerce de transport, mais qu'on le fasse pour elle, qu'on rapproche de ses producteurs l'étape où ils pourront se défaire de leurs marchandises, qu'on rapproche également de ses consommateurs, le marché où ils pourront se pourvoir de ce dont ils ont besoin, afin que le capital qui lui reste, supplée par la rapidité de sa circulation à la valeur qui lui manque, afin que le fabricant flamand n'ait point besoin d'envoyer ses draps plus loin que Dunkerque, pour les échanger contre des fonds qui le mettent en état de recommencer son travail, et que le négociant qui fournit nos marchés, ne soit point forcé d'aller chercher pour nous des sucres, des étoffes, etc. plus loin que la même ville; en sorte qu'avec la même somme, il puisse dans un tems donné, nous en fournir une plus grande quantité (4). C'est notre intérêt

———————————————

(4) Encore que le commerce des ports francs fût fait principalement avec des capitaux étrangers, il donneroit une très grande activité à la navigation Françoise, on feroit dans ces ports une très grande demande de travail de mer, on y payeroit très chère-

encore d'attirer les capitalistes étrangers
dans nos ports, et de leur faciliter les
moyens de s'y fixer, non point pour accroître notre population de quelques centaines d'individus, mais pour accroître le
capital qui met en mouvement notre industrie, de tous les capitaux qu'eux-mêmes
posséderont, ou que leur crédit leur fera
obtenir dans leur pays. Bientôt les marchands qui se domicilieroient dans nos ports,
compareroient les profits de leur commerce,
avec ceux qu'on pourroit attendre du perfectionnement de nos manufactures ou de
notre agriculture, et si ces deux emplois
présentoient de plus grands avantages, les
capitaux des Anglois seroient bientôt destinés à mettre en mouvement une industrie
toute françoise ; car, nous ne devons pas
l'oublier, les marchands n'appartiennent à

---

ment les matelots, les habitans des côtes se porteroient donc en foule vers ces ports pour y exercer la
navigation. Les matelots sont des ouvriers productifs,
et leur nombre dépend toujours de la valeur du capital, tant national qu'étranger, qui les met en mouvement.

aucun pays, ils sont toujours citoyens de
celui où il y a le plus à gagner, et aucune
jalousie nationale, ne les empêcheroit de se
livrer chez nous, à une industrie qui les
enrichiroit, mais qui nous seroit bien plus
profitable encore. Quelques-uns de nos ports
sur l'Océan sont si rapprochés de l'Angleterre, que les négocians de ce pays, le plus
riche aujourd'hui de tous ceux de l'Europe,
et celui dont les capitaux refluent le plus
au dehors, croiroient à peine s'expatrier, en
nous apportant leurs richesses, et les faisant
fructifier chez nous, si nous n'employions pas
toutes nos forces à repousser le bien qu'ils nous
feroient, en cherchant leur propre avantage.

Outre les ports qu'on pourroit affranchir
sur l'Océan, comme Anvers, Dunkerque,
l'Orient, la Rochelle, et Baïonne ; outre
celui de Marseille, pour la Méditerrannée,
dont on devroit rétablir et augmenter les
immunités (5) ; il seroit avantageux, ce me

(5) Les franchises de Marseille n'étoient point
complètes, plusieurs marchandises n'y jouissoient
point du droit d'entrepôt, et les étrangers n'étoient

semble, à la République, d'étendre les mêmes
franchises, à quelques-unes des villes frontières, qui ont fait en tout tems le plus
grand commerce avec l'étranger. Genève,
Cologne, Mayence et Strasbourg, paroissent
avoir besoin de cette faveur, pour y retenir

---

point admis à profiter de l'immunité de son port:
aussi étoit-ce le seul, d'entre ceux de la Méditerranée,
où les négocians Levantins ne vinssent pas s'établir,
et qu'ils n'enrichissent pas de leurs capitaux. Mr.
Blanc de Volx, (Etat commercial, Ch. XVI.) en
s'appuyant sur les seuls principes mercantiles, a fort
bien démontré l'importance de la franchise de Marseille, et les avantages que l'Etat trouveroit à la
rendre universelle. N'oublions pas entr'autres, un motif
qu'il fait valoir, au prix duquel l'intérêt mercantile
lui-même est bien peu de chose; c'est que l'établissement d'un port franc, est le plus sûr préservatif contre l'introduction de la peste, avec les marchandises
du Levant, qu'un commerce clandestin verseroit en
fraude sur les côtes de Provence, si un entrepôt
libre, où elles ne sont assujetties qu'au régime sani-
taire, et non aux vexations des douanes, ne les attiroit pas toutes à Marseille. Gardons-nous de rendre
avantageuse, et peut-être nécessaire, une contrebande
qui nous exposeroit chaque jour au plus terrible de
tous les fléaux.

les négocians capitalistes, qui approvision-
noient les pays voisins, et qui passeront
sans doute, de Genève à Lausanne, et
de Strasbourg Mayence et Cologne, à la
rive opposée du Rhin, comme ils ont commencé à le faire, si l'on n'allège point pour
eux les entraves du commerce de transport,
auquel ils se sont livrés de tout tems, et
qui est aujourd'hui paralysé dans ces quatre
villes. Je n'ajouterai rien sur les moyens de
mettre cette faveur en exécution, m'étant
proposé de m'abstenir des détails, qui appartiennent moins à la spéculation qu'à l'administration.

Les Anglois n'ayant aucun port franc, et
ne voulant cependant pas rendre impossible
le commerce de transport à leurs compatriotes, ont adopté l'expédient de rendre
à la sortie des marchandises, l'impôt qui a
été perçu sur elles à leur entrée : ce qui
d'une part est beaucoup moins avantageux
au commerce, le négociant perdant tout au
moins l'intérêt de l'impôt qu'il a payé,
encore qu'on lui restitue la somme; et ce
qui d'autre part, est beaucoup plus onéreux

pour l'Etat ; soit parce que cette opération ;
en multipliant le travail des employés, occasionne de plus grands frais , soit parce
qu'elle encourage la contrebande la plus ruineuse de toutes; les mêmes marchandises
étant déchargées en cachette , réexportées,
et les droits remboursés de nouveau à plusieurs reprises. Le *drawback* a donc de
graves inconvéniens, qui ne sont point attachés à l'ouverture d'un port franc, et cependant il n'attire point dans le pays, comme
ce dernier expédient, des capitaux étrangers
qui puissent vivifier son industrie.

CONCLUSION.

Nous terminerons ici nos recherches sur l'application des principes de l'économie politique à la législation commerciale. C'est le moment de faire remarquer au lecteur, que nous ne lui avons présenté nulle part cette doctrine machiavélique, qui fait aujourd'hui le fondement du système mercantile de presque toute l'Europe ; doctrine que le bon La Fontaine exprimoit si heureusement dans un vers, où il ne croyoit pas donner un précepte de politique. On a cherché dans le commerce ,

Son bien premièrement, et puis le mal d'autrui.

Les hommes n'ont pas voulu reconnoître, que les règles de la morale étoient aussi celles de la politique ; ils ont étouffé la voix de leur conscience, qui leur crioit de ne pas

fonder leur pouvoir sur le mal de leurs semblables, et en repoussant cet avertissement
salutaire, ils ont méconnu la voix de la raison, qui le répétoit aussi : car celle-ci leur
crioit avec non moins de force, que jamais
ils ne ruineroient la fortune, ils n'entrave-
roient l'industrie, ils n'ébranleroient la tranquillité, et ne renverseroient la liberté de
leurs frères, sans éprouver à l'instant même,
qu'un juste contrecoup viendroit frapper leur
richesse, leur industrie, leur repos, et leur
liberté ; sans se convaincre que le plus mauvais politique, étoit celui qui faisoit le plus
de mal à autrui.

Sans doute le Gouvernement doit protéger
par dessus tous les autres, les hommes soumis
à son empire, il doit détourner loin d'eux les
calamités qui les menacent ; mais combien
sont éloignées de nous, celles qui causent
toute la sollicitude des Législateurs de l'Europe. Ils craignent que les acheteurs ne manquent aux fabriques nationales, et ils ne
s'apperçoivent pas, que les fabriques nationales ne sont point suffisantes pour pourvoir les acheteurs ; ils craignent que les ca-

pitaux ne puissent plus trouver d'emploi
profitable, en animant les manufactures, et
ils ne s'apperçoivent pas que les manufactures ne sont paralysées, que par le manque
de capitaux ; ils craignent que les consommateurs ne dépensent point assez, pour que
leurs besoins appellent à l'ouvrage tous les
artisans qui doivent les satisfaire, et ils ne
s'apperçoivent pas qu'ils dépensent, trop pour
pouvoir, de leurs épargnes, mettre en mouvement un nouveau travail productif. Sans
cesse ils se précautionnent contre l'abondance, et c'est la disette qui les poursuit.
Enfin ils ne savent point voir cette vérité
consolante, savoir, que quelque échec que
doivent éprouver quelques-unes de nos ma-
factures, jamais le capital national ne chô-
mera entre les mains de ses propriétaires,
et que jamais il ne sera employé par eux,
autrement qu'à maintenir directement ou
indirectement un travail productif, à répan-
dre l'aisance parmi les ouvriers, et à réparer, par l'ouverture d'une nouvelle manufacture, la chûte de celles que des circonstances contraires auront abattues.

Je m'estimerois heureux, si je pouvois contribuer à ramener l'attention du Gouvernement de la France, vers l'examen d'une
théorie, dont l'application peut être si importante pour sa prospérité. Sans doute il
ne tardera pas long-tems à porter sur cette
partie, comme il l'a fait sur toutes les autres, ses regards réparateurs ; et nous pouvons nous flatter de recevoir bientôt de lui,
une Législation commerciale conforme au
progrès des lumières, aux principes d'une
saine économie politique, aux sentimens de
bienveillance que les Peuples divers se doivent les uns aux autres ; et à l'amour paternel des chefs de la République pour tous
les François.

F I N.

De l'Imprimerie de Luc SESTIÉ, à Genève.

www.ingramcontent.com/pod-product-compliance
Lightning Source LLC
Chambersburg PA
CBHW060528220326
41599CB00022B/3458